非洲发展研究丛书

非洲经济转型与中非经济合作

African Economic Transformation and China-Africa Economic Cooperation

黄梅波　姜　璐◎著

人民出版社

策划编辑：郑海燕
责任校对：周晓东
封面设计：王欢欢

图书在版编目（CIP）数据

非洲经济转型与中非经济合作/黄梅波,姜璐 著. —北京:人民出版社,
　2021.5
ISBN 978－7－01－023251－5

Ⅰ.①非… Ⅱ.①黄… ②姜… Ⅲ.①转型经济-研究-非洲
　②对外经济合作-研究-中国、非洲 Ⅳ.①F140.39②F125.54

中国版本图书馆 CIP 数据核字（2021）第 048591 号

非洲经济转型与中非经济合作
FEIZHOU JINGJI ZHUANXING YU ZHONGFEI JINGJI HEZUO

黄梅波　姜　璐　著

人民出版社 出版发行
（100706　北京市东城区隆福寺街 99 号）

中煤（北京）印务有限公司印刷　新华书店经销

2021 年 5 月第 1 版　2021 年 5 月北京第 1 次印刷
开本:710 毫米×1000 毫米 1/16　印张:20.25
字数:290 千字

ISBN 978－7－01－023251－5　定价:100.00 元

邮购地址　100706　北京市东城区隆福寺街 99 号
人民东方图书销售中心　电话（010）65250042　65289539

丛 书 序

　　作为人类文明发祥地之一,非洲大陆有着广阔的地域、丰富的物产、悠久的历史与璀璨的文化。然而,近代以来,这块大陆命运之多舛却令人扼腕。西方殖民统治对非洲国家产生了深刻而持久的影响,主要依靠生产和输出一种或几种农矿原料产品来维持国民经济运作的畸形经济结构成为非洲实现现代化的巨大障碍。

　　非洲的发展离不开非洲国家的联合自强,也离不开与其他国家的发展合作。第二次世界大战后,独立后的非洲国家接受了大量来自西方的发展援助以及伴随援助而来的种种发展"药方"。然而这些"药方"的效果却差强人意。西方发展方案的问题在于,一方面,伴随条件性援助而来的"药方"变换不断,实际上阻碍了非洲国家对自主发展的探索;另一方面,西方发展话语往往从不足性视角来看待包括非洲在内的"欠发达"世界,实际上忽略了非洲大陆蕴藏的种种机遇。

　　进入 21 世纪,鉴于国际经济格局的变化和中非双方对经济发展的迫切需求,中非关系的重心已经从政治关系转向经贸关系,而中非合作论坛的建立,更在机制上有效保证和推动了中非经贸关系在广度和深度上都以前所未有的速度扩展。中非经贸关系的迅猛发展,催生了中国对非洲的研究日新月异,从事非洲问题研究的学者数量大幅增长,研究边界也从单一学科向多元化和跨学科研究发展。

　　2018 年 5 月,上海对外经贸大学在上海市人文社科重点研究基地国际经贸研究所基础上组建了国际发展合作研究院。自国际发展合作研究院成立以来,首先,进行国际发展合作研究团队建设,努力构建既掌握国际发展理论与趋势又谙熟中国国际发展合作政策与经验的国际发展研究人才队伍。其次,致力于国际发展合作理论与政策研究,主要研究领域为国际发展、国际发展融资、对外直接投资等,在地域方面则重点关注非洲经济发展及中非经贸合作问题,努力打造具有国际视野和水准、融汇国际发展理论与中国国际发展合作理念和实践的高质量研究成果;最后,定期举办国际国内高端国际发展合作及相关主题的研讨会,力求建设中国一流的国际发展合作交流网络。国际发展合作研究院每年举办的中国世界经济学会"国际发展论坛""中非经贸论坛"已成为中国国际发展学界以及中非经贸合作领域的重要论坛和会议品牌。经过近三年的建设,2019 年 4 月在第二届"一带一路"国际合作高峰论坛上,国际发展合作研究院入选"一带一路"国际智库合作委员会成员单位,2020 年 5 月国际发展合作研究院成为中国国家国际发展合作署核心智库单位。

成立近三年来,国际发展合作研究院的研究成果除了在国内外重要学术期刊发表高水平学术论文外,还策划陆续推出国际发展系列研究丛书。目前推出三个丛书系列包括:国际发展合作研究丛书、非洲发展研究丛书、国际发展教材系列等。非洲发展研究丛书是以上海对外经贸大学国际发展合作研究院为主体整合国内相关研究力量在非洲发展研究领域推出的研究成果,主要从经济学和国际政治经济学研究的视角对当代非洲(从非洲独立后至今)的主要发展问题进行探讨,尤其注重对 21 世纪后非洲发展问题的分析,探讨非洲经济社会发展的现状、非洲国家对发展道路的自主探索、援助与非洲发展、非洲发展理论、中非发展合作等议题。

当前,国际形势正在发生深刻而复杂的变化,中非关系既面临前所未有的机遇,也面临许多新情况新问题的考验。在新冠肺炎疫情冲击下和后疫情时代,通过中非命运共同体的建设实现中非共同发展,这不仅是双边关系的范畴,更具有重要的世界意义。上海对外经贸大学国际发展合作研究院仍将继续推进从经济学及国际政治经济学视角加强对非洲发展问题的深度研究,希望在国内非洲研究领域作出自己的特色,也树立自己的品牌。特别希望国内国际发展及非洲研究相关领域的专家学者、政府相关部门及中非发展合作实践者能对我们的成果提出宝贵意见。希望我们共同努力,推进非洲发展相关理论与政策的研究工作,同时也通过我们的研究服务国家战略、推动中非合作、创新智库服务。

黄梅波
于上海

目　　录

第一章　撒哈拉以南非洲的经济结构转型探索①

　　经济结构转型——特别就撒哈拉以南非洲而言，表现为国民经济主导产业从传统农矿业向生产率和附加值更高的现代工业与服务业的转型——对于相关非洲国家经济的持续稳定增长，以及更根本性地削减贫困、促进包容性发展，具有极其重大的意义。从历史的维度看，撒哈拉以南非洲的经济结构转型之路颇为坎坷：早期因受奴隶贸易和殖民统治影响，经济发展与转型的自然过程被中断；独立后曾雄心勃勃地推动工业化，却限于知识、经验、能力以及外部环境等多方面的限制未能成功；21世纪以来，不少撒哈拉以南非洲国家再次提出结构转型议程，但相对薄弱的国家能力与参差不齐的发展意愿仍成为转型与发展的阻碍，且变化的国际政治经济环境也限制了欠发达国家采取产业政策的自由度与力度，一定程度上固化了后者在全球价值链乃至世界政治经济中的"边缘"地位。故而，撒哈拉以南非洲国家的经济结构转型不仅过往曲折，前路仍旧任重道远。本章旨在回顾和述评殖民时期以来——特别是20世纪60年代独立至今，撒哈拉以南非洲经济结构的发展历程与转型探索，分别围绕"殖民经济遗产与非洲早期工业化的兴起""国家主导的进口替代工业化（20世纪60—70年代）""经济危机与结构调整（20世纪80—90年代）"以及"21世纪的经济结构转型探索"四个部分展开。

---

　　① 本章为国家社会科学基金青年项目"中国对非洲援助创新与非洲国家发展自主性研究"（18CZZ011）阶段性成果。

第一节　殖民经济遗产与非洲早期工业化的兴起

从 1415 年葡萄牙人攻占摩洛哥休达城起,欧洲人的势力遂开始自北向南、由沿海到内陆,逐步渗透到非洲大陆。长达近四个世纪的奴隶贸易(15 世纪中期—19 世纪初)不仅让非洲损失了难以数计的青壮年劳动力,也严重动摇了非洲传统的社会秩序,使正常的经济发展无从谈起。19 世纪末期欧洲人更是直接掀起瓜分狂潮,柏林会议后短短十几年内非洲大陆就被英、法、德、葡、西、比等国瓜分殆尽,除埃塞俄比亚之外几乎全部沦为欧洲国家的殖民地。也是从这一时期起,欧洲开始了在非洲大半个世纪(19 世纪 80 年代—20 世纪 50 年代)的殖民统治,进一步加深了对非洲的经济掠夺。简言之,由于不幸地与最早兴起资本主义的大陆毗邻,非洲曾在漫长的时期内饱受欧洲的经济剥削,无论在原始资本积累、人力资源发展还是科学技术进步等方面的正常进程都极大受阻,经济形态也遭到畸形塑造——这一切都使得在 20 世纪 60 年代之后实现独立的非洲国家被迫受制于一个极其孱弱的经济基础及其与发达世界的依附关系,至今都未能摆脱。

以殖民时期为例,按照埃及经济学家萨米尔·阿明(Samir Amin)的观点,欧洲对非洲的经济殖民模式大体可以分为三种类型:(1)在以"殖民主义贸易经济"为特征的西非地区(尼日利亚、加纳、塞内加尔等,主要为英、法两国殖民地),当地农民种植并向宗主国出售农产品——主要是热带经济作物(如尼日利亚的棕榈、加纳的可可、塞内加尔的花生等),同时进口宗主国生产的工业制成品,而其间的巨额利润则被以欧洲贸易公司为主的中间商通过"剪刀差"的形式赚取;(2)在以"特许经营公司"为特征的中非—刚果河流域地区(如扎伊尔、布拉柴维尔刚果等,主要为比利时殖民地),由于气候条件和人口分布的限制,少利可图的宗主国遂与一些欧洲公司签署特许经营协议,以修建基础设施为交换条件给予公司大片土地用来生产,这些公司采取了强迫劳动的残酷手段,然而在近 40 年(1890—1930 年)间收益甚微;(3)在以"劳动力储备"为特征的东部和南部非洲(如肯尼亚、南罗得西亚、南非等,主要为英、德殖民地),水土丰裕、资源丰富,以白人经营的种植园(如肯尼亚的可可)及矿业经济(如南罗得西亚的黄金、南非的钻石)为主,当地农民则丧失土地并沦为种植园或矿场工人。[1]

上述三种殖民经济模式具有一些共性的特点,即一方面大力塑造非洲大陆以农矿经济为主的单一、出口型经济模式,使之成为宗主国的原料产地;另一方面则抑制打压非洲本土的工业发展,以确保其作为宗主国工业制成品市场的地位。例如,法国政府为保护本国的橄榄油行业而禁止塞内加尔发展花生榨油行业;而当欧洲贸易公司之外的外国中间商尝试在非洲加工一些以往用于出口的初级产品时,也同样遭到宗主国的反对。[2] 上述情况偶尔也会出现一些松动,例如,20世纪20年代在少数被宗主国控制较弱的殖民地国家如布拉柴维尔刚果(今刚果共和国)、南罗得西亚(今津巴布韦)和肯尼亚,曾出现过一些以当地农矿资源为原料的消费品制造工业,如纺织、香烟、肥皂等,殖民当局甚至采取了一些关税保护措施来减少相关制成品进口对当地市场的冲击,东非及中非共同市场也于这一时期建立;此后经济大萧条及第二次世界大战期间宗主国对殖民地工业制成品出口的减少也在一定程度上刺激了非洲本土制造业的兴起。[3] 然而,这样一些零星的工业化尝试大都由在非洲的白人商人联合殖民当局出于维护自身利益的考虑发起并扮演主要角色,缺乏来自非洲本土的发展意愿与能力基础,亦与前述宗主国的经济殖民政策相左,所以规模有限、桎梏重重,不可能实质性地改变非洲经济结构的现状。

时至独立前后,绝大多数撒哈拉以南非洲国家仍以传统农矿经济为主,制造业等其他现代经济部门发展极为有限。[4] 即使是工业化程度相

---

① Amin, Samir, "Underdevelopment and Dependence in Black Africa-Origins and Contemporary Forms", *The Journal of Modern African Studies*, Vol.10, No.4, 1972, pp.519-24.

② [美]L.S.斯塔夫里阿诺斯:《全球分裂:第三世界的历史进程》(上册),王红生等译,北京大学出版社2017年版,第252页。

③ Mendes, Ana Paula F. et al., "Industrialization in Sub-Saharan Africa and Import Substitution Policy", *Brazilian Journal of Political Science*, Vol.34, No.1(134), 2014, pp.121-125.

④ Mytelka, Lynn Krieger, "The Unfulfilled Promise of African Industrialization", *African Studies Review*, Vol.32, No.3, 1989, p.78.

对略高的国家,如肯尼亚和赞比亚,其工业产值在国内生产总值中的份额也低于世界其他地区的国家。① 同时,受殖民经济(乃至奴隶贸易)的影响,这些国家无论在资本、劳动力、技术、基础设施、本土商人阶级等方面都十分落后,这也给独立后非洲的经济发展及转型平添了诸多挑战。1960 年又被称作"非洲独立年"——截至这一年,实现独立的非洲国家达到 26 个,约占非洲总面积的 2/3 及总人口的 3/4。由于受到来自西方国家长达几个世纪不同形式的经济剥削与殖民压迫,独立之初的非洲国家普遍具有浓厚的民族主义情绪,迫切想要彻底摆脱来自宗主国的控制以及任何带有新殖民主义色彩的干预。同时,鉴于历史遗留下来的经济落后局面,刚刚独立的非洲国家也表现出强烈的发展意愿——而工业化则被普遍视为是实现非洲经济转型与腾飞的关键所在。② 于是,一股工业化浪潮在 20 世纪60—70 年代的非洲大陆迅速蔓延开来。以撒哈拉以南非洲为例,包括西非的尼日利亚、加纳、几内亚、塞内加尔、喀麦隆,东非的坦桑尼亚、赞比亚、肯尼亚、埃塞俄比亚等在内的一批国家均启动了工业化进程。③

第二节 国家主导的进口替代工业化
(20 世纪 60—70 年代)

在 20 世纪六七十年代兴起的这一轮非洲经济结构转型浪潮之中,参与国家几乎不约而同地选择了后来被总结冠之以"国家主导的进口替代工业化"道路。这一总结较为准确地概括了此轮经济结构转型的几个主要特征:首先,经济结构转型采取的是"工业化"路径,亦即推动国民经济的产业结构

---

① Mkandawire,Thandika,Charles C. Soludo eds.,*Our Continent*,*Our Future*,Asmara:Africa World Press,1998,pp.11-12.

② Mkandawire,Thandika,Charles C. Soludo eds.,*Our Continent*,*Our Future*,Asmara:Africa World Press,1998,p.12.

③ 包括南非、纳米比亚、津巴布韦等在内的南部非洲国家(博茨瓦纳除外)由于白人统治的缘故,直到 20 世纪80—90 年代才陆续实现独立,因此未参与60—70 年代自主工业化浪潮(但白人当局也有类似发展,甚至起步得更早,如南非和津巴布韦);此外,中部非洲包括中非共和国、乍得、扎伊尔(今刚果民主共和国)等国由于独立后长期动荡的国内政局也无法专注于经济的发展与转型。

从以传统农矿等初级产业为主向以制造业为核心的工业产业为主转型——
这与21世纪非洲国家更为多元的经济结构转型路径(参见本章第四节)形成
对比。此外,当时的非洲经济结构转型还以明显的"国家主导"与"进口替代"为
特征。

一、国家主导

所谓"国家主导",是指公共部门——政府及国有企业——在工业化
进程中发挥主导性作用;这种主导作用突出表现为旨在推动工业化的产
业政策的制定与实施。非洲国家在早期工业化过程中的显著角色至少与
两方面因素有关。① 第一,通过"国家主导"进行经济发展及工业化的一个
客观原因在于绝大多数非洲国家内部私人部门(特别是工业领域内的私人
部门)的缺乏或低水平发展现状。前文提及,长期的殖民经济给独立后的
非洲留下了一个以单一农矿产品生产与出口为特征的畸形经济结构,工业
部门只得到零星的初步发展且大多由白人把持,因而极不成熟的非洲本土
企业家阶层一时(甚至直到现在都还)难以担起引领经济发展与结构转型
的重任,这也就给"国家主导"的干预模式留出了空间。

第二,"国家主导"模式在当时非洲的普遍存在还与独立初期不少非
洲国家内部的意识形态选择有关。出于反殖民、反剥削的民族主义情绪,
除少数(如尼日利亚、科特迪瓦、肯尼亚、马拉维等)实行政治实用主义的
国家之外②,大多数非洲国家对西方国家——也即前殖民者所采取的资

---

① 经济史学家拉尔夫·A. 奥斯丁(Ralph A. Austen)将当时非洲经济体中国家的强势地
位归结于"国家主义的殖民传统、本土企业家阶层的弱势以及独立之后很快发生的从议会制民
主向一党威权体制的转型"。参见[美]拉尔夫·A. 奥斯丁:《非洲经济史:内部发展与外部依
赖》,赵亮宇等译,上海社会科学出版社2019年版,第384页。

② 这些国家自认是非意识形态者,但事实上推行的是私有制为基础的资本主义制度,
或者如拉尔夫·A. 奥斯丁所言,"资本主义可以被认为是那些没有主动有意选择其他路径
的国家所存续的历史遗留模式"(参见[美]拉尔夫·A. 奥斯丁:《非洲经济史:内部发展与外
部依赖》,赵亮宇等译,上海社会科学出版社2019年版,第381页)。不过即使如此,鉴于文中
提到的其他原因(如国内不发达的私人部门及对外国势力与资本的芥蒂),这些国家在实践中
仍比一般意义上的西方资本主义国家更强调政府对经济的干预,因此如尼日利亚、科特迪瓦、肯
尼亚等国同样扶持国有或准国有企业的发展,并不同程度地执行了本地化(乃至国有化)政策。

本主义制度带有一种天然的反感与抵触,同时亦对任何带有新殖民主义色彩的外部经济关系高度敏感(如后文将提到的国有化背景)。这导致了独立后初期一批非洲国家尝试在非洲本土制度(在当时被非洲精英视为落后)之外寻求新的治理与发展模式时,更倾向于采用社会主义制度。①

不过,社会主义制度在非洲大陆上衍生出了不同的具体形态,主要表现为以埃塞俄比亚、安哥拉、莫桑比克为代表的马列主义或科学社会主义模式,以坦桑尼亚、赞比亚、塞内加尔为代表的非洲本土社会主义模式,以及以加纳、几内亚、阿尔及利亚为代表,兼具两者但又有所改良的所谓"过渡的"社会主义。② 但无论采用了哪一种类型的社会主义制度,这些国家都相应执行了(当时)典型的社会主义经济治理模式,即以公有制为基础、自上而下的计划经济体制——国家进而在经济发展与结构转型过程中占据支配性地位。③ 在这样一些非洲社会主义国家之中,针对国内外私人资本的国有化及国有企业的建立亦是屡见不鲜,如埃塞俄比亚和坦桑尼亚。④

具体而言,"国家主导"至少体现在三个方面:亦即公共部门——特别是官僚机构的扩张,国有企业(State-owned Enterprises,SOEs)或准国有

① [加纳]乔治·B.N. 阿耶提:《解放后的非洲:非洲未来发展的蓝图》,周蕾蕾译,民主与建设出版社 2015 年版,第 87—92 页。

② [美]戴维·奥塔韦、玛丽娜·奥塔韦:《非洲共产主义》,魏培忠等译,东方出版社 1986 年版,第 21—57 页;Newman,Carol et al.,"Pursuit of Industry:Policies and Outcomes",in Newman,Carol et al. eds.,*Manufacturing Transformation:Comparative Studies of Industrial Development in Africa and Emerging Asia*,Oxford University Press,2016,pp.6-7.

③ 舒运国、刘伟才:《当代非洲经济史》,浙江人民出版社 2013 年版,第 80—91 页;[美]戴维·奥塔韦、玛丽娜·奥塔韦:《非洲共产主义》,魏培忠等译,东方出版社 1986 年版,第 58—106 页;[加纳]乔治·B.N.阿耶提:《解放后的非洲:非洲未来发展的蓝图》,周蕾蕾译,民主与建设出版社 2015 年版,第 90—96 页。

④ 有关坦桑尼亚,参见 Edwards,Sebastian,"Is Tanzania a Successful Story? A Long Term Analysis",Working Paper of NBER(National Bureau of Economic Research of the United States)Africa Project,2012;Msami,Jamal & Samuel Wangwe,"Industrial Development in Tanzania",in Carol et al. eds.,*Manufacturing Transformation:Comparative Studies of Industrial Development in Africa and Emerging Asia*,Oxford University Press,2016,pp.155-73;[美]戴维·奥塔韦、玛丽娜·奥塔韦:《非洲共产主义》,魏培忠等译,东方出版社 1986 年版,第 72—82 页。

企业(parastatals)的建立,以及针对私人资本(特别是外资)的本地化(indigenization)及国有化(nationalization)。第一,通过建立各类具有经济管理职能的官僚机构,政府干预在不同国家以不同程度遍布于国民经济的各个部门,以及从定价、生产、分配到对外贸易、吸引外资的各个领域和阶段。值得一提的是,上述机构的建立并非独立后非洲国家的创举,其中不少是对前殖民者经济管理模式的继承,如对分配部门的广泛干预。[①]第二,由于政府终究不可能直接取代市场行为体的位置,于是在当时非洲普遍实行的国有化大背景之下,各个国家也开始纷纷建立并倚重国有或准国有企业。如前所述,"国家主导"的一个重要原因即在于国内私人部门的低水平发展现状;与此相一致,非洲国家建立国有企业的初衷也大都在于想要填补本土企业家阶层的空白和/或(在非社会主义国家里)促进本土私人企业的发展。[②] 即使是在如尼日利亚、科特迪瓦、肯尼亚[③]这样的非社会主义国家之中,建立国有/准国有企业也是常见的情形。

第三,本地化及国有化。独立之初,鉴于各国普遍面临的资金短缺问题,为了确保足够的发展资金,同时也是在世界银行的推动之下[④],非洲国家并没有马上将西方势力扫地出门,而是对以投资和援助形式流入的外国(主要是西方)资本乃至专家意见等予以包容接纳。[⑤] 然而,几年过去之后,非洲国家开始对外国资本对自身国家产业的控制、将所得利润汇

---

① ［美］拉尔夫·A. 奥斯丁:《非洲经济史:内部发展与外部依赖》,赵亮宇等译,上海社会科学出版社 2019 年版,第 385 页。

② ［加纳］乔治·B.N. 阿耶提:《解放后的非洲:非洲未来发展的蓝图》,周蕾蕾译,民主与建设出版社 2015 年版,第 97—98 页。

③ Ngui, Dianah et al.," Kenya's Industrial Development:Policies, Performance, and Prospects", and Chete, Louis N.et al.,"Industrial Policy in Nigeria:Opportunities and Challenges in a Resource-rich Country", in Newman, Carol et al. eds., *Manufacturing Transformation:Comparative Studies of Industrial Development in Africa and Emerging Asia*,Oxford University Press,2016.

④ 受到 20 世纪 50 年代发展经济学观点(如大推进理论等)的影响,世界银行在这一阶段认为资本对启动工业化具有重要作用,并进而鼓励非洲国家通过税收优惠等方式积极引进外国私人资本推动发展,以免陷入"贫困的恶性循环"。

⑤ Mytelka,Lynn Krieger," The Unfulfilled Promise of African Industrialization", *African Studies Review* ,Vol.32,No.3,1989,pp.83-86;Mendes, Ana Paula F.et al.," Industrialization in Sub-Saharan Africa and Import Substitution Policy", *Brazilian Journal of Political Science* ,Vol.34,No.1(134),2014,p.127.

回本国而非投入再生产、给当地创造的有限就业等日益表现出不满。[①]
于是从20世纪60年代后期起,非洲国家纷纷开始推行针对外国势力的
国有化及本土化政策,例如收回对核心战略行业的控制权(如加纳、坦桑
尼亚)、驱除国内贸易部门里的外国小商贩(如尼日利亚、肯尼亚、坦桑尼
亚)、本地化公务员系统(如肯尼亚、科特迪瓦)等。[②] 然而,国有化和本地
化并不意味着对外资的全面驱逐,首先对于偏向资本主义的非洲国家如
肯尼亚和科特迪瓦,更多的是通过政府在外资制造企业中获取小部分股
权的形式(准国有企业)"控制"外资;即使是社会主义国家如坦桑尼亚和
加纳,也会采取政府与外资结成伙伴关系的模式。[③]

二、进口替代

相较于从20世纪60年代后期日益显著的"国家主导"模式,"进口
替代"则是非洲国家从独立伊始就执行的政策。进口替代既是一种市场
策略选择,也是一种行业策略选择。就市场策略选择而言,进口替代意味
着国家在开展工业化的过程中将制成品的销售市场主要锁定在国内。这
一方面是客观现状的限制,工业基础薄弱的非洲国家在结构转型初期难
以产出具有国际竞争力、足以大规模销往海外市场的产品;另一方面是一
种主动调整产业结构的尝试,即首先通过(包括进口关税等在内的)保护
措施扶持国内相关产业的发展,此后再以开放市场、鼓励竞争等举措增强
相关产业的国际竞争力,进而实现出口多元化的目的,改变由以农矿业为
主体的经济结构所造成的较为不利的贸易条件(terms of trade)现状。

这一"先保护后开放、先国内再国际"的逻辑无论对于20世纪二三

---

① 此外,对部分采纳不同形式社会主义意识形态的非洲国家而言,对外国私有资本实行
国有化在当时也被认为是公有制经济体制的必然要求。

② Mendes, Ana Paula F. et al., "Industrialization in Sub-Saharan Africa and Import
Substitution Policy", *Brazilian Journal of Political Science*, Vol.34, No.1(134), 2014, pp.129-31;
Mytelka, Lynn Krieger, "The Unfulfilled Promise of African Industrialization", *African Studies Review*,
Vol.32, No.3, 1989, pp.91-93.

③ [美]拉尔夫·A. 奥斯丁:《非洲经济史:内部发展与外部依赖》,赵亮宇等译,上海社
会科学出版社2019年版,第386—387页。

十年代实行进口替代的拉美国家还是五六十年代开展进口替代的"亚洲四小龙"而言均是如此。即使对撒哈拉以南非洲国家而言,闭关锁国也从不是各国政府的政策初衷,进口替代对这些国家的政府而言同样是一种手段而非目的本身。[1] 然而遗憾的是,进口替代在非洲还未及过渡到开放市场阶段就已遭遇到重大挫折。客观上,70 年代两次全球经济危机的爆发,使采取进口替代但尚处早期、以保护政策为主的非洲国家被迫中断了工业化进程——在这种意义上,正如一些学者评论的那样,确有一定"运气不佳"的成分在内。[2] 但同时,非洲国家政府当时采取的保护政策也存在"保护有余但竞争不足"的问题;高关税保护使国内一些低效企业足以赢利而没有动力参与出口竞争,且政府也没有推行强有力的技术转让或出口促进举措以推动国内产业的国际竞争力提升[3]——而产业保护与竞争促进并存正是如韩国等东亚国家的进口替代政策被认为能够取得成功的关键所在。[4] 也正因为此,有学者认为,非洲早期工业化的问题不在于不该采用进口替代,而在于相应的出口竞争促进政策不力。[5] 最后,还有学者认为,即使在以国内市场为主要目标的前期阶段,多重因素也极大限制了非洲国家国内市场的容量与形态,而非洲国家政府则鲜少将改善扩大国内市场作为优先目标。[6]

就行业策略选择而言,当时非洲国家选择开展进口替代、自主发展的

① Mkandawire, Thandika, Charles C. Soludo eds., *Our Continent*, *Our Future*, Asmara: Africa World Press, 1998, p.12.

② Page, John, "Africa's Failure to Industrialize: Bad Luck or Bad Policy?" Brookings, 2014, https://www. brookings. edu/blog/africa-in-focus/2014/11/20/africas-failure-to-industrialize-bad-luck-or-bad-policy/.

③ Mkandawire, Thandika & Charles C. Soludo eds., *Our Continent*, *Our Future*, Asmara: Africa World Press, 1998, p.13.

④ Amsden, Alice H., *Asia's Next Giant: South Korea and Late Industrialization*, Oxford University Press, 1989; Wade, Robert, *Governing the Market: Economic Theory and the Role of Government in East Asian Industrialization*, Princeton University Press, 1990.

⑤ Mkandawire, Thandika & Charles C. Soludo eds., *Our Continent*, *Our Future*, Asmara: Africa World Press, 1998, p. 13; Lall, Sanjaya & Samuel Wangwe, "Industrial Policy and Industrialization in Sub-Saharan Africa", *Journal of African Economies*, Vol.7, Supplement 1, 1998, p.79.

⑥ Mytelka, Lynn Krieger, "The Unfulfilled Promise of African Industrialization", *African Studies Review*, Vol.32, No.3, 1989, pp.88−90, 96−100.

工业部门既包含消费品(轻工业)行业如纺织服装等,也包含中间品行业如橡胶、金属或非金属矿物制品、石油化工制品等,还包括资本品行业如机器设备等。相对而言,发展消费品行业在当时较为符合非洲国家劳动力密集、农业原料丰富的比较优势,在一些国家——如肯尼亚、乌干达、坦桑尼亚等[①]——也取得了一定成效。但也有不少国家——如加纳、尼日利亚等[②]——对资金、技术密集型的中间品及资本品行业倾注了大量精力,这与这些国家希望生产更多附加值高的产品以加速实现工业化转型的愿望有关。特别是资本品行业,由于相关国家薄弱的工业基础,替代生产往往只能集中于最后阶段的组装生产,且不得不大量进口中间品,这就极大地增加了生产成本,也相应对产业发展资金特别是外汇形成了较高的需求。

为了支持进口替代工业化,非洲国家政府在筹集发展资金方面作出了一定努力,但具有明显的依赖外部资本(包括外国直接投资、援助与贷款)的特点。在20世纪60年代上半期工业化浪潮刚刚兴起之际,积贫积弱的各国政府几乎没有其他选择,不得不仰仗国外资本的注入。于是,各国政府一方面采取包括减免税收、降低关税、优先获得信贷权、优惠汇率及资本品进口免关税等政策来吸引外资;另一方面则积极争取外国——主要是西方国家和国际组织的贷款与援助。然而,由于外国投资者更倾向于进口机器设备加工本地原材料的方式,导致对中间产品进口的需求反而增加,贸易赤字不减反增,且外资企业多将投资收益汇回国内而非留在非洲国家进行再投资——这导致了前文提及国有化政策的出台,使本就有限的外国直接投资进一步受限;同时,外部借贷也在不断加大非洲国

---

① Ngui, Dianah et al., "Kenya's Industrial Development: Policies, Performance, and Prospects", Msami, Jamal & Samuel Wangwe, "Industrial Development in Tanzania", and Shinyekwa, Isaac et al., "The Evolution of Industry in Uganda", in Newman, Carol et al. eds., *Manufacturing Transformation: Comparative Studies of Industrial Development in Africa and Emerging Asia*, Oxford University Press, 2016.

② Ackah, Charles et al., "Industrial Policy in Ghana: Its Evolution and Impact", and Chete, Louis N. et al., "Industrial Policy in Nigeria: Opportunities and Challenges in a Resource-rich Country", in Newman, Carol et al. eds., *Manufacturing Transformation: Comparative Studies of Industrial Development in Africa and Emerging Asia*, Oxford University Press, 2016.

家的债务负担。鉴于当时非洲国家普遍实行重工抑农政策并由此导致国内资本积累的不足,农矿产品出口几乎成为自主性产业发展资金的唯一来源——然而这一来源在70年代经济危机爆发之后也难以为继。

最后,除了上述提及的市场和资金方面的限制之外,非洲国家采取的进口替代政策之所以未能取得成功还与失败的技术转让有关。造成这一局面的原因是多样的,既缘于为外资企业(跨国公司)技术转让意愿的缺乏,也受制于非洲国家在技术转让方面的产业政策缺位以及由其国内教育体制的弊端造成的人才缺乏等——因此,非洲国家的国有化和本地化政策仅局限在所有制与雇工层面,而未能深入技术领域。[1] 甚至鉴于技术转让的失败,有学者认为非洲国家的工业化政策只能称为"进口复制"(import reproduction)而谈不上"进口替代"。[2]

第三节　经济危机、结构调整与未竟的工业化 (20 世纪 80—90 年代)

如前所述,自20世纪60年代非洲国家纷纷迈向独立之后,一批国家自主选择通过国家主导的进口替代方式推动本国经济的工业化转型。这一模式曾在最初实行的一段时间里取得了一定的成效——如在1960—1970 年,撒哈拉以南非洲国家制造业的年均增速曾保持在8%左右,超过同期国内生产总值的平均增速;然而在进入70年代之后,非洲制造业的增长开始乏力,特别在20世纪70—80年代下降幅度尤其明显。[3] 当然,需要指出的是,受1973—1974年和1978—1979年两次全球石油危机的

---

[1]　Mytelka, Lynn Krieger, " The Unfulfilled Promise of African Industrialization ", *African Studies Review*, Vol.32, No.3, 1989; Wad, Atul, " Science, Technology and Industrialization in Africa ", *Third World Quarterly*, Vol.6, No.2, 1984.

[2]　Mytelka, Lynn Krieger, " The Unfulfilled Promise of African Industrialization ", *African Studies Review*, Vol.32, No.3, 1989, p.79.

[3]　Lawrence, Peter, " Explaining Sub-Saharan Africa's Manufacturing Performance ", *Development and Change*, Vol.36, No.6, 2005, p.11; Newman, Carol et al., " The Pursuit of Industry: Policies and Outcomes ", in Newman, Carol et al. eds., *Manufacturing Transformation: Comparative Studies of Industrial Development in Africa and Emerging Asia*, Oxford University Press, 2016, pp.7-9.

冲击,不仅限于制造业部门,非洲经济在 70 年代出现全面滑坡,国内生产总值连续多年出现负增长;进入 80 年代,在经历了连年衰退之后,不少非洲国家债台高筑①,经济陷入危机状态。

正因为此,非洲国家倾向于把工业化乃至经济发展的失败更多归咎于外部因素。最直接地讲,亦即全球石油危机的不利影响;更深层次地讲,则是西方国家造成非洲畸形经济结构的早期殖民实践,乃至独立后二十余年间仍试图影响非洲国家政策与走向的新殖民主义行为。由于全球经济不景气、对农矿等初级产品的需求降低,非洲国家的出口收益与外汇来源大幅受损,而另一方面因两次石油提价增加了(除尼日利亚等少数石油出口国之外)大多数非洲国家的进口支出,进而导致这些国家的贸易赤字与财政负担不断增大——对资金(特别是外汇)具有极大依赖性的进口替代工业化模式也因而出现难以为继的局面。②

然而,世界银行对非洲的经济危机持不同观点。他们虽然也承认外部因素的消极影响(如全球经济危机与西方国家的贸易保护主义等),但同时还指出了非洲内部存在的一些结构性因素,诸如缺乏人才、政局不稳、机构落后、二元结构乃至气候、地理及人口限制。更重要的是,他们认为非洲国家在独立后所采取的不恰当的经济和产业政策严重阻碍了非洲经济的发展 ——这些政策包括不恰当的贸易与汇率政策,扶持国营企业的发展,政府机构臃肿、效率低下,忽视农业发展及失误的农业政策等。③具体到工业发展的危机,世界银行及国际货币基金组织将其归咎于以下一些方面:工业产能的过分扩张但产出份额却相对较低;公有制的过分扩展;对进口替代工业的过分投资;对最后阶段消费品生产的过分投资;对资本品进口的过度依赖造成的高成本。④

---

① Parfitt, Trevor W., "Africa in the Debt Trap: Which Way Out?" *The Journal of Modern African Studies*, Vol.24, Issue 3, 1986, pp.519-527.

② Organization of African Unity, "Lagos Plan of Action for the Economic Development of Africa 1980-2000", Addis Ababa: Organization of African Unity, 1980, pp.4-7.

③ World Bank, "Accelerated Development in Sub-Saharan Africa: An Agenda for Action", Washington, D.C.: World Bank, 1981, pp.9-44(also Referred to as Berg Report).

④ Stein, Howard, "Deindustrialization in Africa", *World Development*, Vol.20, No.1, p.84.

　　无论非洲国家对于世界银行和国际货币基金组织提出的上述原因是否接受,它们的被提出都具有重大的历史影响,因为紧随其后笼罩在非洲大陆之上长达二十多年的所谓"结构调整方案"(Structural Adjustment Programme)正是基于上述"诊断"给出的"药方"。结构调整方案主要由国际货币基金组织主导的宏观经济稳定政策和世界银行主导的经济自由化政策两部分组成。① 这些政策主张与20世纪80年代在西方社会盛行的新自由主义经济学说及其在英、美等西方国家的实践一脉相承,因为多由西方国家或其主导的国际组织所倡导,又被称为"华盛顿共识"。具体到产业发展方面,结构调整方案提出以下一些政策建议:强调应将更多资源从工业转向农业,从公有转向私有,从进口替代转型出口工业,从最终产品生产转向原材料加工、中间及资本品生产进而减少进口依赖型的投资。② 然而,与结构调整方案的宏旨相统一,以产业政策为特点的国家对产业发展的干预显然是不被鼓励的;事实上,自这一时期开始,有关在非洲经济结构转型中是否应该采取产业政策与国家干预的争论一直持续至今。③

　　如前所述,非洲国家自身对危机产生的原因及相应的行动方案有自己的判定,然而,由于世界银行、国际货币基金组织及西方国家的贷款直接与结构调整方案的执行相挂钩,非洲国家即使有所不愿也不得不陆续与世界银行和国际货币基金组织展开双边谈判,并最终

---

① 这一划分可参见 Lall, Sanjaya, "Structural Adjustment and African Industry", *World Development*, Vol.23, No.12, 1995, p.2020。具体而言,宏观经济稳定性政策主要体现在财政政策(要求推行紧缩的财政政策,如进行税收改革、扩大税基,同时裁减公共部门、减少公共支出特别是无差异性的补贴与福利开支等)、货币政策(要求推行紧缩、市场化的货币政策,如控制货币发行量、提高利率、汇率市场化)及债务状况等方面,旨在促进中短期内国家内部及外部收支平衡,在执行过程中争议相对较小。经济自由化政策则围绕私有化(如推进国有企业私有化改革)、市场化(如在市场准入与竞争、商品定价等经济活动领域减少政府干预)、自由化(如促进自由贸易与外国资本流入)等方面,旨在最大限度地促进市场机制在经济增长中作用的发挥,在执行过程中争论较大。

② Stein, Howard, "Deindustrialization in Africa", *World Development*, Vol.20, No.1, p.85.

③ Stiglitz, Joseph E., Justin Lin Yifu and Ebrahim Patel eds., *The Industrial Policy Revolution II: Africa in the Twenty-first Century*, Palgrave Macmillan, 2013.

在国内执行相关的调整政策。① 据估计,截至20世纪90年代,共有至少37个(近七成的)非洲国家参与了世界银行主导的"结构调整方案"。②

有关"结构调整方案"对非洲经济乃至社会带来的影响,各方褒贬不一,时至今日仍存在广泛的争论。③ 从最直观的经济发展绩效来看,进行结构调整的非洲国家表现出很不相同的情况。1994年,世界银行在对80年代参与结构调整的29个非洲国家进行调研后得出结论认为,凡是按照世界银行和国际货币基金组织要求实行政府干预较少的宏观经济政策,经济增长的效果就比较好。④ 换言之,在世界银行看来,对于那些未能通过结构调整实现经济复苏的非洲国家,并非世界银行给出的"药方"有问题(尽管承认有时可能起效较慢),而是相关国家没有"谨遵医嘱",反而擅自"减服"或"乱服"。而大多数非洲国家对此则不以为然;在他们看来,"结构调整方案"在非洲是失败的。因为执行这一套方案之后,大多数非洲国家各方面的经济社会状况都出现显著下滑——经济增长缓慢,各经济部门均出现萎缩,市场化与自由化降低了政府的调控能力却没能带来预期的外资增长、出口增加等积极迹象,同时非洲国家的财政赤字与外部债务却与日俱增,让这些国家的政府越来越难以负荷。⑤ 此外,社会部门也受到消极影响,如公共开支的削减直接影响了教育、医疗及妇女,政府裁员导致大量失业等。⑥

---

① Singh, Ajit, "Tanzania and the IMF:The Analytics of Alternative Adjustment Programmes", *Development and Change*, Vol.17, 1986, pp.425-54; Wade, Robert Hunter, "Capital and Revenge:The IMF and Ethiopia", *Challenge*, Vol.44, No.5, 2001, pp.67-75.

② Noorbakhsh, Farhad, Alberto Paloni, "Structural Adjustment Programs and Industry in Sub-Saharan Africa:Restructuring or De-industrialization", *The Journal of Developing Areas*, Vol.33, 1999, p.549.

③ 舒运国、刘伟才:《当代非洲经济史》,浙江人民出版社2013年版,第138—145页。

④ World Bank, *Adjustment in Africa:Reform, Result and Road ahead*, Oxford University Press, 1994.

⑤ Mkandawire, Thandika, Charles C.Soludo eds., *Our Continent, Our Future*, Asmara:Africa World Press, 1998, pp.87-89.

⑥ Heidhues, Franz, Gideon Obare, "Lessons from Structural Adjustment Programmes and their Effects in Africa", *Quarterly Journal of International Agriculture*, Vol.50, No.1, 2011, pp.55-64.

　　具体到对工业特别是对制造业部门的影响,1995 年的一篇文章首先指出世界银行对结构调整对于工业发展评估所存在的缺陷,然后通过使用在覆盖范围、分组方式及时间跨度上有所扩大及更新的数据重新进行评估,对包括国内生产总值增长率、制造业增长率、制成品出口、工资与生产率四个方面进行评估,得出结论认为世界银行的判断过于乐观,截至 20 世纪 90 年代中期,还很难就调整方案对经济及工业发展的影响给出结论,可能有很多尚未被发现的中间因素在产生作用但却不能确定这些中间因素是否与调整方案有关。作者进而通过对加纳这个被普遍认为在贸易及工业领域全面推行了结构调整方案的个案进行研究,认为虽然在执行调整方案初期加纳的制造业部门对之显示出积极反馈,但调整方案未能给加纳制造业带来持续增长,也没有促进制造业内部的多样化。市场失灵的广泛存在增加了提升本国产品竞争力的成本、阻碍了新的制造业活动与出口的产生。简言之,由于结构调整方案忽视了对制造业发展至关重要的技术能力的发展(光凭市场不可能做到),因而导致制造业缓慢发展——加纳这个完全按照结构调整方案进行改革并且在世界银行眼里成效显著的国家,其制造业发展的情况充分说明了这一点。因此,作者认为尽管并不能否认世行及基金组织药方的必要性,但也必须要认识到市场失灵的广泛存在以及给政府的控制、战略及介入更大空间的必要性。①

　　1999 年的另一篇研究通过增加评估变量②及扩展时间跨度,再次对结构调整方案对撒哈拉以南非洲工业发展的影响进行了评估,并加入了将撒哈拉以南参与结构调整国家与该地区外参与结构调整的国家进行比较。他们的研究表明,撒哈拉以南非洲制造业发展令人堪忧的现状乃至

---

　　① Lall,Sanjaya,"Structural Adjustment and African Industry",*World Development*,Vol.23, No.12,1995,pp.2019-2031.

　　② 共七个变量,包括:(1)以制造业附加值增速为指标的"绩效"变量;(2)以制造业在国内生产总值中所占份额为指标的"供给能力";(3)以制成品出口在总商品出口中所占份额为指标的"出口多样性";(4)制造业部门吸引的"就业";(5)以人均制造业附加值为指标的"生产率";(6)以技术转让和技术进步共同衡量的"技术"变量;(7)以联合国工发组织的工业非多样性指数衡量的"结构转型"变量。

前景——制造业及国内生产总值增速降至可被忽略不计的水平,制造业吸引就业能力缩水,劳动生产率下降,几乎没有技术转让(更不用说技术进步)的迹象,工业的非多样化指数持续提升,投资及投资生产率陷入停滞。这样一种状况在 90 年代上半叶出现恶化,但即使在整个 80 年代也乏善可陈。只有两个变量出现改善迹象,即制造业在国内生产总值以及制成品在总出口中的比重;然而作者认为,在上述五个重要指标都很不利,特别是制造业近乎"零增长"的背景之下,这两个份额的提升并不具备重要性,且这两个变量在进入 90 年代之后也同样出现下滑。作者因此得出结论认为,非洲工业正在被边缘化,撒哈拉以南非洲已经在去工业化的边缘。至于这样的结果是否由结构调整所引起,作者通过比较研究认为,结构调整并非在任何地方都伴随非有意却不可避免的工业下降;撒哈拉以南非洲出现如此不利的情况有可能与其不同于其他地区的特殊背景有关——而结构调整方案的失败不在于其政策建议本身,而在于它没有将撒哈拉以南非洲的特殊性考虑在内。①

第四节 21 世纪的经济结构转型探索

21 世纪以来,撒哈拉以南非洲整体呈现出较快的经济增速,但未竟的结构转型使这种增长缺乏稳定与可持续性。因此,过去 20 年间,非洲内外多方再度倡导工业化与结构转型议程,将之作为大陆、地区及国家经济发展战略的重要目标之一。且尽管如前所述,学界对于政府在经济发展与转型中的角色存在旷日持久的争论,但在实践中,越来越多的非洲国家开始积极谋求通过产业政策促进结构转型。

国际层面,以联合国机构为例,其工业发展组织(UNIDO)通过与非洲各层面及其他发展合作伙伴合作,为非洲政府产业政策的讨论与制定搭建平台(如定期举办非洲工业部长会议等),并致力于促进非洲国家在

---

① Noorbakhsh, Farhad, Alberto Paloni, "Structural Adjustment Programs and Industry in Sub-Saharan Africa: Restructuring or De-Industrialization", *The Journal of Development Areas*, Vol.33, No.4, 1999.

产业政策方面的能力建设。① 联合国非洲经济委员会(UNECA)发布的《非洲经济报告》(*Economic Report on Africa*)也连续数年聚焦结构转型问题,为非洲各国提供智力支持。②

大陆层面,非洲联盟(AU)先后通过多个致力于推动非洲工业化与结构转型的文件。③ 2013 年通过的《2063 议程》也再次确认了实现非洲大陆经济转型的必要性,并呼吁各界通过社会对话、行业性和生产率方案、以及地区性和商品价值链等方式支持非洲大陆各个层面产业政策的执行,同时继续致力于改善宏观经济与营商环境以促进非洲私人部门的发展。④ 此外,非洲开发银行(AfDB)亦将"工业化非洲(Industrialize Africa)"作为该行 2013—2022 年十年发展战略的五大核心议程(High 5 Agenda)之一,提出到 2025 年帮助非洲工业产值增长 130%,并带动非洲国内生产总值增长到 4.6 万亿美元的目标。非洲开发银行旗舰报告《非洲经济展望》(*African Economic Outlook*)从 2013 年开始持续关注非洲工业化议题。⑤

地区层面,包括东非共同体(EAC)、南部非洲发展共同体(SADC)、西非国家经济共同体(ECOWAS)等在内的区域性经济组织也提出相应的产业政策,将结构转型作为促进地区经济发展的重点之一。⑥ 国家

---

① Li, Yong, "The Return of Industrial Policy in Africa", *GREAT Insights*, Vol.3, Issue 5, 2014.

② 如"Dynamic Industrial Policy in Africa(2014)", "Industrializing through Trade(2015)", "Greening Africa's Industrialization(2016)", "Transformative Industrial Policy for Africa(2016)", "Urbanization and Industrialization for Africa's Transformation(2017)"。

③ 如"Action Plan for The Accelerated Industrial Development of Africa(AIDA, 2007)", "Africa Mining Vision(2009)", "Productivity Agenda for Africa(2010)", "Programme for Infrastructure Development in Africa(2013)"。

④ African Union(AU), "Agenda 2063: the Africa We Want", African Union, 2014 (2nd edition, popular version), p.15.

⑤ 如"Structural Transformation and Natural Resources(2013)", "GVCs and African Industrialization(2014)", "Sustainable Cities and Structural Transformation(2016)", "Entrepreneurship and Industrialization(2017)"。

⑥ 如 EAC, "East African Community Industrialization Policy(2012-2032)"; SADC, "SADC Industrialization Strategy and Roadmap(2015-2063)", ECOWAS, "West Africa Common Industrial Policy(WACIP 2015-2020)"。

层面,东非作为增长最快、最具活力的次区域,包括埃塞俄比亚、卢旺达、肯尼亚、坦桑尼亚、莫桑比克、赞比亚等在内的国家都提出了工业化或结构转型政策;西非如尼日利亚、科特迪瓦、加纳等国也针对自身的资源与条件禀赋制定了相应的政策;南部非洲主要依靠矿业的博茨瓦纳、纳米比亚均提出多元化发展战略,本就具有一定工业基础的南非则进一步将产业升级作为结构转型的目标;中部非洲以安哥拉、加蓬、喀麦隆等为代表的资源型国家也提出了各自的转型规划。

具体而言,上述提出转型计划的国家,从其政策或实践来看,主要表现为重工制造业、轻工制造业、现代服务业及产业升级四种导向的转型路径。第一种路径表现为以矿业(油气及固体矿)为基础,通过向其上游(如提供勘探开采所需的产品与服务等)或下游(如对油气或矿藏进行加工等)产业链延伸,进而促进相关制造行业——通常是以资金、技术的密集投入为特征的重工业行业(如石油化工、金属冶炼、设备制造与组装等)。自然地,采取这一路径的往往是自身矿产资源较为丰富的国家,如尼日利亚、安哥拉、纳米比亚、莫桑比克、赞比亚等,但也包含一些使用进口原料、中间品或资本品进行加工或组装的情况。第二种路径表现为以农业(粮食及经济作物)为基础,主要通过向下游产业链延伸,发展相关加工制造业——通常是劳动力密集型的轻工业行业(如农产品加工、纺织服装、皮革鞋业、木材家具等)。包括埃塞俄比亚、肯尼亚、加纳、科特迪瓦、喀麦隆等在内的一些在农业资源方面具有一定比较优势的非洲国家均采取了这一方式。① 第三种路径表现为依托既有的资源禀赋(如自然风光)或通过有意识的扶持政策,通过发展现代服务业(如信息通信技术、旅游、金融、航空等)以实现从传统农矿行业的结构转型。如卢旺达、乌干达、博茨瓦纳等一些国家都表现出这一思路。第四种路径表现为以

---

① 如前文提及,这一类轻工业在不少非洲国家都有较为悠久的发展传统,可以追溯到殖民时期。

产业升级为目标之一的结构转型,典型代表如南非。①

下面将以尼日利亚、埃塞俄比亚、卢旺达及南非的产业政策为例,简要阐释这四种转型路径。②

一、重工制造业导向的结构转型:以尼日利亚为例

独立半个多世纪以来,矿产资源条件得天独厚的尼日利亚尚未实现国内的经济结构转型——迄今为止,油气行业仍是其国民经济的支柱产业,此外,农业仍占据国内生产总值的20%,并作为经济增长的主要拉动部门之一,工业特别是制造业发展迟缓,且近年来呈现下滑态势。过去数十年中,尼日利亚未能实现结构转型的原因是多方面的,但其中一个重要原因在于,尼日利亚政府始终缺乏较为明确合理的产业政策以及对政策坚决高效的执行力度,从而未能给其经济发展及转型提供一个直接和有力的推动。直到1989年之前,尼日利亚都没有产业政策或贸易政策③,其于2014年出台的《尼日利亚工业革命计划》(Nigeria Industrial Revolution Plan,NIRP)是该国“第一份战略性、全面性、整合性的工业化路线图”。④ 此外,尼日利亚政府对既有政策的执行力度与成效也受到质疑。⑤

21世纪以来,相对稳定的政治局势为其经济发展奠定了基础,尼日

---

① 当然,这并不是说上述列举的国家都单一地采用某一种路径,将不同转型路径相结合的情况在现实中比比皆是。如尼日利亚同时强调发展农产品加工业,加纳开发炼油厂,喀麦隆将数字经济列为发展重点之一,博茨瓦纳更是很早就成功实现了向钻石下游产业链的扩展等。多种转型路径相结合一方面与相关国家多种类型的资源禀赋或有意识地拓展本国经济的多元化有关,另一方面也有政治经济学方面的考量,如不少矿产资源丰富的国家(如南非)推动劳动密集型轻工业发展部分是出于促进就业的考虑。

② 以下部分选摘自姜璐:《当前时期非洲的经济结构转型——战略路径与产业政策》,《非洲经济评论》2018年第7辑。

③ Amakom,Uzochukwu,"Post Independence Nigeria and Industrialization Strategies:Four and Half Erratic Decades",Working Paper,2008,p.8.

④ Government of Nigeria,"Nigeria Industrial Revolution Plan(NIRP)",2014,p.21.

⑤ Iheanacho,E. N.,"National Development Planning in Nigeria:An Endless Search for Appropriate Development Strategy",*International Journal of Economic Development Research and Investment*,Vol.5,No.2,2014,p.50.

利亚政府相继推出了新的宏观经济发展战略,如奥巴桑乔总统时期的《国家经济赋权与发展战略》(*Economic Recovery and Growth Plan*, *NEEDS*)及2010年颁布的《远景20:2020》(*Vision 20:2020*)。与此同时,如前所述,尼日利亚政府还在2014年推出了第一份宏观产业政策——《尼日利亚工业革命计划》(*Nigeria Industrial Revolution Plan*, *NIRP*);其中,尼日利亚政府选取了四个被认为具有明显比较优势进而能够实现快速产能增长的部门,分别是农商及农业相关行业、固体矿物及金属行业、油气行业及建筑、轻工与服务行业(见表1-1)——上述产业政策的设计体现了尼日利亚政府尝试在巩固传统矿业特别是油气行业发展的基础上,向制造业及服务业扩展的意图。

表1-1　尼日利亚产业政策重点领域

重点行业	农商及农业相关行业	固体矿物及金属行业	油气行业	建筑、轻工及服务行业
相应子行业	·食品加工 ·制糖 ·棕榈油加工 ·可可加工 ·皮革及皮革制品 ·橡胶制品 ·纺织及服装	·水泥 ·汽车装配 ·基本金属 ·铝 ·化学品	·石油化学制品 ·化肥 ·甲醇	·建筑业(房屋) ·轻工制造业 ·服务业

资料来源:Nigerial Government,"Nigeria Industrial Reuolution Plan",2014。

二、轻工制造业导向的结构转型:以埃塞俄比亚为例

埃塞俄比亚虽然从20世纪海尔·塞拉西皇帝时期就实行过工业化政策,但是成效不大,门格斯图时期更是基本荒废。因此,当1991年埃塞俄比亚人民革命民主阵线(埃革阵)上台之际,政府面对的是一个一穷二白、工农业基础都很薄弱的国家。特别是埃塞俄比亚虽然地域辽阔、人口众多,但该国的自然资源特别是矿产资源却非常贫乏,这也阻断了埃塞俄比亚政府采取不少(矿产)资源型非洲国家传统上惯常使用的资源型工业化模式的可能性,并迫使其寻找更为适合自己的道路。

20 世纪 90 年代初,埃塞俄比亚政府提出《以农业发展为先导的工业化战略》(Agricultural Development-led Industrialization, ADLI),作为国家的长远发展战略。此后在世界银行和国际货币基金组织帮助下制订并实施了三个结构调整方案及两个以减贫为核心的经济发展计划。此后又接连提出两个《增长与转型规划》。与此同时,2002 年,埃塞俄比亚政府进一步提出了该国第一个全面的《工业发展战略》(Industrial Development Strategy, IDS),规定了埃塞俄比亚工业化的主要原则——农业先导、劳动密集型产业优先、吸引外资、公私合作与出口导向。埃塞俄比亚政府对当前工业化过程中的产业选择有着较为清晰明确的指导原则及先后次序,即优先发展工业部门中的制造业,当前时期特别侧重那些劳动密集型且市场广阔、使用农产品做原料、出口导向及进口替代、能促进更快的技术转让的制造行业;中长期则逐渐向资本、技术密集型的战略重工业及高科技制造行业进一步转型。在这样的原则指导下,过去十几年中被政府列为重点扶持行业名单的包括纺织服装业、皮革及皮革制品业、农产品加工业、制糖业、水泥制造业、金属制造与工程、化学工业、医药制造业等;此外,建筑行业——特别是基础设施建设也被给予高度关注(见表 1-2)。

表 1-2　2002—2025 年埃塞俄比亚工业化重点发展行业

经济/产业发展战略	重点发展行业	
工业发展战略(2002)	【轻工制造业】 ·纺织服装行业 ·肉类、皮革及皮革制品行业 ·农产品加工业	【重工制造业】 ·建筑行业
《旨在结束贫困的加速与可持续发展规划(PASDEP)》(2005/6—2009/10)	【轻工制造业】 ·纺织服装行业 ·皮革制造行业 ·制糖行业	【重工制造业】 ·水泥行业 【高附加值农业】 ·花卉、高附加值水果蔬菜
《增长与转型规划 I》(2010/11—2014/15)	【轻工制造业】 ·纺织服装行业 ·皮革制造行业 ·制糖行业 ·农产品加工业	【重工制造业】 ·水泥行业 ·金属与工程行业 ·化工行业 ·制药行业

续表

经济/产业发展战略	重点发展行业	
《增 长 与 转 型 规 划 Ⅱ》（2015/16—2019/20）	【当前重点行业】 ·建立劳动力密集型轻工业 ·建立战略重工业的发展基础	【未来重点行业】 ·高科技产业 ·寻找未来新的增长点
《工业发展战略规划（IDSP）》（2013—2025）	【(既有)重点行业扩展计划】 ·纺织行业 ·皮革行业 ·农产品加工业 ·化工行业 ·金属行业	【新兴制造行业发展计划】 ·生物科技行业 ·信息通信技术（软件及硬件） ·石油化工行业

资料来源：根据埃塞俄比亚政府相关政策文件绘制。

可以看到，埃塞俄比亚政府对其结构转型过程中主导产业的选择标准及实践较为紧密地结合了其自身的要素比较优势，并充分考虑到行业之间的关联效应及产业发展规律。例如，纺织服装及皮革制造行业的选择充分基于埃塞俄比亚劳动力及畜牧资源丰富的优势；而农业品加工及制糖等行业则具有带动相关前向农业部门发展的效果，类似地，对建筑行业的强调除了为整个制造业及国民经济的发展提供基础设施的考虑之外，也能够对制造业部门中的水泥等行业起到拉动作用。尤为难得的是，埃塞俄比亚的工业化战略从制定之初就对农业给予了充分的重视：这不仅基于埃塞俄比亚目前农业产值仍占到40%、农村人口仍有约80%—90%的客观事实；也基于对农业发展对工业进步的关联效应的充分认识。[①]

三、现代服务业导向的结构转型：以卢旺达为例

在当前撒哈拉以南非洲新一轮工业化的浪潮中，少数国家另辟蹊径，根据自身情况将现代服务业作为实现国家经济结构转型的突破口——卢旺达就是典型代表。独立后的卢旺达在20世纪70—80年代哈比亚利马纳总统执政时期经历了相对开明的政治经济与民族政策，政局较为稳定，经济发展与结构转型也有所推进。然而90年代上半叶，随着流亡国外的

[①] 采访埃塞俄比亚前总统顾问阿尔卡贝（Arkebe Oqubay）先生，2018年5月。

图西族人"武装返卢",卢旺达国内种族矛盾再度激化,并在 1994 年最终爆发震惊世界的卢旺达大屠杀。此后经过长达近十年的过渡,卢旺达最终于 2003 年通过新宪法,也由此进入一个相对和平稳定的发展时期。

得益于日趋稳定的政治形势,21 世纪以来卢旺达政府全心致力于国家经济发展,先后于 2000 年和 2016 年颁布了《远景 2020》(Vision 2020)及《远景 2050》(Vision 2050),旨在带领卢旺达在 2020 年、2035 年及 2050 年左右依次迈入中低、中高及高收入国家行列。与此同时,卢旺达政府还出台了一系列中期发展计划——包括两个《经济发展与减贫战略》(Economic Development and Poverty Reduction Strategy, EDPRS)及从 2010 年以来开始实行的两个《七年政府计划》(2010—2017, 2017—2024),亦即《国家转型战略 I》(National Transformation Strategy I, NTS-I),以落实其在远景规划中提出的发展目标。在产业发展方面,卢旺达政府将干预与投资集中于三类经济部门:(1)既有的出口导向部门,如:茶、咖啡、矿业、花卉、建材、旅游、食品加工等;(2)新兴的(特别是)知识经济部门,如:物流、信息通信技术相关服务业、私募基金、远程操作的金融服务、电子装备等;(3)能够吸引绿地投资的潜在新兴部门,如"绿色经济"倡议等。[1]

这其中,较具特色的是卢旺达对自身向知识型经济转型的目标设定。如前所述,基于对自身比较优势的判断,卢旺达政府十分强调现代服务业的发展,在过去十几年间,这突出表现在对于信息通信技术及旅游业的扶持。[2] 以信息通信技术行业为例,从 20 世纪 90 年代后期开始,信息通信技术开始被卢旺达政府作为优先重点行业及知识型经济的抓手来发展。《远景 2020》及两期《经济发展与减贫战略》中均提及并被作为经济增长的关键部门。同时,从 2000 年起,卢旺达政府开启《国家信息通讯基础设

---

① Government of Rwanda, "Economic Development and Poverty Reduction Strategy II (2013-2018)", pp.19-20.

② 相较而言,尽管卢旺达也提出了诸如"卢旺达制造"这样的倡议,但从其宏观经济发展战略及具体产业政策来看,制造业并非如在埃塞俄比亚的案例中那样被作为重中之重。参见 United Nations Economic Commission for Africa, "Transformative Industrial Policy for Africa", United Nations Economic Commission for Africa, 2016, pp.71-3。

施》(*National Information and Communication Infrastructure*, *NICI*)计划,以5年为一期,目前已实行四期。2013年10月非洲大陆通过《智能非洲宣言》(*SMART Africa Manifesto*),同年卢旺达政府颁布《信息通讯技术战略规划》(*ICT Sector Stratetic Plan Ⅰ*, *SSP Ⅰ*),后被《智能卢旺达总体规划》(*SMART Rwanda Master Plan*, *SRMP*)取代,2017年年底又颁布了以"通往数字化经济"为主题的最新一期《信息通讯技术战略规划》(*ICT Sector Stratetic Plan Ⅱ*, *SSP Ⅱ*)。卢旺达政府一直以将自身建成东非乃至非洲的信息通讯技术中心作为发展目标(见表1-3)。[①]

表1-3 2000—2024卢旺达的信息通信技术政策发展轨迹

发展阶段	主要内容
《国家信息通讯基础设施规划Ⅰ》(2000—2005年)	通过建立一套有效的执行及协调机制,营造一个能够促进卢旺达信息通信技术行业发展进而经济增长的有利环境
《国家信息通讯基础设施规划Ⅱ》(2006—2010年)	大力投资,建立世界一流的信息通信技术行业相关的关键基础设施
《国家信息通讯基础设施规划Ⅲ》(2011—2015年)	发展信息通信技术行业相关的服务业及私人部门,以使其充分发挥增进国民经济增长的潜力
《信息通讯技术战略规划 Ⅰ》(2013—2018年)	重点从五个方面发展建设信息通信技术行业:信息通信技术发展;私人部门发展;社区发展;电子政府建设;网络安全
《智能卢旺达总体规划》(2015—2020年)	执行信息通信技术行业相关的五方面政策(宽带、网络安全、私人部门发展、电子垃圾、开放数据);集中发展相关的七大支柱领域(医疗、金融、商业与工业、农业、教育、治理、城市)及三大动因领域(能力、基础设施、政府与管理);建立卢旺达信息协会机构(RISA)
《信息通讯技术战略规划Ⅱ》(2018—2024年)	继续发展上述十个领域,并于2024年前实现宽带全覆盖、政府全面数字化及全民数字化能力(digital literacy)

资料来源:根据卢旺达政府相关政策文件绘制。

四、产业升级导向的结构转型:以南非为例

与很多撒哈拉以南非洲国家不同,尽管同样面临经济结构转型的任

---

① Government of Rwanda, "SMART Rwanda Master Plan(2015–2020)", p.24; "ICT Sector Stratetic Plan Ⅱ(2018–2024)", p.14.

务,但南非的发展起点要高于其他国家,其具体目标也不限于是从传统农矿业向现代工业的转型,而是工业(特别是制造业)内部的产业升级及进一步发展、提升其服务业的水平。不过,由于白人统治下南非经济的发展与转型具有不平等的特点——占人口绝大多数的黑人群体在经济上处于被剥削地位,未能从国家的经济增长与结构转型中获益;同时,受保护主义政策及设备老化落后等因素的影响,南非不少制造业部门的国际竞争力也较为有限。因此,较为雄厚的经济基础特别是工业基础,与其经济发展的不平衡性,同时成为 1994 年推翻种族隔离制度之后的新南非的经济遗产,进而对其当前时期经济增长与结构转型的路径选择产生重要的影响。

1994 年新南非建立之后,南非政府先后提出五个经济发展战略:1994 年《重建与发展计划》(Reconstruction and Development Plan, RDP),1996 年《增长、就业和再分配》(Growth, Employment and Redistribution: A Macroeconomic Strategy for South Africa, GEAR),2005 年《南非加速与共享增长方案》(Accelerated and Shared Growth Initiative for South Africa, ASGISA),2010 年《新增长道路》(New Growth Path, NGP),以及 2013 年《国家发展计划 2030》(National Development Plan 2030, NDP 2030)。与此同时,虽然新南非政府对国内产业经济发展一直有所干预,但正式全面的工业化方案及产业政策从 2007 年才正式出台。其内阁于 2007 年 1 月通过了贸工部提出的《国家产业政策框架》(National Industrial Policy Framework, NIPF)及在这一框架下的第一个《产业政策行动方案》(Industrial Policy Action Plan, IPAP),2010 年起贸工部每年都公布一个行动方案。在其于 2007 年出台的第一份《产业政策行动方案》中,南非政府将其长期工业化进程中的主要弱项归纳为:"传统的可贸易部门——特别是农矿业——就业率的降低未能被非传统的可贸易部门——特别是制造业就业率的提高所抵消"。[1]事实上,从 20 世纪 90 年代开始,南非制造业部门呈现快速萎缩趋势,其增长速率较此前发生较大下滑,在国内

---

[1]　Government of South Africa, "IPAP 2007", p.1.

生产总值中占比也从 1990 年的 21.6% 下降到 2017 年的 11.9%(见表 1-4),出现了所谓"去工业化"的情况;也因此,一定程度上,南非面临的更多是"再工业化"——重振工业部门,特别是重振与升级制造业的任务。

表 1-4　1960—2017 年南非各产业部门在国内生产总值中的占比

(单位:%)

部门＼年份	1960	1970	1980	1990	2000	2010	2017
农业	10.7	6.8	5.8	4.2	3.0	2.4	2.3
工业	35.9	36.1	45.3	36.4	29.1	27.4	25.9
制造业	19.2	21.6	20.5	21.6	17.5	13.1	11.9
服务业	48.4	51.2	43.1	50.5	59.1	61.0	61.5

资料来源:根据世界银行数据(https://data.worldbank.org/)绘制。

在此背景下,南非政府将新时期产业政策的核心原则规定为:(1)促进传统的商品及不可贸易服务上的多元化发展;(2)推动劳动密集型产业发展以促进就业;(3)使历史上被边缘化的地区及人群参与进南非的工业化过程;(4)长远上,推动南非工业化向知识经济转型;(5)通过增强南非自身生产能力来促进非洲大陆的工业发展。[①] 简言之,南非当前经济发展与结构转型始终面临着增长与平等、效率与公平二者之间的平衡,因而,即使清楚国家长期内应着眼于产业升级并向知识型经济转型,但中短期内却不得不同时发展最能够促进就业的部门(特别如农业价值链、轻工制造业及服务业等)。综观过去十余年间南非政府(贸工部)出台的《产业政策行动方案》文件,其所选择的产业基本符合上述产业发展原则,这些产业大体上可以分为三类。

第一,传统的以农矿资源(比较优势)为基础的工业部门,如农产品加工业,森林、橡胶、纸张、纸浆、家具等,以及金属、机械设备、汽车制造

---

① Government of South Africa, " Nnational Development Plan 2030", p.144; " New Growth Plan(2010-2013)", p.19; "Industrial Policy Action Plan 2007", pp.1-2.

等。其中汽车行业一直以来被作为核心产业予以支持,其近年来的产量与出口表现也较为突出。① 对汽车行业的重视体现了南非政府在其传统资源型产业发展中寻求产业内部升级,提升产品附加值、发展中(高)端制造业的努力。② 第二,劳动密集型的就业导向产业,最为突出的就是纺织服装皮革等相关产业的发展,当然,南非认识到作为中等收入国家,自己已不具备像埃塞俄比亚那样显著的人力资源低成本优势③,因此这一产业选择主要回应了南非促进(特别是黑人)就业与社会平等的发展诉求,而从其政策设计来看,也确实试图通过加强品牌建设等区别于埃塞俄比亚、越南这样承接低端纺织服装行业的国家。第三,高端制造业、新兴产业、服务业等的发展,如海运制造及相关服务业、航空航天与国防、电子科技及大型家用电器、绿色产业、旅游与文化产业、商业过程外包(Business Process Outsourcing, BPO)、金融部门等,这类产业的提出和发展更多体现了南非向知识型经济转型的长远目标。

　　本章回顾了殖民时期特别是独立以来撒哈拉以南非洲经济结构的发展历程与转型探索。受奴隶贸易及殖民经济影响,独立前的撒哈拉以南非洲大都以传统农矿经济为主,制造业等其他现代经济部门发展极为有限。20 世纪 60 年代非洲迈向独立之后,一批国家自主选择通过国家主导的进口替代方式推动本国经济的工业化转型。这一模式曾在最初实行的一段时间里取得了一定成效,但 70 年代受全球石油危机影响,非洲经济陷入全面危机,制造业亦开始滑坡。此后二十余年中,非洲国家被迫执行西方主导的结构调整方案,尽管各界对该方案对非洲经济的影响仍存有争论,但其政策导向却在一定程度上导致了非洲"去工业化"的趋势。21 世纪以来,非洲内外多方再度倡导工业化与结构转型议程,将之作为大陆、地区及国家经济发展战略的重要目标之一,相关国家亦提出重工制造业、轻工制造业、现代服务业及产业升级等不同导向的转型路径。

---

　　① Zalk, Nimrod, "Industrial Policy in a Harsh Climate: the Case of South Africa", https://www.ilo.org/wcmsp5/groups/public/-dgreports/-inst/documents/publication/wcms_315677.pdf.

　　② Government of South Africa, "Vision 2030", p.115.

　　③ Government of South Africa, "Vision 2030", p.115.

　　作为拓展,笔者认为,撒哈拉以南非洲的经济转型与发展长期以来为其与外部力量的互动所塑造——外部力量以有形和无形的方式残酷而粗暴地侵入与影响;大陆内部,国家能力与发展意愿的交织则决定着其能在多大程度上抵抗或(至少不至过于被动地)适应那些外部力量的侵入与影响。因此,当我们反观正在进行中的新一轮撒哈拉以南非洲结构转型之时,国家能力与发展意愿或者仍是一个重要的关注点。产业政策的制定与创新(本章第四部分)固然是结构转型的基石,但也只是起点;国家能力与发展意愿的高低与建构则不仅是产业政策制定与创新的动力,更是决定产业政策——特别是在克服外压内困的过程中——能在何种程度上被贯彻,进而实现结构转型、经济增长、包容性发展乃至"非洲复兴"之宏大目标的关键所在。

第二章 非洲工业化的百年变迁及发展路径

　　所谓工业化,通常被定义为工业或第二产业产值在国民生产总值中的比重不断上升以至替代农业,逐渐过渡到在经济发展中起主导作用,从传统的农业为主的社会转变为现代工业社会的进程。工业化是推动一个国家现代化的核心内容和重要动力,纵观世界发展历史,许多发达国家和地区走向现代化的实例都体现出实现工业化以达到现代化的必要性,对于至今低于世界平均发展水平的非洲大陆,工业化的重要性不言而喻,只有工业化水平真正提高了,才能给非洲带来科技进步、经济不断发展、产业结构优化升级的好处。

　　近年来,世界经济全球化进程迅猛发展,中非合作成果显著,在构建中非命运共同体的时代背景下,促使我们也需聚焦非洲大陆本身的经济发展,而在非洲大陆经济发展中,只有真正实现工业化,非洲大陆才有可能摆脱贫穷困境,实现可持续发展。然而,现状是非洲工业化历经百年,直至今天非洲仍然处在工业化发展的初期阶段,处于全球落后水平。鉴于工业化对非洲各国发展的重要性,研究非洲工业化及其影响因素,探讨非洲国家如何加速工业化、跳出工业化发展迟滞的围城,仍然具有必要性和紧迫性。

　　目前国内外学者已对非洲工业化的发展进行了大量研究,他们概述了非洲实现工业化的探索历程,从工业化角度就导致非洲发展滞后的因素提出了各自的看法,并从中非合作的角度挖掘非洲工业化的新可能。

　　史斌(1957)对殖民地时期非洲工业的发展和比较优势进行了研究分析,非洲的工业化从殖民地时期到20世纪60年代为止还只是处在其最幼年时期,是在各种计划下开始的,这些计划就其规模而言,只是欧洲和北美各相应工业的雏形。非洲并非以煤、运河和铁路作为工业化的开端,而是以电力、铝和石油管等开始的。非洲各国在殖民者的工业规划之下,对原料进行制造加工,开启了非洲工业化的最初一页。①

唐宇华(1985)初步分析了非洲地区大部分国家从20世纪70年代至今制造业的一系列发展历程以及实现工业化的战略布局,他分析了非洲国家在70年代工业化过程中正反两方面的经验与教训,认为以自70年代至今的非洲国家工业发展状况来说,距离实现真正工业化的目标还任重道远,非洲国家仍需加快改革的步伐,根据实际情况采取措施、调整战略计划从而推进工业化。②

丁顺珍、刘月明、杨京鸣(1986)分析了非洲工业在当时的发展现状,认为20世纪80年代非洲的工业对非洲地区的民族经济发展并没有起到太大作用,同时工业产品的水平也不高。存在许多影响非洲工业化发展的主客观因素,他对非洲80年代关于工业化政策所作出的调整给予了肯定的评价,但是认为不能估计太高,因为非洲工业化所面临的问题还很多,并预言此后的非洲工业化之路也不会平坦,仍将会崎岖不平。③

姜忠尽、尹春龄(1991)在大部分非洲国家工业发展基础、工业资源条件不尽相同的背景下,深入讨论分析了非洲国家应如何根据自身的工业发展水平选择其工业发展的战略和重点,强调非洲国家在20世纪90年代发展工业而面临的核心问题仍然是如何进行工业化战略的选择,以加速经济发展,进而从低收入的不发达国家过渡到现代化国家,并对非洲工业发展提出建议,应实施全面、平衡的发展战略,重点关注三个领域:中小企业的积极发展、农村工业产业的大力发展,以及采矿经济的杠杆作用的增强。④

---

① 史斌:《黑色非洲的工业》,《世界经济文汇》1957年第12期。
② 唐宇华:《非洲制造业的发展与工业化战略》,《西亚非洲》1985年第1期。
③ 丁顺珍、刘月明、杨京鸣:《非洲工业发展的现状和前景》,《现代国际关系》1986年第2期。
④ 姜忠尽、尹春龄:《非洲工业化战略的选择与发展趋向》,《西亚非洲》1991年第6期。

安春英(1996)对20世纪90年代非洲工业发展所面临的挑战进行研究分析,其中既有国际因素,又有国内自身原因,国际因素的波动成为非洲工业发展的"晴雨表",工业品出口价格起伏波动,国际援助资金转移、投资减少以及外债的困扰都影响着非洲工业的发展。而国内政局不稳也阻碍了工业正常发展的进程,提出提高工业生产率的关键是发展科学事业,培养科技人才,改善基础设施,加强区域合作、建立区域市场。①

陈宗德(2003)论述了在全球化的大环境中,非洲各国在实现工业化道路时需要关注的重要细节和问题,提出非洲各国应调整产业发展战略,抓住全球化的时代机遇,着眼于自身的比较优势并充分发挥利用,积极加入国际分工,提高国家竞争力,从而使国家搭上经济发展的"快车"。②

朱华友、赵雅琼(2016)提出,工业化对促进非洲经济结构转变和改善人民生活水平非常重要,他们从对非洲国家的工业化水平的研究来分析各国工业化水平的差异及其影响因素,并进一步思考如何提升非洲工业化水平,研究为非洲各国构建和实施有效的工业化政策提供了参考,也对中非经济合作提出了建议。③

梁益坚(2018)提出了非洲工业未来的发展趋势就是走新型工业化道路。走新型工业化道路或许可以打破非洲工业发展迟缓的僵局,在非洲新型工业化发展趋势下,现代农业、日常消费品进口替代产业、出口导向产业和人力资本培育是值得关注的四个重点领域。④

姚桂梅(2014)指出,虽然非洲经济在国际金融危机雾霾下呈现高增长态势,但是非洲发展缓慢的问题还是十分突出。因此,在非洲各国经济发展急需转型的关键时期,建立以制造业为核心的工业体系依然是重中之重,从而为创造就业、实现最终工业化目标打下了基础,非洲工业化的重要性可见一斑。中国和非洲国家在经济增长上存在正相关的互相影

---

① 安春英:《非洲工业发展面临挑战》,《亚非纵横》1996年第4期。
② 陈宗德:《全球化中的非洲工业发展战略》,《西亚非洲》2003年第4期。
③ 朱华友、赵雅琼:《非洲国家工业化水平的综合评价和提升》,《非洲研究》2016年第1期。
④ 梁益坚:《非洲新型工业化发展趋势下的重点领域探析》,《海外投资与出口信贷》2018年第4期。

响,同时中国也一直对非洲经济发展伸出援助之手,未来也将毫无保留地支持非洲国家实现工业化。①

才大颖(2015)从中非合作的战略角度再次开启非洲工业化的话题,关于如何从非洲和全球尤其是中国角度促进非洲工业化的发展,他认为非洲关于工业化的产业定位还是十分模糊,市场也缺乏活力,因此需要考虑和选择全新的路径,且与中国的交往并非单方面援助而是共赢。②

目前国内外许多著名学者对非洲工业化的发展历程、发展现状和问题、影响因素等提出了自己的看法,并对其发表了深刻见解和建议。本章结合时代背景下的非洲工业化,研究非洲实现工业化的百年发展历程,分析非洲目前的工业化发展程度以及影响其工业化的主要因素,对非洲工业化未来的发展提出对策和建议,使非洲经济走上可持续发展的道路。

第一节　非洲工业化的百年历程及工业化发展道路选择

一、独立前殖民地阶段:工矿业得到发展,制造业开始萌芽(19世纪末—1960年)

这是非洲工业化的初始阶段,主要体现为矿业的发展。19世纪末20世纪初,西方国家进入垄断资本主义时期,对全球范围内的原材料产出国展开激烈争夺以及市场占领,金刚石的发现使非洲首当其冲,欧洲殖民者的争相开采开启了非洲现代矿业,外国垄断资本的逐利本性导致其对非洲金刚石的大力开采,非洲的现代矿业从而注入了活力,得以迅猛发展。第二次世界大战期间西方帝国主义、军事工业的需要,以及科学技术的进步,为非洲战略矿产资源、新矿种的开发提供了动力,导致非洲工矿业进入一个新的发展阶段。殖民者的目的是使殖民地即非洲大陆成为西方的

---

① 姚桂梅:《非洲工业化之路前景广阔》,《人民日报》2014年5月28日。
② 才大颖:《关于非洲工业化的战略思考》,《轻工标准与质量》2015年第6期。

原材料供应地和工业制成品的倾销市场,因此西方殖民者带来了一些现代工业生产因素,在西方资本主义因素的刺激下,非洲制造业开始萌芽,但只是一些为出口服务的原材料初加工企业。而且因为它的本质是殖民统治副产品,此阶段非洲工业特别是制造业并没有成长起来。且此阶段非洲处于殖民地经济,长期的殖民统治和奴隶贸易导致非洲经济长期落后,经济发展十分畸形,非洲工业及制造业自然也得不到发展。

二、独立后第一阶段:进口替代工业化发展阶段(1960—1979 年)

这一阶段是非洲工业发展的全新和过渡阶段。20 世纪 60 年代起非洲国家相继取得了政治独立,于是开始谋求经济发展,给非洲工业化带来巨大的历史机遇。早在独立之初,非洲国家就认为工业化有益于经济发展,工业尤其是制造业的发展能对经济增长和发展形成巨大推力:首先,制造业的发展可以改善当前非洲大部分国家过于依赖农矿业产品的状况,从而促进非洲经济结构的多元化;其次,工业和制造业的发展可以经由溢出效应带动与之相关的农业的发展;最后,全体国民经济水平可以因此提高,日渐膨胀的就业需求能够得以满足,非洲国家普遍存在的贫困问题可以得到缓解。[①]

该阶段受结构主义思想的影响,在工业上,大多数非洲国家实施了自力更生性质的内向型工业发展的进口替代战略,即为了保护本国工业品市场,采用高关税等措施,对从国外进口的工业制品进行限制,以促进本国的工业发展,助力工业化的实现,从而推动经济发展。事实上,进口替代战略无疑在推进非洲大陆的工业化方面发挥了积极作用。在非洲国家刚独立的十多年间,大多数非洲国家的经济增长都呈现较高态势,从1965 年到 1973 年,撒哈拉以南非洲国家的工业年均增长率高达 13.5%,占国内生产总值的比重提高到 24%。[②]

---

① 舒运国:《非洲永远失去工业化的机会吗?》,《西亚非洲》2016 年第 4 期。
② 姜忠尽、尹春龄:《非洲工业化战略的选择与发展趋向》,《西亚非洲》1991 年第 6 期。

于 1960 年 1 月在突尼斯召开的第二届全非人民大会通过的决议就已经明确指出:独立的非洲国家应"努力推进土地改革和农业现代化,以促进工业化进而实现非洲经济的独立"。①

非洲大陆各国独立后的第一目标即工业化,在这一阶段非洲首先继承了殖民地时期遗留下来的工业化模式,继而又在拥有一定自主决策权的基础上,发展了人民生活必需的食品、纺织、服装、木材、建筑等工业以及原油、矿产品和农副产品的出口加工工业。在此阶段,美国和欧洲经济都在第二次世界大战后进入高速发展期,欧美各国的市场需求也随之扩大,从而刺激了非洲出口更多原材料、农业产品和初级产品,原殖民国迫于国际社会的舆论压力,也加大对非洲的援助和投资的力度,一定程度上促进了非洲经济和工业的发展。

但遗憾的是,1974—1979 年,由于非洲各国受国内以及国际众多不利因素的干扰,总体而言进口替代战略最终并未成功,故此阶段非洲也未能实现工业化。在非洲国家内部,政治层面,这一时期非洲内乱和战争频发,尤其是尼日利亚内战激烈爆发,上层建筑的不稳使得政治的剧烈动荡作用于经济层面,工业化发展自然也受到了负面影响;经济层面,非洲工业一味照搬别国的模式,导致工业政策过于僵化,同样没有做到可持续发展。在非洲外部,资本主义国家为转移经济危机的不利影响,贸易保护主义开始兴起,这些国家故意在国际市场上压低本国农产品和原材料的价格,用来抵制非洲国家的相关产品进入其市场,造成非洲工业发展不顺,非洲整体经济的发展受到损害和阻碍,非洲国家经济增长和工业化程度放缓,同时失业率上升。因此,这一阶段非洲的进口替代战略缺乏必要的条件和强劲推力,未能推动非洲工业的持续发展。进口替代战略在推动经济短暂增长的同时也产生了一些不利影响,抑制了非洲工业的持久生存力,没有使非洲工业化可持续发展。

---

① 第二届全非人民大会决议见唐大盾:《泛非主义与非洲统一组织文选(1900—1990)》,华东师范大学出版社 1995 年版,第 69 页。

三、独立后第二阶段:拉各斯计划和结构调整方案下的出口导向的工业化发展阶段(1980—2000 年)

因为 20 世纪 70 年代末的遭遇,非洲国家认识到进口替代战略已经不能满足非洲工业化的诉求,经济状况不容乐观,进口替代战略无法继续进行。在这样的背景下,非洲国家和国际社会以出口加工为主导提出了一系列的工业化计划,并从不同角度提出了不同的工业化发展方案。

(一)拉各斯计划及非洲内的各种工业化发展方案

非洲国家 1980 年自主制定了《拉各斯行动计划》(包括《拉各斯最后行动方案》)这一纲领性文件,其目的是摆脱经济危机、加快经济发展,拉开了非洲经济改革的序幕。《拉各斯行动计划》在指出工业化重要性的同时,首次强调独立自主思想:"为确保经济和社会现代化,必须考虑工业在其中的作用;为使非洲在世界工业产量中占有更多的份额,以及在集体自力更生中达到充分的程度,成员国宣布 1980—1990 年为'非洲工业发展的十年'"(第 52 款)。"在制定工业发展战略时,非洲国家应该牢记选择既适合本地的工业技术,又能减少对发达国家依赖的原则"(第 65 款):非洲的工业发展按时段分为 3 个时期,即短期、中期和长期。具体来说,短期(截至 1985 年)工业化目标是达到世界工业产量的 1%,主要是建立和发展食品加工、农产品加工、建筑、金属加工、机械加工、电气与电子、化工、能源和林业;中期(截至 1990 年)工业产量应为世界总产量的1.4%,食品、建筑材料、服装和能源业的产品应达到自足;长期(截至 2000 年)非洲工业产量达到世界总量的 2%(第 62、66 和 67 款)。[1]

《拉各斯行动计划》从本质上看的确是一份完美的指导性文件,其包含的内容十分全面和丰富,涉及领域也很广阔,同时明确规定了经济发展的目标,作出了具体的规划。然而,遗憾的是,在 20 世纪 80 年代,大多数非洲国家都被经济危机带来的阴影所笼罩和压迫,国家内部无法提供足够的资金来将《拉各斯行动计划》付诸实施,迫于此情形,非洲国家最终

---

[1]　北京大学非洲研究中心:《非洲变革与发展》,世界知识出版社 2002 年版,第 6 页。

必须作出妥协,接受了世界银行和国际货币基金组织所提出的有关调整非洲经济结构的建议和要求,并因此被迫实施了这些外部国际金融机构提出的经济体制改革,以便可以获得国际金融机构长期贷款的财务支持。

非洲国家即便是在艰难的经济结构调整中也没有放弃实现工业化的追求,在这段时期,非洲统一组织(OAU)制定了《非洲工业发展十年》(1980—1990年)、《第二个非洲工业发展十年》(1993—2002年)。为了彰显工业化的重要性、推动工业化的进程,联合国和非洲国家还在1989年的非洲统一组织第25届首脑会议上指定11月20日为每年的"非洲工业化日",20世纪90年代初非洲统一组织制定和实施了《关于建立非洲经济共同体条约》,1996年非洲工业化联盟成立,提出了《非洲工业化联盟计划》。所有这些条约、计划和措施都旨在推进非洲工业化的进程。

(二)经济结构调整方案及非洲的外向型道路

国际货币基金组织和世界银行20世纪80年代提出的"经济结构调整方案"的实质是将非洲经济全盘资本主义化,它的基本指导思想是新古典主义理论,其根本目的是将非洲国家转变为市场经济为主导的国家。其主要措施有:市场自由化、贸易自由化、企业私有化、控制国家预算平衡。这些措施面对的是非洲80年代处于经济危机困境的现实基础,虽然拉动了非洲经济的发展,然而从最终结果来看实则弊大于利。

"经济结构调整方案"未取得预期的效果,还给非洲国家发展之路增加了障碍,对非洲社会造成了损害。在非洲工业并未发展成熟的前提之下,贸易自由化大大阻碍了非洲民族工业的发展,使其受到冲击。结构调整方案甚至引发了社会问题,造成政局动荡,被国际社会称为"非洲失去的十年",在这十年,非洲经济年均增长率仅为1.5%,经济社会发展缓慢、停滞甚至严重倒退,在全球范围内,非洲成为当时负债最严重的地区,且所欠坏账即逾期外债在外债中所占的比率几倍于其他大洲和地区。①

由于以上种种原因,非洲因一系列不合时宜的改革方案,经济发展缓慢,负债严重,继而影响非洲工业的发展。

---

① 安格斯·麦迪森:《世界经济千年史》,北京大学出版社2003年版,第159页。

四、独立后第三阶段:吸引外资、发展私有经济,走新型工业化道路(21世纪后)

进入21世纪后,非洲国家总结了20世纪末工业计划没有取得满意效果的历史经验,加上政治、经济形势的逐渐好转,工业化的步伐加快,再次提出了较之前更加全面和完善的工业化计划,将目光放在吸引外商投资和发展私有化经济上,在单一的经济结构下鼓励发展工业的形式多样化,同时也开始注重工业化与环境、生态的和谐共生关系。

2001年,非洲联盟颁布《非洲发展新伙伴计划》,这是一个良好的开端,是由非洲国家根据自身实际情况独立自主制定的,其中强调了发展新型工业、升级非洲存在比较优势的工业的必要性。随着工业化进程的加快,2008年非洲联盟正式公布了《非洲加速工业发展行动计划》,这是一份针对非洲大陆工业化的全面计划,并提出非洲工业化应基于联合自强的重点,尊重和按照非洲各国的国情来参与到工业发展项目中,借鉴历史经验,吸取历史教训,强调对设计工业项目以及建立机制和技能的注重,由此可以看出,21世纪非洲国家对工业化的认识和实践,与非洲国家的实际情况更加吻合,工业化的可行性进一步增强。[①] 非洲大陆的工业开始真正走上正轨,2015年,非洲联盟颁布了《2063愿景》,绘出非洲社会以后50年经济发展和转型的战略蓝图。

第二节　非洲工业化水平及其测度

纵观以上非洲大陆工业发展的历史,可以看出非洲国家工业化的决心,即使其进程十分缓慢,并且遭遇众多阻碍和困难,甚至发生过倒退,但工业化从未中断过。只是长期以来,非洲的工业化水平并没有得到有效提高。

---

① 舒运国:《非洲永远失去工业化的机会吗?》,《西亚非洲》2016年第4期。

一、非洲三大产业占国内生产总值的比重及其20世纪60年代—2018年的变化

以非洲十大经济体(按2018年国内生产总值规模)(斯威士兰、阿尔及利亚、赤道几内亚、加蓬、塞内加尔、喀麦隆、中非、刚果民主共和国、埃及、摩洛哥)为例,1960—2018年其产业结构的变化如图2-1所示,主要表现为第一产业即农林牧渔业增加值在经济中的占比逐年呈上升趋势,由1960年的23%上升至2018年的35%。工业增加值在非洲国家国内生产总值中的比重略有上升,但无较大变化,其比重近十年来稳定在35%—40%,工业发展总体速度缓慢,效率低下。非洲国家在发展工业与农林牧渔业的同时,服务业的占比逐年下降,但在2012年后略有回升。

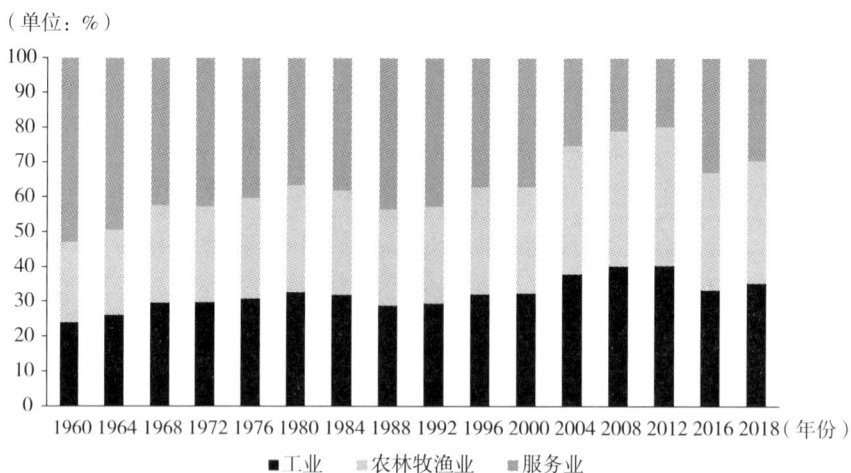

图2-1 1960—2018年非洲十大经济体三大产业增加值与国内生产总值之比

资料来源:世界银行,http://data.worldbank.org/。

二、非洲工业结构

根据世界银行的世界发展指标,工业增加值包括采矿、制造、建筑、电力、天然气和其他行业的增加值,其中制造业作为工业增加值的核心,是

能够直接体现一国工业发展程度的重要指标。① 由图 2-2 可看出,非洲工业结构中,制造业增加值占比较大,达到 50% 以上,足见制造业发展对工业发展的重要性,其次是采矿业,占比第二,非洲大陆矿产资源丰富,采矿业也是非洲经济发展的支柱产业之一,采矿业的发展也一定程度上推动了非洲工业的发展,同时,虽然建筑业与电力、天然气产业占比较小,其提供就业、拉动工业经济增长发展的重要性也不容忽视。下面是以核心指标制造业的发展对非洲工业的发展水平进行测度,非洲国家工业落后的状况非常明显。

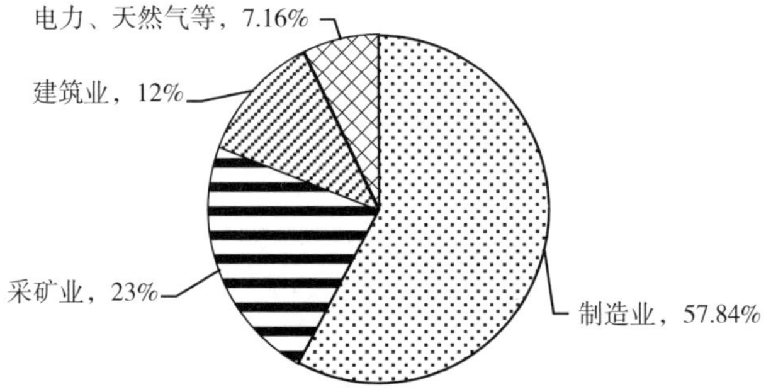

图 2-2　2018 年非洲工业中各产业增加值占工业增加值比重

资料来源:联合国工业发展组织,https://stat.unido.org/。

三、非洲制造业水平测度

(一)非洲制造业在经济中的占比

制造业是指利用某种资源,通过制造过程转化为可供人们使用和利用以及消费产品的行业。制造业作为工业的重要组成部分,其发展会直接影响工业以及第二产业的发展水平。

非洲国家从 1965 年到 2018 年,制造业增加值总体呈上升趋势,独立后到 2000 年前,增幅较明显,21 世纪以来至今,非洲制造业增加值未有大变动和明显发展,由图 2-3 可知,非洲十大经济体制造业增加值占国内生产总值比重一直稳定在 20% 左右,增速较缓,效率低下。

---

① 陈宗德:《全球化中的非洲工业发展战略》,《西亚非洲》2003 年第 4 期。

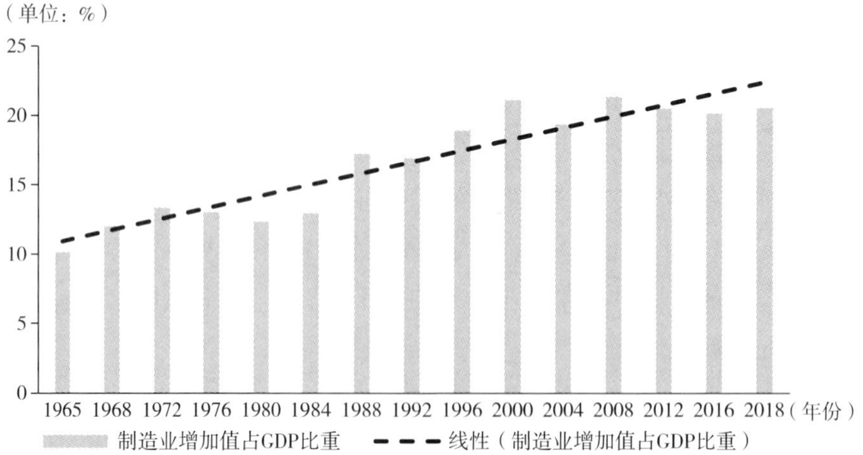

（单位：%）

图 2-3　1965—2018 年非洲十大经济体制造业增加值占 GDP 比重的变化

资料来源：世界银行，http://data.worldbank.org/。

非洲制造业发展状况 2010—2018 年与 1970—1974 年相比，制造业增加值占国内生产总值比重与制造业就业占比均有所下降，不仅在发达国家和亚洲地区水平之下，甚至不足发展中国家的一半水平；人均制造业增加值略有增加，但并没有显著增长，到 2018 年仍然远低于世界水平，且仅为发展中国家水平的 1/2（见表 2-1）。

表 2-1　1970—2018 年世界制造业的发展变化

地区	制造业增加值占国内生产总值比重（%）		制造业就业占总就业人口比重（%）		人均制造业增加值占国内生产总值比重（%）	
	1970—1974 年	2010—2018 年	1970—1974 年	2010—2018 年	1970—1974 年	2010—2018 年
世界	23.4	15.8	14.8	14.2	1.2	2.4
发达国家	20.4	13.3	25.6	13.3	2.6	7.8
发展中国家	21.1	20.1	12.2	14.3	0.7	1.4
亚洲	23.3	26.8	9.1	15.7	0.9	3.1
非洲	12.2	10.7	9.3	8.7	0.5	0.7
撒哈拉以南非洲	11.7	9.1	7.2	6.0	0.5	0.7

资料来源：联合国工业发展组织，https://stat.unido.org/。

（二）制造业中主要产业的发展变化

按联合国产业分类法,制造业可分为31大类,包括纺织、服装、皮革、食品、饮料、烟草、造纸、医药、日用消费品、石油化工、化学纤维、橡胶、塑料、黑色金属、机床、专用设备、交通运输工具、机械设备、电子通信设备、仪器等。非洲国家的制造业产业是相对多样化的,涉及领域较广,但在非洲经济体中,制造业中占比较大的是食品、饮料和烟草,纺织品与服装,机械和运输设备以及化学品等行业,这些行业占非洲制造业增加值的50%以上(见图2-4)。从1965年到2015年,食品、饮料和烟草逐渐取代纺织品与服装行业,成为非洲国家主要的工业活动,大型机械设备和化学品制造业等知识技术含量较高的产业占比较小,且发展过于缓慢,存在较大的投资和贸易空间,随着工业与制造业的发展,非洲国家也注重制造业产业的多样化,除这四大行业之外的其他行业占比逐渐上升。

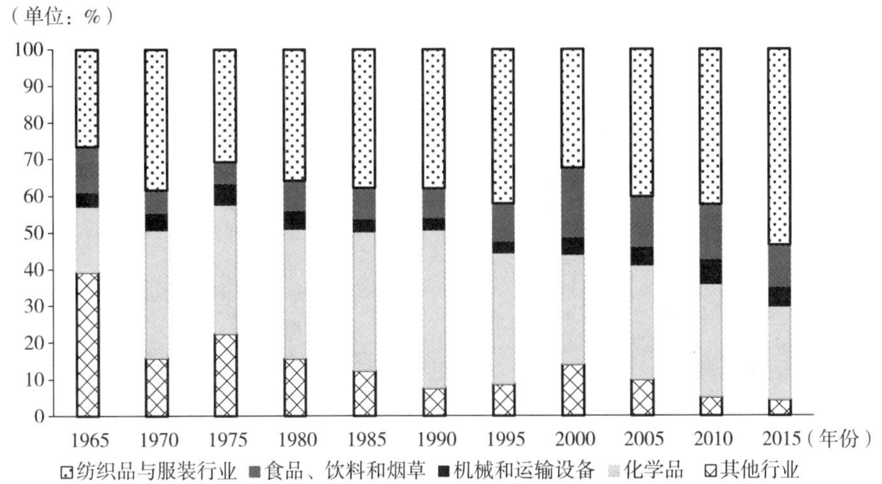

（单位：%）

图2-4　1965—2015年非洲十大经济体制造业中主要产业占制造业增加值的比重

资料来源:世界银行,http://data.worldbank.org/。

（三）进出口商品结构

由图2-5及图2-6非洲地区进出口商品结构可以看出,非洲经济发展严重依赖大宗商品,大宗商品占非洲出口的60%以上,进口主要为制成品,制成品占进口的50%以上。

（单位：%）

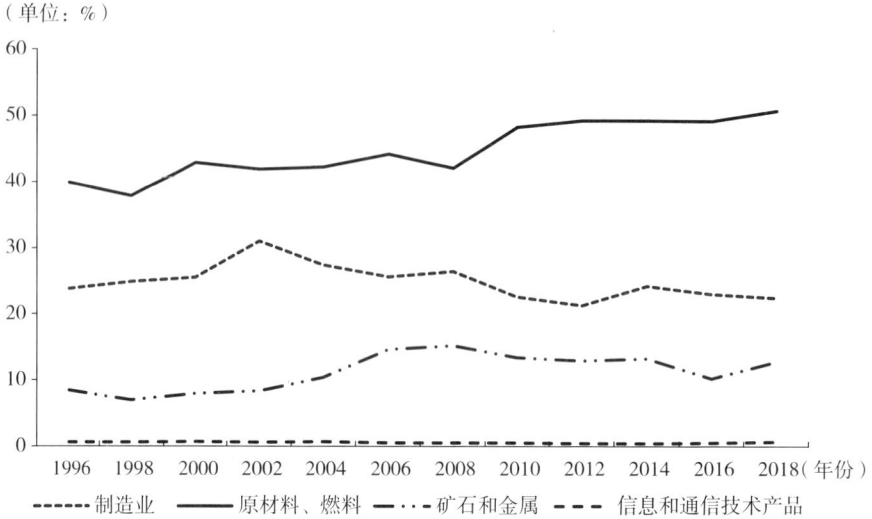

图 2-5　1996—2018 年撒哈拉以南非洲地区商品出口结构的变化

资料来源：世界银行，http://data.worldbank.org/。

（单位：%）

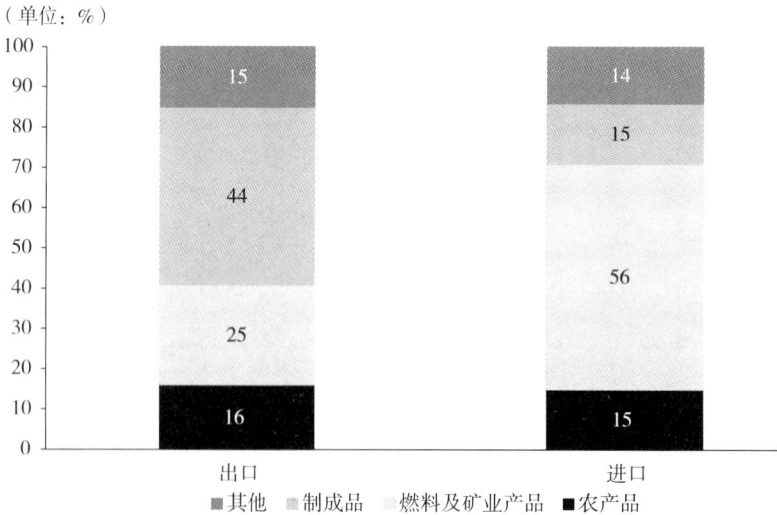

图 2-6　2018 年非洲国家进出口商品结构

资料来源：非洲开发银行，https://projectsportal.afdb.org/dataportal/。

　　图 2-5 为 1996—2018 年撒哈拉以南非洲地区商品出口结构的变化，20 年间，撒哈拉以南非洲商品出口仍然以原材料和燃料为主，占商品出

口总量的 50%,制造业产品出口占商品出口的比重长久处于 20%—30%
的区间,近十年稳定在 20%—25% 的水平,几乎没有增长,甚至呈下降趋
势。信息和通信技术等高技术产品出口长期处于很低水平。根据普华永
道 2019 年在摩洛哥企业家联合会发布的非洲制造业报告中指出,非洲地
区的制造业附加值在全球范围内仅占 1.6% 的比重,其科技含量仅为
10%。除此之外,非洲工业对创造就业贡献率也仅为 13%。非洲一些主
要国家制成品的出口结构,仍然以资源基础和低技术为主,整个非洲地区
的工业国内生产总值仍然很低,例如尼日利亚、喀麦隆以及阿尔及利亚、
安哥拉等国 80% 以上的出口都是技术含量低的制成品和未经加工的自
然资源(见图 2-7)。

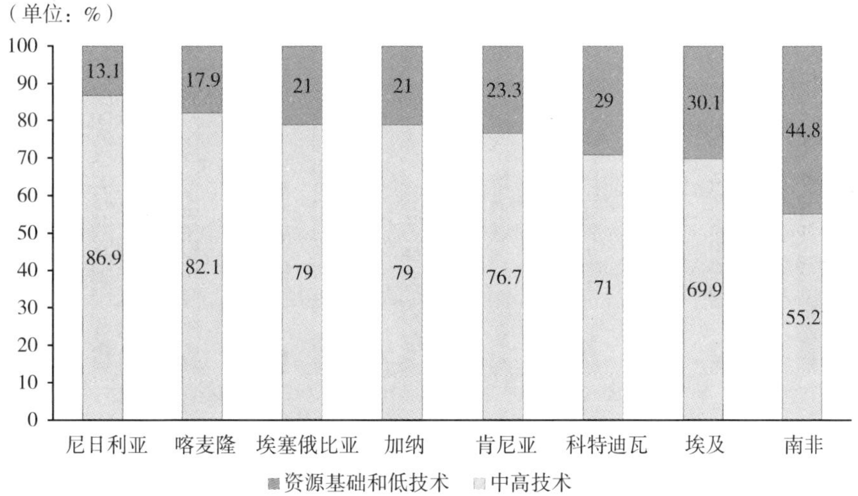

(单位: %)

图 2-7　非洲主要国家制成品出口结构

资料来源:非洲开发银行,https://projectsportal.afdb.org/dataportal/。

(四)制造业下各行业出口占比

　　非洲制造业下分行业越来越多样化,许多低成本、劳动密集型制造业
就业岗位流向非洲。非洲有望成为"世界下一个重要制造业中心"。图
2-8 为 2000—2017 年非洲地区制造业下各行业占制造业出口百分比,机
械和运输设备的出口在非洲地区制造业出口中的占比最多,并不断增加,
从 2000 年的 21% 达到 2017 年的 36%,其次是化学品、半制成品、纺织品

和服装行业占比不断下降,从 2000 年的 24% 降到 2017 年的 12%,钢铁和其他制成品如个人和家庭用品等日常消费品占比较少。

首先,大部分非洲国家与亚洲的一些主要制造业大国相比,在要素禀赋方面具有比较优势,拥有丰富的自然资源和大量廉价的劳动力,全世界近 1/5 的非熟练劳动力在非洲大陆,而劳动力的薪酬只有中国的 18%—25% 或越南的 45%—50%[①],于是非洲国家在机械和运输设备以及化学品这样需要大量人力参与产成品制造过程的行业上大力发挥劳动力的优势。

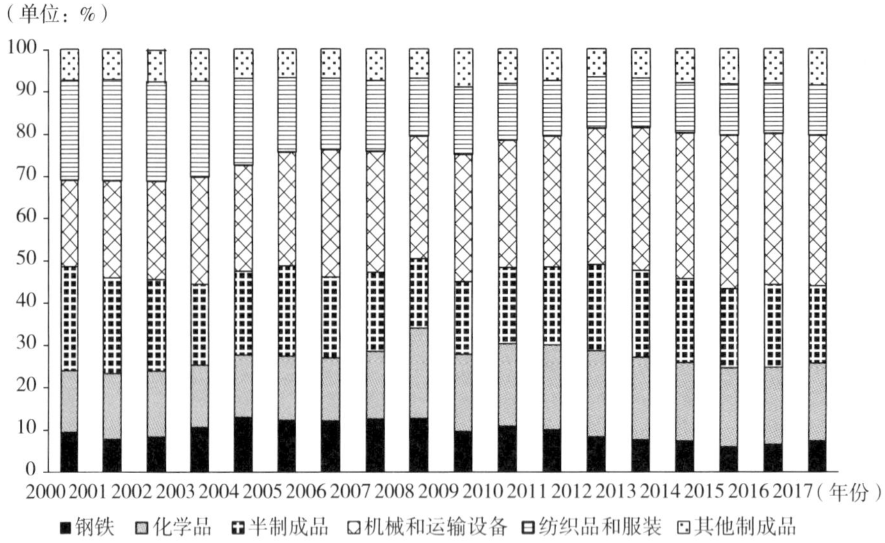

(单位:%)

图 2-8　2000—2017 年非洲地区制造业下各行业占制造业出口百分比

资料来源:WTO 数据库,https://data.wto.org/。

其次,全球范围内农业和农业加工行业的增长趋势反映了食品、饮料和烟草等个人和家庭消费用品在家庭开支总额中的占比较大,且世界年轻人口迅速增加,对消费品、食品的需求不断增长,而世界上未开发使用过的可耕地,非洲地区占一半以上,而个人和家庭用品在非洲制成品出口

---

①　Dinh,H.T.et al.,"Light Manufacturing in Africa:Targeted Policies to Enhance Private Investment and Create Jobs",*Africa Development Forum Series*,2012,pp.27-30.

结构中的占比较小,说明此行业有巨大的增长空间,可以吸引外资进入非洲发展此行业。非洲得天独厚的气候条件和地理位置使纺织品、服装行业在出口市场上与其他国家相比具有天然的优势,撒哈拉以南的非洲地区是优质棉花的重要产地,棉花产量丰富、价格合理、品质良好。农业和畜牧业都是非洲的传统优势产业,除了棉花之外,非洲地区当地产出大量优质的麻、毛皮等原材料,使非洲成为纺织品、服装行业的"价值洼地"。例如,赞比亚和埃塞俄比亚的棉花种植业、莫桑比克的剑麻业比较发达,可以专注于纺织品的服装加工制造;肯尼亚可以依托皮毛业发展箱包和鞋的加工制造。除此之外,非洲国家其他制造业,比如汽车和交通设备、精炼石油、计算机以及办公和工业机械等有广阔前景,吸引外商投资,南非、埃及、尼日利亚等国已经成为这些行业的投资目的地,外国投资者在这些投资国家还能享受到高回报和良好的商业环境,优质的外商投资推动非洲制造业各行业的发展与出口。

总体而言,20 年来,非洲经济增长强劲,但这主要得益于农业和未加工的大宗商品出口,这些商品的附加值相对较低,制造业发展的迟缓导致非洲国家的工业化程度并没有相应地提高。

第三节　非洲工业化推进的制约因素

一、社会问题严重

长期的殖民统治导致非洲经济长期落后。15 世纪欧洲列强开始对非洲进行殖民统治,长达百年的殖民地经济导致非洲经济发展畸形。在政治上独立后,经济上的不独立使很多非洲国家的经济命脉仍旧被资本主义国家掌控,给日后非洲工业化带来深刻影响。

一是市场分割,资源难以最优配置。大多数非洲国家成为殖民地的时期甚至长于建国时间,不同的殖民国将非洲大陆人为划分边界,使非洲各国在边界划分、政治制度、语言文化上存在差异和分歧,非洲大陆间各个国家的政治、经济、文化联系十分薄弱。尽管近年来非洲成立多个区域经济组织,如西非国家经济共同体、东非共同体等来推动工业的发展,但因为区域经济组织内的各个非洲国家没有一致的工业化战略,甚至有些彼此相互冲突,该国家或该地区的市场仍然处于几乎割裂状态,与其他国家间的经贸往来并不活跃。此外,因为一个国家常常加入多个组织,导致非洲众多区域经济组织性质相同,彼此重叠,相互挤压,效率降低,无法实现资源的最优配置,其对非洲工业化进程产生的正面影响也就十分微弱。

二是政局不稳,社会动荡。非洲各国自独立以来就一直战争、内乱和冲突不断,严重影响经济发展,阻碍工业化进程。非洲外部因为西方各国觊觎非洲大陆上丰富的自然资源的开发权,背后操控非洲各国相互争夺,引起战争。非洲内部各个部落的冲突也会引发战争。此外,因为种族问题,黑人上台执政后对白人进行无差别的打压迫害,造成人才的流失,而人才又是推动工业发展的关键因素。非洲政府严重的腐败问题也加剧了社会的动荡,许多西方发达国家因怀有殖民非洲的歉疚之情和迫于国际舆论压力,向非洲提供大规模援助和慈善项目,但直接援助并未使非洲国家发展得更好,非洲统治者贪污了大部分的援助。

社会问题严重损害了非洲工业发展政策的可持续性,同时又使来非洲投资的外国资本家顾虑政治风险和无法赢利的后果,望而却步,进一步对发展非洲工业产生不利影响。

二、经济长期落后

非洲经济长期落后导致工业化水平低。首先,非洲取得独立,黑人取得执政权后,白人大量撤出非洲,导致非洲工业损失惨重。其次,非洲大陆拥有丰富资源,却因为大部分国家工业化水平低、工业基础薄弱,不具备开采的实力,此外,技术水平发展程度不高,导致加工技术不强,产品的加工比例和加工程度都不高,进而造成非洲大陆的制造业非常落后,很多产品还没有到达量产的阶段,商品成本高,在国际市场上竞争力很弱。非洲经济因此高度依赖出售原材料型商品以及低附加值的初级产品出口。除此之外,非洲落后的教育是其工业发展进程缓慢的又一因子,非洲的生育率居全球首位,但是非洲人受教育程度仅不到20%。得天独厚的丰富资源让非洲人民普遍不够勤奋，不重视工业，工业文明就难以快速提升，科技发展就会落后，经济发展自然也就会受到影响。

三、经济过于依赖初级产品

被称为"世界原材料仓库"的非洲大陆，具备非常有利于工业化发展的资源优势，占全球储量90%的铬、80%的锰、60%的黄金和钻石、55%的钴和15%的铜都在非洲大陆内。此外，因为热带大陆的地理优势，非洲大陆能够生产多种多样的热带经济作物，例如可可、腰果、丁香和长绒棉等占全球总产量的一半以上，剑麻、咖啡、芝麻、椰子和花生等占全球产量的20%—50%，这些都是非洲发展资源型工业的重要支撑。[1] 资源产业本应成为促进非洲工业发展的资源优势，却隐含了非洲前进道路上的阻碍。资源和矿藏丰厚本意味着工业化潜力大，但纵观非洲各个国家工业发展历史，工业化进程较快的反而是拥有自然资源相对较少的国家，如卢旺达、埃塞俄比亚等，非洲人民长期秉有"靠山吃山，靠水吃水"的生活理念，过于依赖初级原材料和简单商品的加工出口，没有足够的动力去追求工业化。

四、负债问题严重

非洲国家严重的负债问题已经成为工业化进程中沉重的负担，在20世纪80年代，非洲大陆逾期外债占总外债百分比就已经在世界范围内位居首位，且几倍于其他大洲和地区，给非洲工业发展带来极其不利的影响。21世纪以来非洲地区的外债问题有所减缓，但近年来非洲债务又开始积累。非洲总体债务虽处于可承受的边缘，但稍有不慎就会再次陷入债务危机。许多非洲国家企图用债务来弥补不断扩大的财政赤字，然而这些国家需要注意的是，一个国家负债越多，对其发展工业就越不利，工业化的规模和速度都会受到负面影响，在外债基础上所建立的工业项目也将无法发挥出最大的经济效益，同时若一个国家偿债能力不佳，在国际市场上也就难以吸引外资，先进技术和人才无法引进，对工业发展不利。

---

① 安春英：《非洲工业发展面临挑战》，《亚非纵横》1996年第4期。

五、世界经济冲击

非洲单一的经济结构使其对世界市场的动荡很敏感,西方国家石油危机引起的 1973—1975 年的滞胀经济、1979—1982 年的世界经济危机、2008年因次贷危机引起的世界金融风暴以及 2011 年的欧债危机,均引起了世界范围内的经济动荡,非洲大陆的出口由此受到严重影响,依赖于出口市场的国家收入水平显著下降,对工业的投资锐减,工业化进程受到影响。

第四节　因地制宜,发挥比较优势,推进非洲工业化

一、中国的工业化路径及发展经验

中国的工业起点与非洲相似,但改革开放四十多年,中国的工业发展进步神速,其实现工业化的路径和经验可供非洲国家参考和借鉴。

(一)中国工业化发展进程

首先,工业增加值占 GDP 的比重迅速上升。图 2-9 中 1992—2018年中国工业(第二产业)增加值在国民经济中的比重总体呈上升趋势,并在改革开放后达到较高水平且一直较为稳定,这是中国工业化取得成功最直接的证据,与此同时,农林渔牧业(第一产业)增加值逐年下降,服务业(第三产业)增加值不断上升(见图 2-10),中国工业与经济结构进行了调整优化,各产业生产总值快速上升,第二产业与第三产业增速之快,有力地推动了国民经济体系平衡快速发展。

其次,制成品出口比例不断提升。中国和日本同时作为亚洲的经济大国,以 2004 年作为一个时间节点来看,早于 2004 年时,中国的工业产品在出口中所占比例是低于日本的,但自 2004 年后,中国该方面的表现已经超过日本(见图 2-11),这表明中国的工业生产力经过多年的发展后已经得到极大提高,积极融入全球化并参与国际分工。从时间序列上看,中国逐渐减少对工业制成品的进口依赖,体现出中国在利用比较优势参与国际竞争的过程中,正试图通过日益关注产品竞争力来创造在国际市

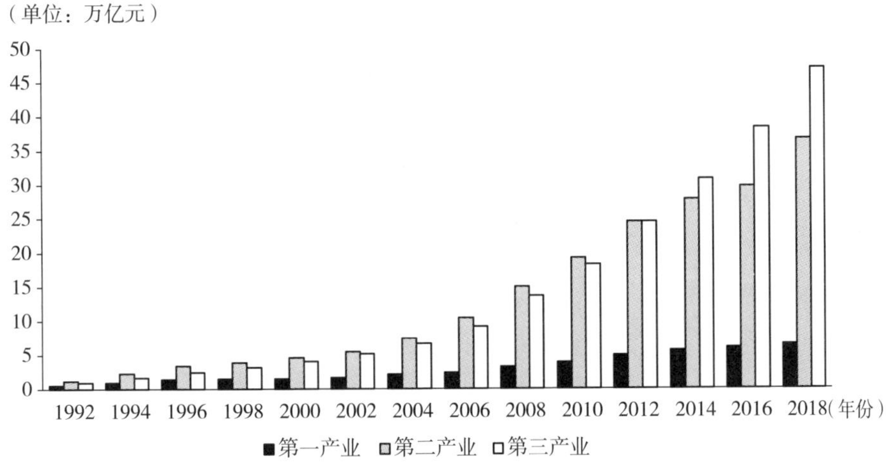

（单位：万亿元）

图 2-9　1992—2018 年中国三次产业结构生产总值变动情况

资料来源：中国国家统计局，http://www.stats.gov.cn/tjsj/。

（单位：%）

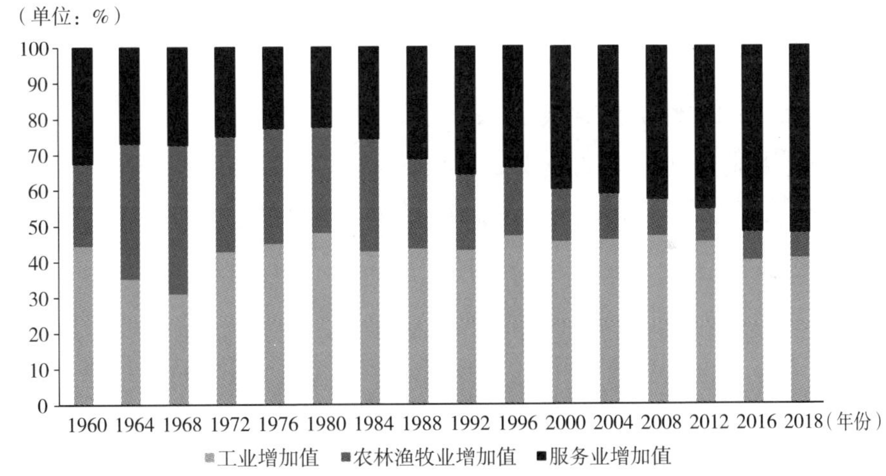

图 2-10　1960—2018 年中国各产业增加值占 GDP 的百分比

资料来源：中国国家统计局，http://www.stats.gov.cn/tjsj/。

场上的竞争优势。因此，中国工业发展速度加快的同时，工业发展的质量也得到提升。①

----

① 卢福财、马绍雄、徐斌：《新中国工业化 70 年：从起飞到走向成熟》，《当代财经》2019年第 10 期。

（单位：%）

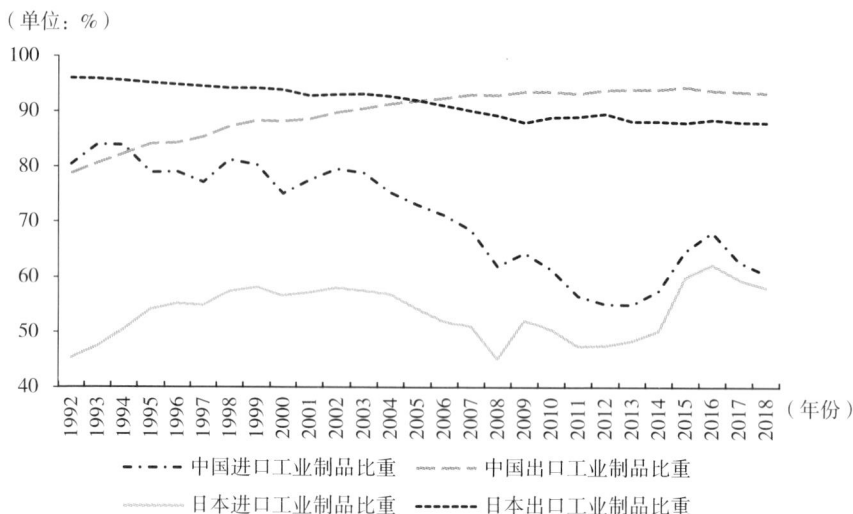

图 2-11　1992—2018 年中日工业制成品进出口对比

资料来源：世界银行，http://data.worldbank.org/ 和中国国家统计局，http://www.stats.gov.cn/tjsj/。

（二）中国工业化发展经验

中国工业高速发展、经济稳定增长的基础是，在不断壮大的中产阶级的支持下，扩大国内市场，改善商业环境，包括更好的宏观经济管理、有利的大宗商品价格、城市化，以及增加公共和私人投资。

1. 因地制宜，制定适合本国比较优势和发展阶段的工业发展方案

中华人民共和国成立以来，能够因地制宜，在工业化的不同时期根据不同国情制定相应有效的举措和工业发展方案。中国在工业化初期，根据一穷二白的落后农业国的本质，迅速找准发展定位，将重心放在发展重工业上，提出"一五计划"，形成了独立完善的工业体系，奠定了中国工业化的基础；在工业化中前期，利用中国的人口优势，加大对农业、轻工业、服务业等除重工业外其他产业的扶持力度，实行了改革开放这一改变中国经济命脉的重要举措，先是在第一波工业化浪潮中发展起了乡镇企业；在第二波工业化浪潮中鼓励并引领地方与政府因地制宜、招商引资，大批中外合资经营企业、中外合作经营企业、外资企业在中国设立，国外资金流入中国，提供了大量工作岗位，带来了先进的设备和技术，有力推动了

中国工业与经济建设的迅速发展;进入工业化中后期,第三波工业化浪潮,中国进入全球产业链,加入世界贸易组织,并针对工业前期、中期发展所存在的压力和问题,走"新型工业化道路",进行产业结构的调整升级,不断提高工业中的资本和技术密集度;进入工业化后期,迎来第四波工业化浪潮,中国更注重工业发展的内涵与质量,通过供给侧结构性改革、"创新驱动"战略,提升了工业与经济发展的质量,为工业化的进一步发展提供了新的助推力。

中国工业化发展取得卓越成绩,其在各个工业化阶段实施的针对性方案以及强有力的执行,都是非洲在工业化发展过程中值得借鉴与学习的经验。

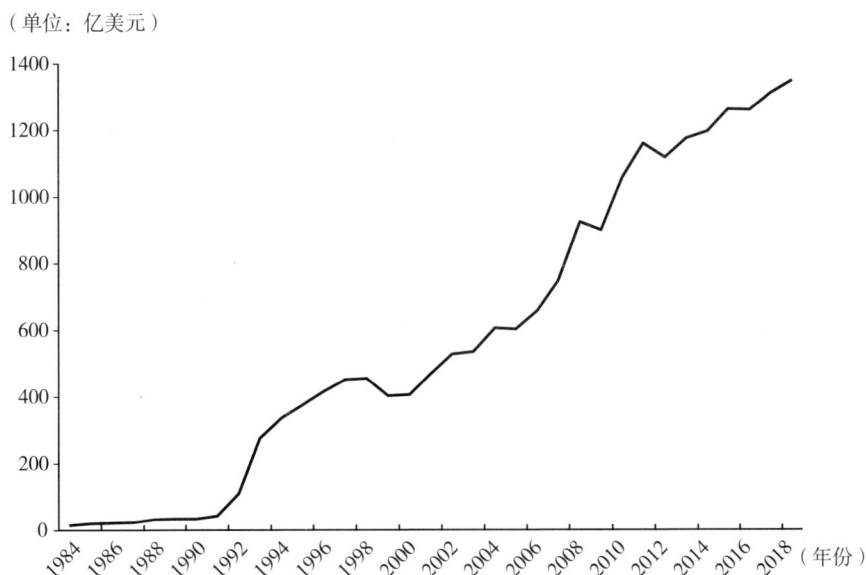

图 2-12　1984—2018 年中国实际利用外商直接投资额

资料来源:Wind 数据库,https://www.wind.com.cn/NewSite/edb.html。

2. 大力吸引外商直接投资,有力推动中国的工业化

积极参与经济全球化,招商引资,提高工业的资本和技术密集度,创新驱动等是中国工业化向前发展的几个重要驱动力。改革开放后,中国致力于改善基础设施,并出台多种优惠政策吸引外资企业的投资,保护外

资企业的利益。事实证明,外资企业对中国工业的发展起到了极大的助推作用,除了带来大量资金,还提供了更加重要的技术支持、先进的管理经验以及企业制度,促进了中国工业企业和产业的快速发展和升级。根据《中国统计年鉴》和国家统计局的统计,1984 年至 2018 年的 34 年间,中国每年实际利用的外商直接投资总额从 9.2 亿美元增加到 1260 亿美元之多。1997 年至 2017 年的 20 年间,制造业实际利用外资总额达到 7809 亿美元,几乎占到总投资额的 1/2(见图 2-12)。自 21 世纪以来,中国境内的外资企业在创造工业产值方面的贡献超过 1/4,是中国的工业经济得以迅速发展的重要推动力之一,此外,外商及港澳台工业企业资产自 2000 年以来迅速增长,在中国大中型工业企业资产中占比高达 26% 以上;促进出口方面,外资企业作为中国融入世界产业分工体系的重要渠道,扩大了中国的进出口规模,增加了工业制成品在出口中所占的比重,优化了中国的出口结构,增强了中国工业在国际市场上的竞争力。①

二、借鉴中国经验,因地制宜,推动非洲的工业化

非洲工业化是非洲发展的必由之路。非洲国家应因地制宜,发掘自身比较优势,重视农业的基础地位,同时在自身资源优势和人口红利基础上,从低生产率活动转向高生产率活动,积极吸引外资,走新型工业化道路,进行工业的结构性改革,推动非洲工业的可持续发展。

(一)发挥比较优势,因地制宜

首先,重视农业的基础地位。工业发展固然应该置于非洲国家经济战略规划的首要地位,但一国工业并非是孤立发展的,农业是工业化的基础。非洲落后、生产力水平低下的农业经济严重拖累工业的发展,发达的农业会加速一国工业化进程,非洲应最大化发挥"农业大陆"的优势,重视农业的发展,增加对农业部门的资本和技术投入,促进非洲现代化农业的建立以及发展水平的进步和提高,为非洲工业化进程奠定坚实的基础。

---

① 赵建:《中国的"工业化革命":历史回顾、演进动力与微观案例》,《经济研究参考》2019 年第 5 期。

其次，发挥资源优势和人口红利。非洲矿藏十分丰富，素有"世界原材料仓库"之称，资源丰富意味着工业化潜力较大，可以成为非洲工业化的一个很好助力。非洲同时也是世界人口第二大洲，人口自然增长率高且呈年轻化趋势。非洲各国应根据本国国情，合理抓住资源丰富和人口众多且年轻的比较优势来促进工业的发展。

非洲各国可借鉴中国的工业化经验，利用资源优势，并对年轻化的人力资源进行合理投资，使之成为非洲的人口红利，以此促进工业化发展和经济增长。农作物、植物资源较丰富的非洲国家，可以采用以先进农业发展带动工业发展作为工业化初期的战略，待发展到成熟阶段再转化为以发展工业为主；矿藏资源丰富的国家，应将矿藏资源与工业结合起来，以资源优势带动加工制造、出口加工、采矿业的发展。

（二）制定恰当的工业化发展战略，并切实落实和实施

长期以来，非洲各国内部在政策制定上的失误以及在执行情况上的欠佳制约了非洲工业的发展。独立后工业发展期间，非洲制定了许多政策、计划来促进工业化的发展，但其中大多工业化指导思想和方针政策并没有从各国国情角度出发，例如在独立之初，许多国家为了遵循集中力量发展工业的理念，不顾本国经济基础尚十分薄弱，盲目执着于进口替代工业化发展战略，推动现代化工业，结果揠苗助长，矫枉过正，不仅工业没有发展好，对西方国家的经济依赖程度反而上升，而拉各斯计划及后续的多个工业化发展战略，没有从非洲经济的实际情况出发，虽然拉动了非洲经济的发展，但并未取得预期的效果，还给非洲国家发展之路增加了障碍，最终导致非洲地区负债严重，影响了非洲工业的发展。

非洲国家应清晰认识到各国发展自身工业所存在的问题，不断总结过去的历史经验，摸索属于自己的工业化道路，并实行具体可靠有效的措施来应对这些问题。当前非洲国家应以非洲统一组织（非洲联盟前身）2001 年提出的"非洲发展新伙伴计划"作为发展战略框架，并朝着实现2015 年非洲联盟提出的"2063 愿景"的目标迈进，首要创造可持续增长与发展的条件，在 2020 年实现非洲大陆内部的全面和平，以及结束国家之间的战争和内战冲突，并在此基础上，确保民主与健全的政治、经济和工商管理以及区域合作和一体化,进行政策性改革,通过增加国内储蓄和投资,提高非洲在全球贸易中的份额,以吸引更多的外国直接投资,通过进一步减债和扩大援助来增加资本流动,并增加对农业、人力资源开发、建筑等部门的投资,改善基础设施,促进农业、工业、采矿业、制造业以及旅游等领域的生产与出口的多样化,加速非洲国家之间的贸易,并帮助更多非洲国家产品进入发达国家市场。除此之外,应遵循"2063年愿景"以人为本的新理念,充分发挥青年人群的潜力和创造力,构建和有效实施能惠及非洲人民的项目。

(三)积极加入国际产业链,参与国际产业转移

基础建设作为工业与经济发展的物质基础与必备条件,建设和完善基础设施,是非洲国家利用外资的首要任务。非洲国家应积极利用外资,增加和引导资金投入国内生产总值提升计划(公共和私营部门的基础设施和工业化项目),加强基础设施的建设,以推动工业的稳定发展。

非洲国家应对来非洲投资的国家和企业提供优惠政策,通过推广活动,包括非洲投资论坛,将非洲企业和重大项目与潜在合作伙伴和投资者联系起来,鼓励外国企业参与本国经济活动,放宽对外资进入的限制,简化投资审批手续、设立出口加工区、减免税收,包括制定和健全相关投资法律等,以切实保护投资者的利益,促进和管理与投资者的关系以加大吸引外资进入,从而加快非洲的工业化进程。

第三章　中非农业投资合作
与粮食问题

　　对外直接投资是构成各国间经济合作的重要方式。中国为了增强在国际市场上的竞争力,顺应全球经济一体化潮流,积极加强与各国间的经济贸易合作。联合国贸发会议(UNCTAD)发布的《2019世界投资报告》显示,2018年全球外国直接投资流出流量为1.01万亿美元,年末存量为30.98万亿美元。以此为基数计算,2018年中国对外直接投资分别占全球当年流量、存量的14.1%和6.4%,占比较上年分别提升3个百分点和0.5个百分点,流量位列全球国家(地区)排名的第二位,存量列第三位。①

　　在"一带一路"政策的推动下,企业对外直接投资的国别、领域更加广泛。根据商务部数据,2003年至2018年,中国对非洲直接投资流量呈波动式增长(见图3-1)。2003年中国对非洲的直接投资流量仅为0.75亿美元,此后一直呈增长趋势至2008年,2008年中国对非洲的直接投资流量到达峰值,为54.9亿美元。2008年至2018年的数据则呈现明显的波动。2018年中国对非洲的对外直接投资流量达53.9亿美元,是2003年的72倍。2013年,中国对非洲的对外直接投资流量流向最多的五个行业为建筑业(36.8%)、采矿业(24.7%)、制造业(15.1%)、科学研究和技术服务业(13.3%)、农林牧渔业(5%)。然而从投资存量上看,排名前五的行业分别为采矿业、建筑业、制造业、金融业及科学研究和技术服务业。从2017年起,租赁和商务服务业代替科学研究和技术服务业成为中

---

　　① 中国商务部:《2018年度中国对外直接投资统计公报》,2019年,第4页。

国对非洲直接投资存量前五的行业之一。截至 2018 年,建筑业、采矿业、金融业、制造业以及租赁与商务服务业的投资存量占比最高。中国境外的农林牧渔业的投资占比较低,仅为 4.4%。

（单位：亿美元）

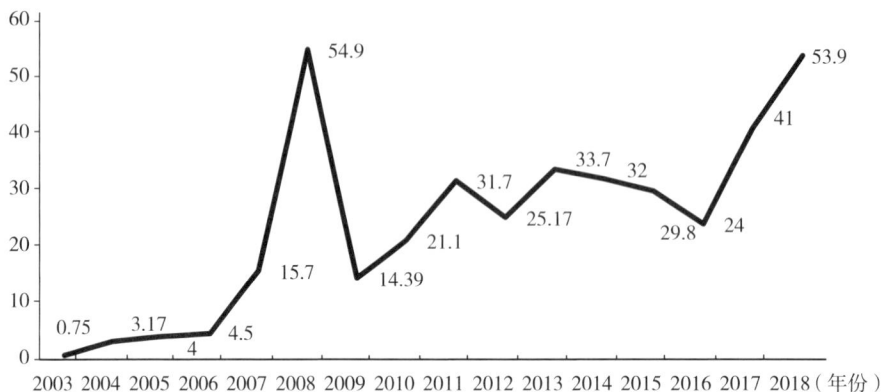

图 3-1　2003—2018 年中国对非洲对外直接投资情况

资料来源:中国商务部:《中国对外直接投资统计公报》,2003—2018 年,http://fec.mofcom.gov.cn/article/tjsj/tjgb/。

　　然而,非洲是世界上粮食最不安全的大陆。联合国粮食及农业组织（Food and Agriculture Organization of the United Nations,FAO）等机构联合发布的《世界粮食安全和营养状况报告 2019》中指出,全球饥饿人口的数量从 2016 年的 7.97 亿人上升到 2018 年的 8.22 亿人。其中,非洲的情况较为糟糕,有 2.561 亿饥饿人口,占全球饥饿人口数量的 31.2%。不仅如此,从整体上看,非洲所有区域的饥饿率都在逐渐上升,特别是非洲东部,情况更为糟糕,大约三分之一（30.8%）的人口营养不良。根据联合国粮食及农业组织数据显示,2018 年非洲营养不良的总人口为 2.56 亿人,营养不良患病率达 19.9%,严重粮食不安全（severe food insecurity）人口占总人口的 21.5%。

　　世界粮食计划署（World Food Programme,WFP）发布的 2020 年《全球热点地区报告》表明,有 15 个"热点地区"面临严峻的粮食安全问题,其中 10 个均位于非洲。并且,津巴布韦、南苏丹和萨赫勒中部地区粮食安全问题尤为突出。根据世界粮食计划署的最新报告,当 2020 年干旱季节来临之时,津巴布韦将有超过 770 万的人民受到粮食危机的困扰,这个人数约占该国总人口的一半。2020 年的蝗灾更是让非洲的粮食安全问题雪上加霜。非洲共有 20 多个国家受到蝗灾侵袭,受灾面积高达 1600 多万平方千米,数非洲之角情况最为严重。非洲之角国家已经有超过 2000 万人陷入粮食危机。这不仅让非洲的粮食安全受到重创,也对 2030 年实现零饥饿可持续发展目标造成巨大挑战。

对于中国而言,2018 年中国粮食产量为 6.6 亿吨,比上年减少 372 万吨,并且在 2015—2018 年粮食产量逐年递减。2018 年,中国的小麦种植面积为 2427 万公顷,稻谷种植面积更广,为 3019 万公顷,该年的粮食种植总面积达 1.2 亿公顷。① 粮食产量、耕地面积的减少加之人口数量的增加使得粮食问题成为我国需要重点关注的问题。根据联合国粮食及农业组织的推测,2020 年,中国粮食的供需之间将出现约 6500 万吨的缺口。这意味着,中国将给予粮食安全问题更多的关注。

为此,政府加大力度推动农业企业"走出去"。"一带一路"倡议成为加强中国与沿线国家进行农业合作的重要工具。非洲作为自然条件良好但农业资源开发率较低的大陆是中国进行农业投资的良好选择。非洲耕地面积更是高达 10.6 亿公顷,但是已开发的农业资源却非常有限,这意味着中国在非洲农业领域上的投资是非常有前景的。中非进行农业合作有很强的资源互补优势,若能增强对非洲农业的投资力度且深化与其的农业合作,有利于中非双方实现共赢。对非洲进行农业投资也需承担一定的风险,除了常规的商业投资风险如经济风险、自然风险外,由于非洲特殊的历史环境,投资者还将考虑非洲的政治风险、政策风险等。

中国对非洲进行农业投资的历史较短,国内学者对此领域的研究有待进一步拓展。对于非洲农业资源环境的探究是进行对非洲农业投资的

---

① 国家统计局:《2018 年国民经济和社会发展统计公报》,http://www.stats.gov.cn/tjsj/zxfb/201902/t20190228_1651265.html。

首要研究领域。杨雯雯(2018)通过比对非洲农业的行业发展现状,表示在一定程度上中国与非洲之间有很强的农业资源互补优势。① 刘洋(2017)对比了中非各方的农技水平、农业政策以及农作物生长条件等,最终同样得出中非农业资源有互补优势的结论,并且认为双方合作前景十分广阔。②

对于中国对非洲农业投资问题,国内一些学者也提出自己的观点。齐顾波、罗江月(2011)论述了中国援助非洲农业的历史,强调了完善对非洲农业援助机制的重要性,并表示在对非洲农业援助中,企业应担任更重要的角色,积极寻找投资机会。③ 熊发礼等(2011)对在非洲进行农业投资作出战略思路,也强调了企业应作为农业投资的主体,同时也得重视国际化人才的培养。④ 徐继峰等(2011)研究了我国对非洲进行农业投资时遇到的问题,也认为政府对其支持的政策力量有所欠缺。⑤

对非洲粮食危机问题的研究,宫景文、刘文超(2017)指出,非洲的人口增长将导致非洲粮食需求暴增,且对中国的粮食安全问题带来负面影响,中国需在非洲建立大型跨国粮食贸易集团,解决非洲粮食安全问题外溢。⑥ 李淑芹、石金贵(2008)则指出,从长期来看,要解决非洲粮食危机的根本出路在于自身发展,大力发展农业,逐步实现粮食自给。⑦

中国对于粮食安全问题也不能松懈。李辛一、朱满德(2020)指出,我国粮食安全面临粮食生产结构性矛盾突出、生产支持政策负外部性凸显、资源环境压力巨大等挑战。⑧ 蒋和平等(2020)研究了保障中国粮食

---

① 杨雯雯:《跨国公司在非洲农业投资的动机、现状及问题》,《世界农业》2018 年第 5 期。
② 刘洋:《中国对非洲农业投资的现状、问题及出路》,《世界农业》2017 第 3 期。
③ 齐顾波、罗江月:《中国与非洲国家农业合作的历史与启示》,《中国农业大学学报》2011 年第 4 期。
④ 熊发礼、李世婧、董相男:《我国对非洲农业投资的对策研究》,《农业经济》2011 年第 1 期。
⑤ 徐继峰、秦路:《中非农业合作的现状、问题和建议》,《世界农业》2011 年第 8 期。
⑥ 宫景文、刘文超:《2030 年非洲粮食问题预测及对中国的影响》,《国土资源情报》2017 年第 8 期。
⑦ 李淑芹、石金贵:《全球粮食危机与非洲农业发展》,《世界农业》2008 年第 10 期。
⑧ 李辛一、朱满德:《新时代中国粮食安全形势:现状、挑战与应对》,《农业经济》2020 年第 1 期。

安全的相关政策,例如适当地调整品种的布局,引入粮食市场化观念等,这对于粮食安全与农业发展有重大意义。[①]

第一节　中国对非洲农业投资的背景

非洲能成为中国进行农业投资的重点考察区域,很大程度上是倚靠其优越的农业资源。由于非洲农业科技较为落后,生产力低下,导致粮食产量不足,大量农业资源未被开发,但这却成了投资者投资的商机。另外,中国积极与非洲进行农业投资合作,在帮助非洲走向农业现代化的同时也有防范我国粮食危机的作用。

一、非洲农业自然资源环境优势

非洲大陆地跨赤道南北,东临印度洋,西至大西洋,大陆面积高达3022万平方千米,土地资源非常丰富,其中约有800万平方公里的土地适宜种植耕种,人均耕地面积为0.26公顷,与中国人均耕地0.1公顷相比,具有优势。然而,非洲大陆仍有超过一半的土地资源未被开发,种植业的开发潜力巨大。

非洲气候带的多元化使非洲大陆的农业生产区域性显著,这也为投资的多元化创造了条件。北非受地中海气候影响,夏季炎热干燥,冬季温和多雨,适宜小麦和棉花等农作物生产,有利于投资经济作物和粮食作物。西非地处热带,能够发展特色热带经济作物,在国际市场上的竞争优势强。东非地处高原,则适宜生产棉花、剑麻等作物。

表 3-1　2018 年非洲主要种植作物产量情况

排序	作物	产量(吨)	占世界总产量百分比(%)
1	木薯	169673737	61.1

---

① 蒋和平、尧珏、蒋黎:《新时期我国粮食安全保障的发展思路与政策建议》,《经济学家》2020 年第 1 期。

续表

排序	作物	产量（吨）	占世界总产量百分比（%）
2	甘蔗	94925364	5.0
3	玉米	78900876	6.9
4	水稻	33174017	4.2
5	高粱	29782406	50.2
6	小麦	29289721	4.0
7	马铃薯	26041721	7.1
8	甘薯	26000076	28.3
9	西红柿	20775501	11.4
10	香蕉	20418014	17.6

资料来源:联合国粮食及农业组织(FAO)数据库,http://www.fao.org/faostat/zh/#data。

如表 3-1 所示,2018 年非洲木薯和高粱的产量占世界总产量的一半以上,甘薯、西红柿和香蕉的产量也占全世界总产量的 10% 以上,这足以说明非洲农业对于维护世界粮食安全的重要性。但是小麦和水稻等主要粮食作物的产量却占世界总产量的比重不突出,然而这类农作物的市场需求广阔,是解决世界粮食安全问题的重要载体。所以,在非洲投资发展这类粮食作物还是有很大空间的。特别是中国著名的杂交水稻技术,若此技术在非洲普及,粮食产量将大幅上升。据央视网报道,2019 年中国农业技术专家在非洲马达加斯加马义奇镇种植了 5 公顷杂交水稻,抽样测产得出的数据达到每公顷 10.8 吨,这个数据远远高于当地一般每公顷 3 吨左右的产量,这将有望解决非洲的粮食安全问题。除了生产小麦、水稻、马铃薯等常规粮食作物外,非洲依靠独特的地理气候条件,可以生产许多特色经济作物,例如可可、剑麻、椰枣等。特色经济作物生长主要依靠独特的区位条件,具有很强的国际竞争优势,可成为出口创收的重要来源,具有重要的投资价值。

二、非洲农业生产力不足

根据联合国粮食及农业组织的最新数据显示,截至 2017 年,非洲政府在农业上的开支仅为总支出的 2.3%,农作物的收割面积达 27100 万公顷,占非洲大陆总面积的 9%。农业技术和农业人才的缺失使得非洲农业资源开发受限,浪费了农业生产的先天优势,土地资源的开发不充分使得非洲粮食产量大大降低。2017 年非洲食品(除鱼类)出口 392.5 亿美元,进口额达 700.9 亿美元,农业生产能力的不足导致非洲重度依赖进口食物。非洲 54 个国家中,许多国家的粮食产量不能满足国内一半的粮食需求,其中 21 个国家需要接受粮食援助。2018 年《全球粮食安全指数报告》中倒数五名均来自非洲,分别是:布隆迪、刚果民主共和国、马达加斯加、也门和塞拉利昂。非洲的粮食安全问题形势严峻。

与之相比,中国的耕地面积仅为世界总耕地面积的 7%却养活了世界 22%的人口,这主要得益于中国先进的农业技术所带来的生产力优势。图 3-2 比较了 2018 年中国与非洲的主要农产品单产指标,中国的这五种农产品的单位产量均高于非洲。其中,中国与非洲每公顷的马铃薯产量均为最高,中国达每公顷 1.88 万千克,每公顷比非洲多产5.1 吨,差值最大。中国与非洲每公顷高粱的产量最低,中国为每公顷 4.5 吨,非洲高粱的产量仅为每公顷 1 吨。双方的小麦单产指标相差最小,差值为每公顷 2.6 吨。足以证明在农业生产力方面,中方农业技术能力有足够的优势,这也为中方去非洲进行农业投资提供了前提条件。

（单位：万千克/公顷）

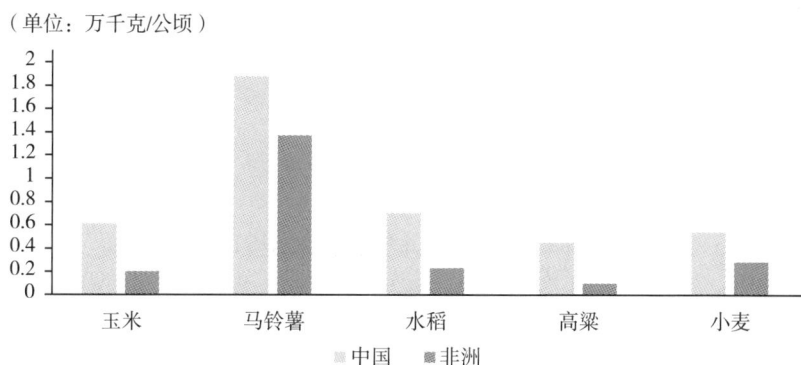

图 3-2　2018 年中国与非洲五种主要农作物的单产比较

资料来源:联合国粮食及农业组织(FAO)数据库,http://www.fao.org/faostat/zh/#data。

三、防范中国粮食危机

中国肩负世界 22% 人口的温饱责任。但是根据《中国统计年鉴》，2018 年中国乡村人口为 5.6 亿人，占比 40.42%，而 2016 年乡村常住人口为 5.8 亿人，占总人口的 41.48%，仅两年时间乡村人口就减少 1260 万人，农民人数的大幅缩减意味着从事农业劳动的人数下降，种粮积极性缺失，这将增加粮食安全风险。所以，中国在提高农业生产力、优化农业机械化水平、保护耕地的基础上，还需要积极寻找可靠稳定的进口农产品供应来源。非洲拥有得天独厚的自然资源优势，且劳动力充足，有利于农业发展。并且，非洲由于现代化发展进程受阻，依然有大量饥饿人口，截至 2018 年，非洲有 2.561 亿饥饿人口，占全球饥饿人口数量的 31.2%，严重粮食不安全人口占总人口的 21.5%。2018 年非洲营养不良的总人口为 2.56 亿人，营养不良患病率达 19.9%，粮食问题迫在眉睫。技术和资金的匮乏阻碍了非洲农业发展的进程，因此"粮食危机"一直成为非洲国家难以逾越的鸿沟。为了摆脱粮食危机的困境，非洲国家必须积极寻求国际化合作，引入外商投资，以此发展本国农业。中国与非洲展开农业合作，利用双方资源互补优势，积极促成共赢局面，有利于非洲国家脱离粮食危机的困境，也对我国粮食危机的发生有防范作用。

第二节　中国对非洲农业投资的现状及问题

一、投资规模

如表 3-2 所示，2018 年中国对外投资总额达 1430.4 亿美元，其中流向非洲的投资额虽然数值上较小，为 53.9 亿美元，比重为 3.85%，但投资增长速度快，同比增长 31.5%。"一带一路"倡议下，加之非洲部分国家的经济贸易体系日趋完善，企业获取投资信息的渠道越来越多，这些因素均促进中国对非洲投资的快速增长。2018 年中国对外的农林牧渔业投资 25.6 亿美元，占总投资的 1.8%，足以说明中国对海外农业的投资与其他产业相比还远远不够,同样,中国在对非洲的农业投资比例上也出现类似情况。2018 年年末中国对非洲直接投资存量前五的行业分别是建筑业(32%)、采矿业(22.7%)、制造业(13.0%)、金融业(11.0%)及租赁和商务服务业(6.4%),而对农业的投资占比低于 5%。

表 3-2　2018 年中国对外直接投资流量的地区构成情况

洲别	金额(亿美元)	比重(%)
亚洲	1055.1	73.8
拉丁美洲	146.1	10.2
北美洲	87.2	6.1
欧洲	65.9	4.6
非洲	53.9	3.8
大洋洲	22.2	1.5

资料来源:中国商务部:《2018 年度中国对外直接投资统计公报》,2018 年,http://fec.mofcom.gov.cn/article/tjsj/tjgb/。

　　根据商务部的《境外投资企业(机构)备案结果公开名录》,截至 2020 年 2 月,中国对外直接投资设立企业(机构)共 42756 家,其中农业企业(机构)共 531 家,在非洲设立的企业数为 3680 家,其中农业企业(机构)有 60 家。如图 3-3 所示,中国投资设立的农业企业超过一半以上在亚洲,在非洲设立农业企业数量仅低于亚洲和欧洲,并且有增长趋势。

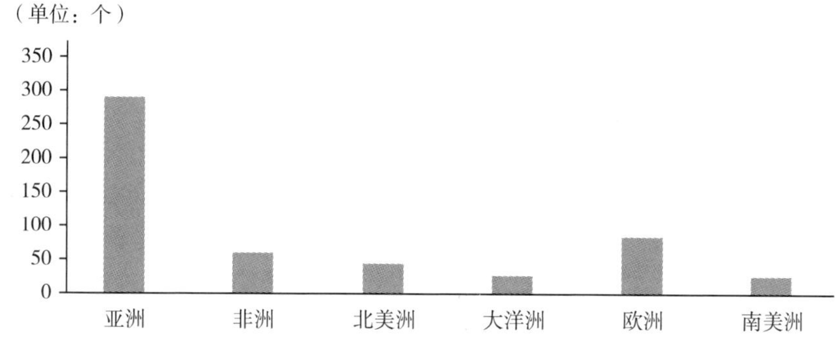

图 3-3　中国对各洲设立境外投资农业企业(机构)数量

资料来源:中国商务部:《境外投资企业(机构)备案结果公开名录》,http://femhzs.mofcom.gov.cn/fecpmvc/pages/fem/CorpJWList.html。

二、投资国别

非洲大陆地域广阔,国家众多,各地区气候和自然条件不尽相同,适宜生长的农作物也不同,给投资者带来很大的选择空间。截至 2020 年 2 月,中国在非洲 23 个国家设立了农业企业(机构),企业的经营范围包括农产品的种植、农业机械装备制造、农化产品等。①

根据《2018 年度中国对外直接投资统计公报》,中国在非洲设立的境外企业超过 3600 家,占境外企业的 8.6%,这些企业主要分布在赞比亚、埃塞俄比亚、尼日利亚、肯尼亚、南非、坦桑尼亚、加纳、安哥拉、乌干达。如表 3-3 所示,中国对非洲进行农业投资的企业主要分布在尼日利亚、莫桑比克、赞比亚、坦桑尼亚、乌干达、肯尼亚、埃塞俄比亚和安哥拉。

在选择投资国别时,企业考量的角度不同。例如,企业在尼日利亚进行农业投资时考虑到尼日利亚是非洲第一人口大国,占非洲总人口的 16%,2018 年国内生产总值约为 3973 亿美元,是非洲第一大经济体,世界排名第 31 位。相对非洲其他国家,尼日利亚的国内市场大,占优势,拥有巨大的农业发展潜力。同时,尼日利亚的政局稳定,社会发展平稳,受投资者青睐。就农业生产活动本身而言,尼日利亚地处西非东南部,属于热带草原气候,高温多雨,有旱季雨季之分,并且河流众多。中国设立在尼日利亚的绿色农业西非有限公司利用当地现有模式,通过耕作模式的改变,将曾经荒凉的瓦拉农场变成尼日利亚重要的水稻、玉米等良种繁育和改良基地之一,使农田产量大幅度提高 30% 左右。

坦桑尼亚自然条件优越,在农林渔各方面均占优势。坦桑尼亚有 4400 万公顷土地适合农作物生产,然而仅有不到 1/3 的面积得到开发和利用,它的森林面积共 3350 万公顷,有利于林业开发,并且拥有 5.8 万平方千米的淡水湖面,海水和淡水捕捞的潜力巨大。并且坦桑尼亚政府鼓励农业投资,投资农业的资本货物免缴进口关税。许多投资者看中坦桑尼亚的区位优势、农业发展空间以及农业优惠政策,所以在此设立农业企

---

① 中国商务部:《境外投资企业(机构)备案结果公开名录》,2020 年。

业。中非农业投资有限公司作为其中的代表,已在非洲多个国家拥有农业种植和加工基地,主营的农作物有小麦、玉米、大豆、剑麻等。在坦桑尼亚,也有其投资的剑麻农场。20年来,2000多公顷的荒地已变为一片片的剑麻田,每年生产的纤维超过2000吨,2020年年末种植面积约达3000公顷,年产纤维1万吨。它已经成为坦桑尼亚最大的剑麻纤维生产企业之一,成功解决了当地上千人的就业问题。

表3-3　中国在非洲各国设立的农业企业(机构)情况

国别	农业企业
尼日利亚	怡高绿色农场、飞跃埃米尔农具有限公司、绿色农业西非有限公司
莫桑比克	莫桑比克华颂汇农业有限公司、湖北—加扎友谊农场、莫桑比克联丰农业开发有限责任公司、浙江贝美农业开发有限公司莫桑比克公司
赞比亚	中阳生态农业产业园(赞比亚)有限公司、赞中农业科技园区有限公司、中赞友谊农场有限公司、赞比亚吉海农业有限公司、晨光生物科技(赞比亚)农业发展有限公司、中赞友谊农场
喀麦隆	浙江中渔农业发展(喀麦隆)有限公司
坦桑尼亚	海联农业发展(坦桑尼亚)有限公司、江苏—新阳嘎农工贸产业园投资管理有限公司、上海农业示范园区(坦桑尼亚)股份有限公司、山东德农农业机械制造(多多玛)有限责任公司、联合农化贸易销售有限公司、中坦农业发展有限公司、剑麻能源系统有限公司
毛里求斯	凤凰树农业有限公司、袁氏国际农业发展有限公司
乌干达	唐山汉沽兴业(乌干达)农业有限公司、乌干达润丰农科有限责任公司、五征东非(乌干达)农业发展有限公司
赤道几内亚	赤道几内亚赣粮农业有限公司
埃及	埃及润丰农科有限公司、山东润丰农科有限公司埃及代表处
肯尼亚	润丰农科有限公司(肯尼亚)、山东德农农业机械制造(内罗毕)有限责任公司、肯尼亚索尔农化有限公司、非洲丁香农化有限公司
埃塞俄比亚	埃塞俄比亚洮河农业装备制造有限公司、大丰农业技术有限公司、埃华农业公司、弘顺农业有限公司、中国农业机械化科学研究院埃塞俄比亚办事处、中地海外农业有限公司、无锡一棉(埃塞俄比亚)纺织有限公司、东方国际埃塞俄比亚棉花有限公司
贝宁	贝宁共和国农业机械技术服务中心
毛里塔尼亚	毛里塔尼亚国际农牧业公司、宁夏塞外香国际农业投资控股有限公司
南非	深圳市鑫荣懋农产品股份有限公司南非分公司、瑞农农业有限公司
津巴布韦	(津—中)皖津农业发展(私人)有限公司、中非棉业津巴布韦有限公司

续表

国别	农业企业
安哥拉	安牧农业发展有限公司、江洲农业有限公司、江洲农业有限公司安哥拉分公司
塞内加尔	安非国际农业开发有限公司
尼日尔	绿色农业尼日尔有限公司
乍得	中地海外农业乍得有限公司
科特迪瓦	味民农业发展实业公司
冈比亚	银鹏兴农业开发有限公司
马达加斯加	百思特农业公司、袁氏马达加斯加农业发展有限公司、中马棉业公司
马里	赣赛农业投资开发有限公司

资料来源:中国商务部:《境外投资企业(机构)备案结果公开名录》,http://femhzs.mofcom.gov.cn/fecpmvc/pages/fem/CorpJWList.html。

上述 60 家农业企业中,也有许多年轻企业。例如,2016 年成立的上海农业示范园区(坦桑尼亚)股份公司主要在坦桑尼亚进行农业板块的运营,例如种植水稻、玉米、剑麻等,在当地解决了 1 万人的就业问题。中坦农业发展有限公司于 2010 年成立,为坦桑尼亚引进中国高品质的农作物种子,水稻的单产量为 8—12 吨/公顷,玉米的单产量为 6—8 吨/公顷,并且 2012—2015 年间,举办 30 期农业技术培训班,为坦桑尼亚培训了 2500 人次的农业技术人员,接待当地的政府官员、农业技术机构工作人员多达 2500 人次。中阳生态农业产业园(赞比亚)有限公司成立于 2018 年,是中阳建设集团在非洲投资的第一个农业项目,农场种植玉米、大豆、小麦等旱地作物;畜牧养殖肉牛、奶牛约 2000 头,产业园设有作物种植区、畜牧养殖区、加工仓储区、农业科技研发区、观光度假区等功能区块。

三、投资领域

鉴于非洲粮食危机的严重性,中国对非洲进行农业投资时,必须先考虑帮助非洲解决当地的粮食安全问题。这一因素也影响投资者对农业投资领域的选择。粮食作物是人类主要的食物来源,尤其是水稻、小麦和玉米。要解决非洲粮食危机,最直接有效的方式就是增加这三种作物的产量。

2008年中地海外农业有限公司与袁隆平农业高科技股份有限公司合资在尼日利亚设立绿色农业西非有限公司,努力探索提高常规水稻种子质量,积极进行杂交水稻本地化开发。直至2010年,公司终于探索出了机械化水稻旱直播耕作模式、水田移栽耕作作业模式,建立了种子生产管理体系,并获得了尼日利亚种子生产经营许可证,截至2018年,已为尼日利亚稻谷增产的贡献超过100万吨。在首届中非农业合作论坛上,正式宣布了马达加斯加农业产业园项目启动,碧桂园集团将联合袁氏种业有限公司投资5000万美元在马达加斯加建设农业产业园,形成年产4000吨杂交水稻种子产能。2019年,国家杂交水稻工程技术研究中心非洲分中心在马达加斯加挂牌,同年湖南袁氏种业的专家胡月舫及其团队在马达加斯加完成5个适宜当地气候环境生长的高产杂交水稻品种的培育,每公顷达10.8吨,是当地产量的3倍。袁隆平的秘书杨耀松表示马达加斯加的生态环境多样化,可以通过这一优势选育出适宜生长在其他非洲国家的杂交水稻品种,计划到2030年,帮助非洲基本解决粮食问题。非洲的另一个国家布隆迪也深受中国对其农业投资的好处。早在2018年,中国杂交水稻品种"川香优506"就获得了布隆迪政府的认定,之后此技术就在布隆迪开展。根据联合国粮食及农业组织的数据显示,2017年布隆迪的水稻产量为8000吨,到2018年增长为2.3万吨,大约为上一年产量的3倍。

2018年非洲的小麦产量为2929万吨,仅占世界总产量的4%,进口4639万吨,非洲的小麦产量远低于内需。但是,中国对非洲的小麦投资种植尚未形成较为优化的体系,主要还是靠农场种植为主,对小麦产量的提高没有较大突破。

在非洲,中国对玉米种植的投资还是很成功的。例如,自2012年起,中国农业大学、中国国际扶贫中心和中农发坦桑尼亚分公司合作,为坦桑尼亚的玉米增产。中国的密植技术使坦桑尼亚的玉米产量平均增产2—3倍,实现2个村庄的玉米产量超过过去10个村庄的玉米产量。2018年

非洲经济转型与中非经济合作

又在莫罗戈罗省发起了10个县共同实现1000户10000亩的玉米增产示范工程,即"千户万亩玉米增产示范工程"。① 甚至在2018年的坦桑尼亚农业研讨会上,农业与合作社贾夫特·哈松加(Jaghet Hasunga)表示,由于玉米产量大增,正积极寻找出口国家。如图3-4所示,自中国加大对坦桑尼亚的玉米种植业投资,将中国的优质玉米种子引入并提供技术支持后,坦桑尼亚的玉米产量自2012年后大幅增加,2014年产量达到最高值,2015—2018年产量趋于稳定,2018年的玉米产量与2010年相比增产125.4万吨,这也为缓解非洲粮食危机作出重大贡献。

（单位：万吨）

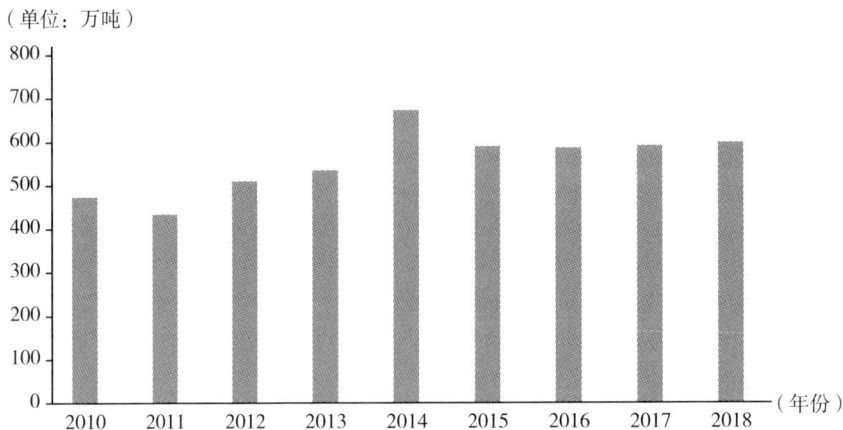

图3-4　2010—2018年坦桑尼亚玉米产量

资料来源:联合国粮食及农业组织(FAO)数据库,http://www.fao.org/faostat/zh/#data。

非洲横跨赤道南北,有独特的热带资源,所以中国在非洲对热带作物进行投资是非常明智的选择。棉花作为非洲最重要的经济作物自然也是中国投资的重点项目。其中,中非棉业发展有限公司(以下简称"中非棉业")为非洲棉业生产作出重要推动作用。中非棉业于2009年成立,经过十多年的经营,已经根植于东非大地,并成功带领非洲各国棉花产业的发展,增加了当地人民的就业机会,也为更多人提供了生活保障。公司主要进行棉花的种植、收购、加工,棉籽油生产以及纺纱等全产业链建设,更

---

① 陆培法、任麟稚、秦思:《教非洲农民种粮食》,《人民日报》(海外版)2019年5月2日。

68

是将独特的"公司+农户"的经营模式带到非洲。中非棉业年产良种超过6000吨,收购籽棉10万余吨,榨油6000余吨,年创汇超过6200万美元,惠及当地农户20余万,超过100万非洲人民因此受益。2018年,中非棉业全面实现用工本土化,雇佣当地员工超过1万人。中非棉业于2014年成立的中非棉业津巴布韦棉花有限公司已经成为津巴布韦的第二大棉业企业,为当地提供1000多个就业机会,并每年为津巴布韦增加2000多万美元的外汇。

四、存在的问题

(一)非洲基础设施较落后

农业投资需要完善的水电基础设施以保证种植生产过程的顺利进行,另外,农作物的运输也需要四通八达的交通运输基础设施,但是目前非洲的许多地区还不能提供这样的基本投资环境。通过非洲开发银行的测算,非洲每年需要在基础设施领域投资1300亿美元至1700亿美元,但却存在680亿美元至1080亿美元的资金缺口,这也直接导致非洲基础设施建设缓慢、不完善。落后的基础设施让许多投资者望而却步。2020年2月驻尼日利亚使馆经商处发文"非洲开发银行将向尼日利亚提供100亿美元用于道路和其他基础设施建设"。尼日利亚作为非洲经济发展中的翘楚,基础设施建设仍有待提高,其他国家基础设施的水平则更令人担忧。

2019年中国阿里巴巴集团与卢旺达政府签署多项电子商务合作协议,双方决定共建世界电子贸易平台,以此推动卢旺达的牛肉、小龙虾、鳄梨、灯笼辣椒、树番茄等特色农产品对华出口。卢旺达国家发展署首席执行官表示,卢旺达政府将会与阿里巴巴共同优化双方农产品贸易政策,尽量减少物流成本,并且为卢旺达农产品加工提供必要的基础设施支持,同时也提供更多培训以提升卢旺达企业家的网络营销能力。

(二)农产品不确定性较高

农产品本身属性使其有较高的不确定性。农产品本身的生产周期较长,例如剑麻的生长周期为3—4年,即3—4年后才能对剑麻叶片进行第一次收割。较长的生产周期意味着需要有足够的流动资金来维持整个生产的运行。农产品生产周期长还会带来不确定性,在生长过程中,外界的因素对农产品有很大影响。

自然因素可为天气突变,如发生干旱、洪涝、沙尘暴,恶劣天气对农作物的摧残是致命的。例如,2020年年初的东非蝗灾,因为有利于蝗虫生存的气候条件使这种害虫在东非、西南亚和红海周围地区广泛繁殖。而蝗虫的目标食物是粮食作物及植被。1平方千米大小容纳8000万只成年蝗虫的蝗群,一天的食物消耗量与3.5万人的食物消耗量相当。发生蝗灾会导致粮食颗粒无收。联合国人道主义事务协调办公室报告称,受蝗灾影响大的"非洲之角"地区有2410万人民处于"严重的粮食不安全状态"。由于非洲科学技术的落后,社会机制的不成熟,面对这类自然灾害或者极端天气,政府往往不能作出及时有效的应对措施,这意味着将更多的风险转嫁给企业投资者,这样投资者的投资欲望将会大大降低。

人为因素也是投资者考量的重点。由于非洲部分国家的政局不稳定,有潜在的战争危机,在这样的情况下贸然去投资的危险性是很高的,不仅农作物会遭到破坏,投资者也会遭受人身危险。

(三)投资主体较为单一

中国对非洲农业投资的主体一直以来都较为单一,主要由我国的国有企业和大型民间企业构成。以商务部的《境外投资企业(机构)备案结果公开名录》整理发现,中国在非洲设立的农业企业(机构)注册资本大多在1000万元以上。大型农业投资项目的实施需投入的资金数量巨大,从而与之相匹配的投资主体需要具备雄厚的实力,以国有、跨国企业居多。例如,在莫桑比克投资设立湖北—加扎友谊农场、莫桑比克联丰农业开发有限责任公司的湖北省联丰海外农业开发集团有限责任公司,它由湖北省农垦事业管理局和多家国营农场控股,在海外共设立了7家农业企业。

同时,也有一些具有实力的民营企业成为对非洲农业投资的主体,这些企业不仅有充足的资金链支持项目进行,也拥有稳定的客户资源、多样化的销售渠道及核心研发团队,正逐步开拓国际市场。但是就投资总体而言,民间投资对企业自身资质与实力的要求比较高,使投资主体较为局限,如何使投资主体更加多元化是加深中非农业合作的关键。

中非农业合作以中国企业为载体,而企业又分为国有企业和民营企业。国有企业有中国政府通过对外援助资金来支持项目进展,并且可以享受政策优惠。国企开展的项目一般带有政治色彩,并非完全以利益为导向。而民营企业去非洲设厂是为了开拓海外市场,抢占利益先机,完全以利益为导向。对民营企业来说,去海外投资耕地的前期资金投入是相当巨大的,而且海外耕地投资具有政治性、国际性、长期性等特点,实际上这种投资行为是不确定条件下的风险行为。

第三节　中国对非洲农业投资的风险

境外投资均存在风险,但是由于非洲历史和发展的特殊性,对非洲进行农业投资也面临一些特殊风险。

一、政治风险

政治风险属于投资所在国环境变化而给企业带来的风险,是指由于政治原因,如国家政局动荡、政权更迭、社会不稳定等问题给境外企业带来的风险,它是海外投资最大、最不可预期的风险,不可控性最高。政治环境的稳定是投资者对非洲进行投资时首要考虑的问题。

非洲国家有长期的被殖民历史,内战及边界冲突发生率高于其他地区。根据和平指数排名的世界最危险十大国家中,非洲的南苏丹、苏丹、索马里、中非共和国和刚果民主共和国均在名单中,这些国家普遍也是世界最不发达国家。党派冲突、种族暴力导致内战不断,战争造成数万人死亡。另外,非洲部分国家的失业率较高,社会不稳定。例如南非,南非统计局 2020 年 2 月公布的《季度劳动力调查报告》显示,南非 2019 年第四季度失业率在 29.1% 的高位。失业率高导致社会贫富差距大,且南非不设死刑,这促使南非的犯罪率居高不下。部分非洲国家的政局动荡和社会不稳定导致投资的隐性成本过高,并且一旦爆发政治危机,后果是企业难以承担的。对于在非洲进行农业投资的企业来说这种隐性成本更高。农作物的生长周期长,投资多回报慢,附加的政治风险是其他获利较快行业的3—4倍。

二、政策风险

非洲部分国家独立时间较短或者经济体系不成熟,所以政府出台的经济政策往往缺乏连续性和稳健性,对于投资者来说这加大了投资的不确定性,需要承担更多风险。部分非洲国家的政策法规体系不完善;关于投资的相关政策也不够清晰;法律制度缺乏执行力。有的国家海关部门管理不够规范,甚至在办理投资项目手续时,有政府官员相互勾结来敲诈投资者的现象时有发生。我国的有些企业对当地的法律不甚了解,在没有协调好法律、政府等关系的情况下,企业只得放弃对非洲农业产业的投资。

例如,2018年坦桑尼亚政府加大征税力度,将经营不善的私有化企业重新收归国有,对通信、旅游和矿产等行业全面征收增值税,推行电子征税系统,规范对小商贩的税收管理,大幅提高外国人办理居留和工作证收费,增强政府对自然资源的控制和收益等。[1] 上述经济政策虽然规范了政府的税收管理,增强了政府对自然资源的管控力度,但也导致坦桑尼亚营商环境的恶化。对在坦桑尼亚设立的中国农业企业而言,居留和工作签证费用的提高直接增加了人力成本,对通信等行业增收增值税其实也是将税收转嫁给其他企业,间接增加农业企业在坦桑尼亚的运营成本。而与农业最为相关的便是自然资源的管控,政府增强对其的控制和收益,相对企业的获利部分便会有所下降,面对政策的变更,部分投资者被迫撤离坦桑尼亚。

又例如2012年之后,埃塞俄比亚为了保护本国劳动力市场,加强对外来劳务人员的管理和限制,要求外资企业原则上不聘用一般非技术性

---

① 中国商务部:《对外投资合作国别(地区)指南 坦桑尼亚》,2020年。

外籍劳工。这样的政策变动对于一些农业企业的全局筹划和发展是有影响的,农业企业的工作人员不仅需要技术还需要经验,如果全部雇佣当地劳工在一定程度上将降低企业生产效率,并且有的企业对此缺乏充分的认知,极易产生法律纠纷。

三、健康风险

非洲的医疗卫生条件较差,一直是传染病高发地区,且埃博拉、艾滋病均源于非洲。尽管非洲整体的卫生医疗条件有所好转,但是《2019 年世界疟疾报告》显示,2018 年大部分疟疾病例发生在非洲(2.13 亿例,占93%)。撒哈拉以南非洲 19 个国家和印度承担全球近 85%的疟疾负担。6 个非洲国家占全世界疟疾病例的一半多:尼日利亚(25%)、刚果民主共和国(12%)、乌干达(5%)、科特迪瓦、莫桑比克和尼日尔(各 4%)。高患病率以及高死亡率降低了农业劳动者的生产效率,增加了投资者的投资风险。

第四节　中国对非洲农业投资的效果

一、对中国的效果分析

(一)一定程度上防范了中国的粮食危机

越来越多的中国农业企业在非洲投资设厂,充分利用非洲广袤的耕地和得天独厚的优势条件发展农业,尤其是发展一些非洲特有的经济作物,将其进口到中国,使中国人民能够享受优质的非洲特色农产品,同时也在一定程度上防范了中国粮食危机的发生。2000 年至 2018 年,中国与非洲农产品贸易额由 6.5 亿美元增长到 69.2 亿美元,年均增长 14%,中国自非洲进口农产品贸易额年均增长 17.3%。中国从非洲进口的农产品主要包括油料作物。其中从非洲进口的谷物、植物油籽和植物油在2015 年达 8.4 亿美元,之后到 2017 年下降至 6.2 亿美元。从非洲进口的芝麻和花生从 2004 年的 870 万美元提高到 2015 年的 7.83 亿美元,增长近89倍,在2017年降低到5.03亿美元。

(二)有利于中国农产品的改良及农业产业机构的调整

与非洲国家分享特色种植资源与基因信息,可使中国的农产品得到改良、丰富,也便于提高中国优势作物与技术的推广和应用,有助于摆脱发达国家对世界物种资源的控制,增强中国农业技术的全球竞争力。在非洲拓展农业投资市场,有助于转移一些国内不具有比较优势的相关产业。非洲有着独特的热带资源,热带经济作物在国际市场上较为紧俏,一般均处于"卖方市场",单位产量的收益回报高,然而中国却不具备发展热带经济作物的区位优势。在非洲投资农业企业有助于农业开发的领域更多,不再局限于我国的传统农业领域,占领更多的国际市场,同时也有利于促进中国农业产业结构的调整升级。在"八大行动"的号召下,2019年年初,湖南省成立了"中非竹藤产业联盟",致力于帮助非洲开发竹藤产业。在非洲设立中非合资公司进行竹藤的种植开发,非洲国家则提供政策支持,中国则凭借本国竹产业发展的经验优势,将先进的开发技术应用到非洲,再通过B2B(business to business)、B2C(business to consumer)等模式推广销售非洲竹藤产品,抢占国际市场,达到中非双赢。

(三)农业投资企业的不规范行为影响中国企业的形象

中国企业进入非洲,在当地设立企业,西方媒体大肆宣传"中国在非洲进行圈地运动","中国已经或计划将大量农民引向非洲","中国的国有企业和主权基金主导了非洲圈地"。部分中国企业更加愿意雇佣中国人,对于非洲员工的数量需求较少,使非洲工人想进入中国企业的门槛比较高,这会影响非洲人民对中国企业的印象,加之西方媒体的污蔑,一定程度上会影响非洲人民对中国企业在非洲投资设厂目的的判断。

二、对非洲的效果分析

(一)推动非洲农业的发展,缓解非洲粮食危机

2018年中非合作论坛北京峰会上习近平主席提出"八大行动",在农业合作方面,支持非洲在2030年前基本实现粮食安全,中国同非洲一道制定并实施中非农业现代化合作规划和行动计划,实施50个农业援助项

目,向非洲受灾国家提供 10 亿元人民币紧急人道主义粮食援助,向非洲派遣 500 名高级农业专家,培养青年农业科研领军人才和农民致富带头人。

中国将优势农业技术共享给非洲人民,使非洲的粮食产量成倍增长,对于解决非洲粮食危机问题发挥着重要作用。水稻、小麦和玉米占世界粮食总产量的 80%,增加这三种农作物的产量是解决非洲粮食危机最直接的方式。本书论述了中国对水稻、小麦和玉米领域的投资成果。其中,中国企业对水稻和玉米的投资成果显著,帮助非洲国家增产增收。图 3-5 展示了 2010—2018 年非洲的水稻、小麦和玉米的产量变化。在这三种农作物中,玉米的产量一直最高。毋庸置疑,非洲的玉米种植面积最广,截至 2018 年,非洲玉米的种植面积为 3867 万公顷,远远高于水稻(1424 万公顷)和小麦(1023 万公顷)的种植面积。由于拥有高原的阳光及雨季充足的水量,玉米很适宜在非洲种植,也成为非洲人民最主要的粮食。既然非洲拥有种植玉米的比较优势,中国在非洲大陆对玉米进行投资,引进中国更加优质的玉米种子和先进的密植技术,使其优势更加显著,帮助非洲在 2012—2018 年的玉米产量一直高于 7000 万吨。由于水稻种植对于灌溉技术、气候的要求较高,而非洲的区位条件对于培育水稻并无明显优势,中国企业将杂交水稻技术带去非洲,对于非洲水稻产量的增长有重要的推动作用,2010—2018 年水稻产量基本实现年年增长。

根据尼日利亚稻农协会消息,2019 年尼日利亚大米年产量约为 800 万吨,已超过埃及,成为非洲最大的稻米生产国。据瑞士媒体报道,几内亚大米产量在 2018—2019 年种植季大幅上升,约达 160 万吨。按照政府的发展规划,预计 2025 年大米年产量将提高到 460 万吨,除了满足本国需求之外,还可出口。2019 年在利比里亚的试验田 1.5 亩的面积上,测产出共收获杂交水稻种子 291.6 公斤,平均亩产达 194.4 公斤,达到国内中等制种产量水平。这些成就对于解决非洲粮食危机有重要意义。

中国对非洲农业的投资使得非洲的粮食产量得到绝对数量的增长,缓解了部分地区的粮食危机,但是对整个非洲来说,粮食危机问题还是迫在眉睫。据统计,截至 2019 年非洲的人口总数达 12.86 亿人,与 2000 年的数据相比,总人口增加 4.92 亿人。美国人口资料局(Population Reference Bureau)的报告显示,预计到 2050 年全球人口将达到 99 亿人,比目前估计的 76 亿人口增加 23 亿人,增长 30%,其中非洲人口占人口总增长的 58%。预计到 2050 年,有 26 个国家(几乎全部在非洲)的人口将增长 1 倍。非洲人口以年均 2.3% 的速率增长,远超亚洲,而人口的快速增加又加剧了非洲的粮食危机。根据世界卫生组织数据显示,非洲粮食不足率自 2005—2017 年均排在全球第一的位置,其中撒哈拉以南非洲、东非和中非的粮食不足率均超过 20%(见表 3-4),是全球平均水平的 2—3 倍。另外,从食物不足的人数来看,非洲的人数仅次于亚洲,并且由于人口基数的增加,食物不足人数在 2005—2017 年也呈上升趋势(见表 3-5)。

(单位:万吨)

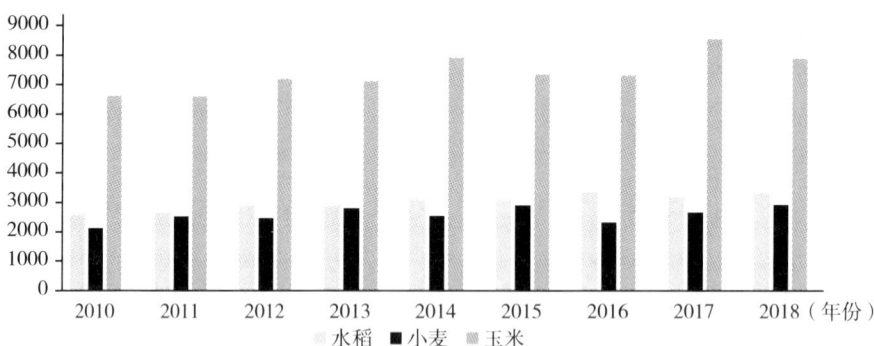

图 3-5　2010—2018 年非洲地区水稻、小麦、玉米产量

资料来源:联合国粮食及农业组织(FAO)数据库,http://www.fao.org/faostat/zh/#data。

表 3-4　2015—2017 年非洲食物不足发生率　　　　(单位:%)

年份 地区	2005	2010	2012	2014	2016	2017
北非	6.2	5.0	8.3	8.1	8.5	8.5
北非(不包括南苏丹)	6.2	5.0	4.8	4.6	5.0	5.0
撒哈拉以南非洲	24.3	21.7	21.0	20.7	22.3	23.2

续表

年份 地区	2005	2010	2012	2014	2016	2017
东非	34.3	31.3	30.9	30.2	31.6	31.4
中非	32.4	27.8	26.0	24.2	25.7	26.1
南部非洲	6.5	7.1	6.9	7.4	8.2	8.4
西非	12.3	10.4	10.7	10.7	12.8	15.1
非洲	21.2	19.1	18.6	18.3	19.7	20.4

资料来源:联合国粮食及农业组织:《2018 年世界粮食安全和营养状况》,2018,http://www.fao.org/publications/sofi/zh/。

表 3-5　2005—2017 年非洲食物不足人口数量　（单位:百万人）

年份 地区	2005	2010	2012	2014	2016	2017
北非	9.7	8.5	17.6	17.8	19.5	20.0
撒哈拉以南非洲	176.7	181.0	187.6	194.7	221.9	236.5
东非	113.5	119.1	113.3	117.1	129.6	132.2
中非	36.2	36.5	36.4	36.1	40.8	42.7
南部非洲	3.6	4.2	4.2	4.6	5.2	5.4
西非	33.0	31.9	33.7	36.9	46.3	56.1
非洲	196.0	200.2	205.2	212.5	241.3	256.5

资料来源:联合国粮食及农业组织:《2018 年世界粮食安全和营养状况》,2018,http://www.fao.org/publications/sofi/zh/。

（二）推进非洲农业生产技术水平的提高

越来越多的中国企业去非洲进行农业投资,中国政府对非洲的人道主义援助以及"一带一路"倡议的提出,这些因素共同推进了非洲农业生产技术水平的提高。建立农业技术示范中心、派遣农业援非专家、培训农业技术人才的"科技兴农"战略成为目前中非农业合作的主导模式。中国在非洲已经建立 25 个农业技术示范中心,包括南非农业技术示范中心、坦桑尼亚农业技术示范中心、埃塞俄比亚农业技术示范中心等。

这些农业技术示范中心将我国先进的农业技术推广到东道国,对东道国的农业发展产生深远影响。不仅如此,为了帮助东道国培养农业领域的人才,我国也向东道国派出了高级技术专家去进行指导。2012—2018年,中国对非洲53个国家的技术人员进行了培训,累计高达4980人次,不仅如此,还指导了约10万人次的农民进行农业生产活动。2019年首届中国—非洲经贸博览会提出,中国在非洲农业领域投资了21.2亿美元,中资企业在非洲雇佣本土员工有2万余人。并且,中国的农业专家在9个非洲国家实施了300多个小型示范项目,同时也推广了450项实用农业技术。对非洲人民进行技术培养,切实推进了非洲农业生产技术水平的提高。

(三)提高非洲国家人民的生活水平

中国在非洲投资设立的农业企业在很大程度上对当地人民的日常生活都有正向辐射作用。例如,中国企业投资设立的坦桑尼亚剑麻农场解决了当地上千人的就业问题。并且设有剑麻农场职工医院,年均接诊人数破万,缓解了当地人的看病难问题。若有中国援坦桑尼亚医疗队来职工医院给病人提供医疗服务,当地村民都报以特别的感激之情。除此之外,农场为了提高当地员工的生活水平,还花费100万美元建造员工宿舍。

第五节 加强中非农业投资合作的政策建议

一、推进非洲软硬环境建设

基础设施建设和互联网建设是现代化建设的重点,也是非洲现在的第一要务,这不仅关联中非农业合作,对于非洲工业化建设、城市化进程也是相当必要的。目前,非洲拥有"世界银行""非洲发展银行"这样的多边融资平台,也有中国国家开发银行、中国进出口银行等国别开发性金融机构,同时还可以积极采用例如中非发展基金这样的资金渠道,多种渠道筹集资金,创新融资模式和建设方式,推动非洲基础设施建设。加大对非洲国家的基础设施项目援助力度,可以创造良好的投资环境,使中非双方的贸易往来更加密切,激发更多企业在非洲设厂经营。

加速互联网建设。这一点是对非洲现代化建设更高阶的要求,也是连接非洲与各国的关键枢纽。互联网建设已经成为国与国之间比拼的重要指标,在认清当前主要任务的前提下也不能放弃前端技术的发展。互联网的发展势必会使非洲农产品走向全世界,也会使中非的农业合作更加便捷,甚至中国的企业不必去非洲设厂也能与非洲农民建立农业合作关系。

提升教育的普及。教育在青少年中的普及是建设国家未来的保障,非洲国家可以借鉴中国的义务教育制度,中国也可以与非洲合作安排更多支教活动,促进中非友谊的同时真正帮助非洲儿童学习文化知识,保持人才"不断层"是国家永远年轻、有活力的关键。

二、全面认知非洲的投资机遇与风险

中国的一些企业意识到非洲农业的投资价值,加之"一带一路"倡议的盛行,许多非洲国家成为"一带一路"沿线国家,这意味着我国与这些国家的关系更加紧密,是利于投资的,但不能只片面地看到非洲的投资优势而忽略其存在的投资风险。还有一些中国企业则处于另一个极端,抱有刻板印象,认为非洲政局动荡、经济非常落后、气候条件恶劣,不利于进行农业投资,这也导致有些企业丧失扩展海外农业市场的机会。

事实上,一方面,非洲国家近年来在政治经济等方面均取得了一定的进步,非洲确实存在发展的机会;另一方面,许多非洲国家还在经历政治和经济的转型,所以在对非洲进行农业投资前需要进行全面评估,能够意识到非洲拥有发展农业优越的区位条件,具有极佳的投资潜力,但也不能盲目乐观,只看到非洲农业投资的优势之处,进行农业投资前还是应该做好市场调研,最好安排员工去非洲实地考察一段时间并了解当地的民风民俗及政策法规。另外,非洲大陆相对于其他地区来说,安全指数还是较为不稳定的,所以当企业决定去非洲进行农业投资前,一定要做好风险控制工作,增强防范意识。

三、推动对非洲投资主体多元化

由于对非洲农业投资的资金需求巨大,更多的是国有企业担当投资主体,投资门槛过高,自动过滤了一部分有心投资却没有能力投资的民营企业。但是投资主体的过于单一也使得投资数量有限,还是以政府支持为主,没有充分发挥市场机制。如何调动更多民营企业加入投资行列成为当前要解决的问题。

部分民营企业对非洲农业投资是感兴趣的,只是能力有限,有的资金不足,有的技术不足。政府可以牵头促成"企业联盟",陆续登记有对非洲农业投资的企业名录,对企业进行评估,将投资方向一致的企业组织在一起,当有投资意向的企业达到一定数量且评估后它们的总体能力能够进行该项目投资后,经过企业间的沟通交流和投资展望,政府以这个联盟为单位对它进行政策扶持,以此激励对外投资进行。集结一定数量的企业一起投资,无形中降低了单个企业投资所需要的资质,使更多的企业能够对非洲农业进行投资活动。

四、加强与非洲农业科技合作,互利共赢

为了解决非洲粮食危机问题,使粮食增产增收,中方必须加强与非洲的农业科技合作。农业科技水平的提高直接带来粮食产量的增加,提高农业科技水平最直接的就是在非洲广泛使用农机产品,也是推动非洲农业现代化的有效方式。中国企业可以在非洲设立农产,整合非洲分散的农业资源便于机械化农作。在引进中国优质的农机产品外,中方应与非洲农机专家一起积极探讨,按照非洲农业资源的特点改良中国农机。鉴于非洲经济的落后,要使农机产品广泛应用于非洲农业生产,很重要的一点便是要降低农机产品价格。这需要中国的农机企业与非洲农业科技人员合作,在降低成本的情况下生产出更高品质的农机产品。不仅是农机产品,包括向非洲引进的农作物种子、化肥等,都需要根据非洲的情况特点,双方共同研究出更适宜非洲本土的产品,这对于增加非洲粮食产量缓解粮食危机和增加中国的产品出口都有益处,实现中非互利共赢。

五、进一步推进中非农业合作,针对性地缓解中国粮食危机

中非农业合作对解决非洲粮食危机以及针对性地缓解中国粮食危机

有重要意义。2019 年 10 月 14 日，国务院新闻办发表的《中国的粮食安全》白皮书表明，从中长期看，中国的粮食产需仍将维持紧平衡态势。如图 3-6 所示，2018 年中国粮食产量结构中豆类的占比较少，仅为 2.91%。1995 年，中国开始变成大豆进口国，进口量一路飙升到 2018 年的 9000 万吨，占全球大豆贸易的 2/3。中国主要进口美国大豆，但是自 2019 年中美贸易摩擦起，大豆的进口就变得不确定。所以中国可以与非洲加强豆类的农业合作，以保证中国豆类的进口来源。大豆也是非洲最重要的粮食和经济作物之一，撒哈拉以南非洲国家大多都拥有大豆种植产业，赞比亚、津巴布韦和南非的大型农场都有商业大豆生产。但在整个非洲地区，大豆主要是通过小农种植的。中国企业去非洲投资豆类的种植生产，形成包括大豆、豆粕和豆油等的生产和消费在内的产业链，不仅能保证中国豆类的进口来源，针对性地缓解中国粮食危机，还能提高非洲国家的农产品贸易出口。

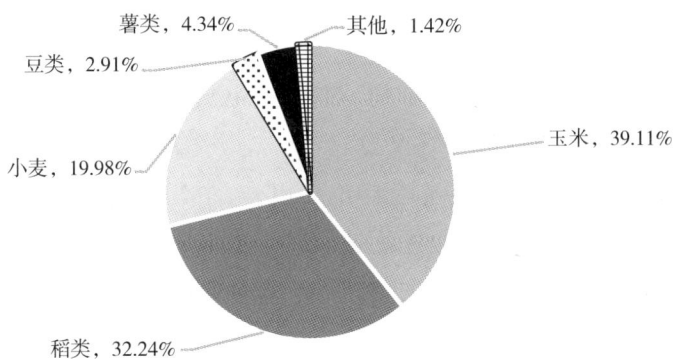

图 3-6　2018 年中国粮食的产量结构

资料来源：中国国家统计局，http://data.stats.gov.cn/easyquery.htm？cn=C01。

第四章　非洲服务业发展及
　　中非服务业合作

一直以来,关于非洲服务业的研究都比较少,而且大多数研究都只停留在服务业内部具体的某个行业或者具体某个国家,而没有对非洲整体的服务业水平进行研究。对于非洲服务业的研究难点主要有二:第一,非洲服务业数据难以获得,且不同渠道获得的数据使用的服务业分类方法有所区别,需要进行匹配。第二,非洲有 54 个国家,服务业有较多细分行业,且不同国家的法定货币不同,需要换算成美元才能进行横向比较,所以计算量大且烦琐。因此,以往的研究中,要么只针对特定国家的服务业,要么局限于某些特定产业部门,如金融、电信、旅游等,而对整个非洲服务业进行研究的文献则少之又少。

但是,自 2000 年首届中非合作论坛以来,中非之间的经济往来越来越频繁,且规模越来越大。服务业是非洲一个非常重要的经济支柱,根据非洲发展银行的数据,2010 年以来,服务业对非洲经济增长的贡献都在50% 左右,远高于农业和制造业。因此,对非洲整体的服务业水平进行一个整体性和系统性的描述是非常有必要的,能为未来发展和中非服务业合作提供一定参考。

第一节　服务业的分类及其测算指标

一、服务业的分类

目前,从理论层面上看,服务行业典型分类主要有"三分法"和"四分法"两种,实际操作层面,服务业分类主要有欧盟服务业分类(NACE)、北美产业分类体系(NAICS)、联合国的所有经济活动的国际标准行业分类(ISIC)、联合国统计署《主要产品分类》(*The Central Product Classification*,*CPC*)第 2.1 版、世界贸易组织(WTO)《服务贸易总协定》服务部门分类、国际收支服务扩展分类、世界知识产权组织(WIPO)国际认可论坛资料性文件 2010 年质量管理体系(IAF ID:2010QMS)认可的范围等。[①]

本书所涉及的服务业增加值数据来自《非洲统计年鉴》,其在经济活动分类上,采用的是 ISIC Rev.4。非洲整体出口数据来自 WTO,非洲各国别出口数据来自世界银行。由于三者的分类会有细微差别,为了避免读者混淆不清,这里先对这几个数据中的服务业分类进行一个整合比较。

联合国的分类为《所有经济活动国际标准行业分类》(*International Standard Industrial Classification of All Economic Activities*,*ISIC*),简称《国际标准行业分类》。ISIC 拥有多个版本,本书借鉴的是最新的版本 ISIC Rev.4。它将服务业分为 15 个大类,依次用字母 G 到 U 表示。

WTO 采用的是国际收支服务扩展分类(Extended Balance of Payments Services Classification,EBOPS),主要有 2002 年版和 2010 年版,考虑到 2010 年版关于服务业分类过多,有 148 项,与其他分类对应起来较为困难,本章主要使用的是 EBOPS 2002 年版对应的数据。EBOPS 2002 年版关于服务业的分类有 18 项,与 ISIC 分类对应程度高。

世界银行关于服务业的分类没有具体的文件。世界银行在出口数据上,将服务业特定为商业服务,细分为旅行服务、交通服务、计算机服务、通信服务和其他服务、保险和金融服务。

本章涉及的以上三个不同分类的对应情况具体见表 4-1。

---

① 王珊珊、梁乔玲、王晓娅、温利峰:《服务业分类与编码研究》,《中国认证许可》2008 年第 11 期。

表 4-1 本章涉及的服务业门类国际标准行业分类整合

分类 / 行业	联合国分类（ISIC Rev4）	WTO 分类（EBOPS2002）	世界银行分类
传统服务业	批发和零售业、汽车和摩托车的修理（G）；运输和储存（H）；食宿服务活动（I）；信息和通信（J）	他人拥有的实物投入的制造服务（SA）；保养和维修服务（SB）；交通（SD）	交通服务
新兴服务业	金融和保险活动（K）；房地产活动（L）	旅游（SD）；建筑业（SE）金融服务（SG）；保险与养老金服务（SF）；电信、计算机和信息服务（SI）；个人、文化和娱乐服务（SK）	计算机、通信服务和其他服务；信息和通信技术（ICT）；保险和金融服务；旅游服务

资料来源:联合国,https://unstats.un.org/unsd/classifications/Econ/Download/In%20Text/ISIC_Rev_4_publication_Chinese.pdf;世界贸易组织,https://data.wto.org/;世界银行,https://data.worldbank.org.cn/country。

虽然三者在分类上有所不同,但是本章使用的数据门类是相互对应的,所以分类不同造成的影响可以忽略。同时,本章参考张春宇的做法,将服务业分为传统服务业、新兴服务业和公共服务业。① 但是张春宇采用的是 ISIC Rev. 3,本章采用的是 ISIC Rev. 4,所以在门类的整合上会有些许区别,本章借鉴 2019 年《非洲统计年鉴》的整合方法,将之相互对应。为了确保整合是相对应的,笔者用《非洲统计年鉴》的数据和联合国采用 ISIC Rev. 3 的数据进行了一个比对,结果基本吻合。

需要特别指出的是,在 2019 年《非洲统计年鉴》中,赞比亚、乌干达、坦桑尼亚、卢旺达、马达加斯加、加蓬、刚果民主共和国、乍得、喀麦隆、布基纳法索等国在各服务行业增加值上的货币单位为十亿(本币),而其他国家为百万(本币),笔者将这些国家统计年鉴的数据按照十亿(本币)和百万(本币)分别与联合国的数据进行了一个对比,发现计作为百万(本币)时基本吻合。所以笔者在计算这些国家的各服务行业数据时,采用的是百万(本币)。

---

① 张春宇、唐军:《非洲服务业发展与中非服务业合作》,《亚非纵横》2014 年第 5 期。

二、服务业发展水平测算方法

比较服务业发展水平可以采用阶段定义法、对比定义法和规模定义法。阶段定义法主要衡量继农业、工业经济后的经济发展阶段;对比定义法主要比较工业经济、农业经济等几种经济形态;规模定义法是服务业发展水平对目前测算最流行和通用的方法,它包含两个指标:(1)服务业增加值/国内生产总值;(2)服务业就业人数/总就业人数。郑文(2011)用此方法测算了澳大利亚等 43 个国家和地区的服务业水平。[1] 田祖海、杨文俊(2017)则用此法测算了中国 30 个省(自治区、直辖市)的服务业发展水平。[2] 其他方法还包括:李文珍(2013)用服务业增加值/总人口来评价服务业指标。[3] 董立志(2015)用

$$\sqrt{\frac{服务业增加值比重 \times 人均服务业增加值 \times 100}{Q}}$$ 来表示服务业水平,其中 Q 为

钱纳里常数,又因为人均服务业增加值 = 人均生产总值 × 服务业增加值比重/100,所以服务业水平 = 服务业增加值比重 × $\sqrt{\dfrac{人均生产总值}{Q}}$。[4]

本书采用大部分研究者的做法,使用规模定义法,用规模类的指标,如服务业增加值、服务业增加值规模占国内生产总值的比例、服务业就业人数占总就业人数比例来表示一国服务业水平,用服务业具体某个行业的增加值以及增加值占整个服务业的比例来表示服务业内部各个结构的发展水平。

① 郑文:《对外投资与母国服务业水平——理论分析与政策启示》,《财贸经济》2011 年第 6 期。

② 田祖海、杨文俊:《服务业发展水平、劳动力成本和制造业出口之关系研究》,《武汉理工大学学报(社会科学版)》2017 年第 6 期。

③ 李文珍:《产品内分工与国际间服务业水平差异研究》,《学术研究》2013 年第 3 期。

④ 董立志:《测度服务业经济水平的一个构想》,《中国统计》2015 年第 3 期。

第二节　非洲服务业发展水平及其经济贡献

非洲服务业发展水平总体偏低。根据世界银行数据显示,2017年非洲服务业增加值占国内生产总值的比例为53.4%,而世界平均水平为65.4%,低了12个百分点。同时,也与经合组织(OECD)等发达国家的69.77%相比,有较大差距。但是,非洲的服务业水平略高于新兴市场国家——中国的51.89%(具体数据见图4-1)。

（单位：%）

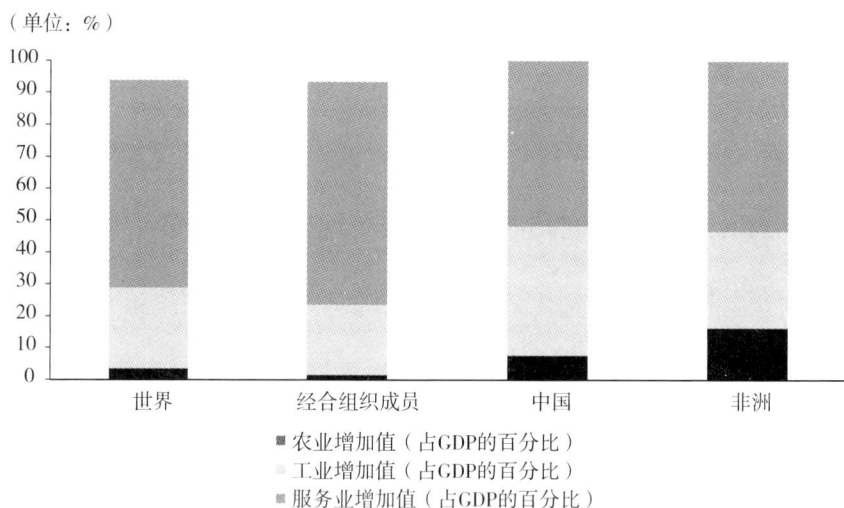

图 4-1　2017 年非洲与其他地区（国家）的产业结构

资料来源:根据世界银行数据整理所得,https://data.worldbank.org.cn/country。

非洲各区域的服务业水平呈现出参差不齐的特点。如图4-2所示,南非地区服务业水平整体较高且差距较小;北非服务业水平整体偏低,但是国家之间差距较小;东非和中非部分国家服务业水平很高,但是总体服务业水平偏低,且不同国家之间差别较大,比如中非,最高的圣多美和普林西比比最低的中非共和国高42.65%;西非的服务业水平也整体偏低,且不同国家之间差距较大。

非洲服务业是非洲经济的重要支柱,同时对经济增长和稳定、就业、

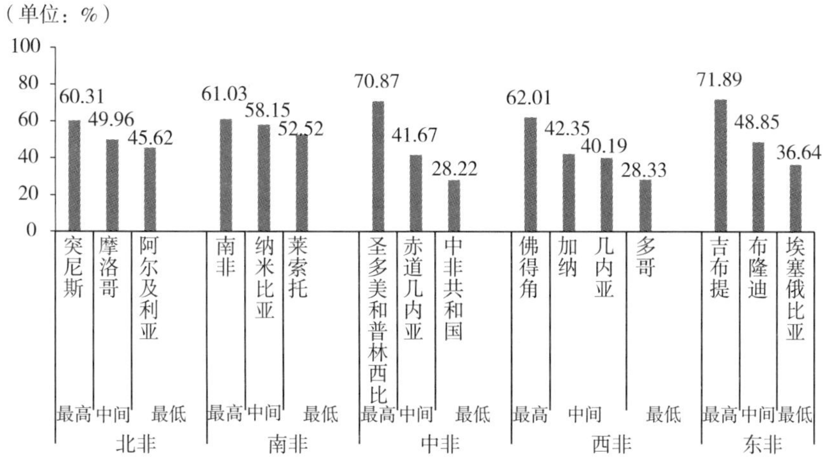

（单位：%）

图4-2　2017年非洲各地区服务业增加值占国内生产总值比例概览

资料来源：根据世界银行数据整理,https://data.worldbank.org.cn/country。

国际收支等方面贡献较大。①

一、服务业是非洲经济的重要支柱

非洲服务业增加值贡献了非洲经济一半的经济总量。根据联合国数据库（UNdata）的数据显示,2018年非洲服务业增加值（现价）达11843.36亿美元,占国内生产总值的50.07%。从历史数据来看,2008—2018年间,非洲服务业增加值占国内生产总值（以2015年恒定不变美元价格衡量）的比重从49.38%平稳增长到了54.62%。与第一、第二产业相比,非洲服务业的增速更为稳定。

分国别来看,不同国家之间服务业对经济的贡献差异很大,但原因却不同。2018年非洲各国人均国内生产总值与服务业增加值占国内生产总值的比重之间并未显示出显著的线性关联;绝大多数非洲国家服务业增加值占国内生产总值的比重在40%—60%;在占比低于40%的国家中,多哥虽然营商环境近年得到改善,服务业得到发展,但是由于其政局动

———————

① 张春宇、唐军:《非洲服务业发展与中非服务业合作》,《亚非纵横》2014年第5期。

荡①,所以服务业占比很低。刚果民主共和国也是因为战事不断,服务业得不到较好发展②。其他一些国家制造业占比较高,导致服务业占比较低,比如几内亚比绍共和国、马里和毛里塔尼亚等国以农业和渔业为主,乍得、刚果共和国、赤道几内亚等国主要以石油产业为主。在占比高于60%的国家中,一些国家由于自身经济规模较小,经济活动以服务业为主,所以占比比较高,比如圣多美和普林西比、吉布提、塞舌尔和佛得角等。另外一些国家则是因为经济发展水平相对较高,服务业占比超过60%,经济结构与发达国家相近,比如塞舌尔、毛里求斯、南非等。

需要特别指出的是,南非、尼日利亚和阿拉伯埃及共和国等少数国家服务业产值占非洲服务业总产值比重较大。联合国的数据显示,2018年南非服务业增加值(现价)为2148.71亿美元,占国内生产总值的61.04%,对非洲服务业增加值的贡献为18.14%。2018年尼日利亚的服务业增加值(现价)为2066.07亿美元,占国内生产总值的52.01%,对非洲服务业增加值的贡献为17.44%。2018年阿拉伯埃及共和国的服务业增加值(现价)为1288.56亿美元,占国内生产总值的51.36%,对非洲服务业增加值的贡献为10.88%。这三个国家对非洲服务业增加值的贡献达46.47%,接近其他所有国家服务业增加值的总和。这一结果也表明了服务业在非洲存在国别差异。

二、服务业是非洲经济的推动器和稳定剂

与现价相比,以不变价衡量的增长更能真实地体现服务业在非洲经济增长和稳定中的作用,所以本书采用2015年恒定不变美元价格计算。如图4-3所示,在2008—2018年的11年中,除了2012年、2017年和2018年等经济增长形势较好的年份外,服务业增加值的增速均高于国内生产总值的增速。换句话说,服务业增加值对经济增长的贡献率基本都高于

---

① 外交部:"多哥国家概况",https://www.fmprc.gov.cn/web/gjhdq_676201/gj_676203/fz_677316/1206_677534/1206x0_677536/。

② 中国驻刚果民主共和国大使馆:"刚果民主共和国国家概况",http://cd.china—embassy.org/chn/gbgk/t1723719.htm。

其在经济总量中的比例,服务业推动着经济的增长。同时,非洲服务业增加值占国内生产总值的比重基本保持增长的趋势。2018年,非洲服务业增加值占国内生产总值的51.99%,相对于2008年提高了近5%。由此可见,服务业在非洲经济增长和稳定方面都发挥着重大作用。

图4-3　2008—2018年非洲服务业增加值(不变价)增速及其对经济增长的贡献率

注:服务业对经济增长的贡献率计算为"贡献率=服务业增加值变化值/国内生产总值变化值"。
资料来源:https://data.worldbank.org.cn/country。

三、服务业是非洲就业的重要载体

服务业包括11个类别,其中大多数是劳动密集型产业。它们有很强的就业吸收能力,并为非洲提供了大量工作岗位。据2019年最新数据显示,非洲服务业就业人数达1.9亿人,占总就业人口的40.7%,提供了将近一半的就业岗位。

非洲各国服务业对劳动力的吸纳能力存在明显差异。如图4-4所示,2017年,南非、毛里求斯、利比亚、佛得角和斯威士兰是非洲服务业就业人数占比最高的五个国家,都在60%以上,其中南非更是超过了70%,服务业对就业的支撑作用可见一斑。马拉维、中非共和国、尼日尔、乍得、布隆迪是服务业就业占比最低的五个国家,主要原因是这些国家服务业规模较小,对劳动力的吸纳能力有限。另一个可能的原因是资本不足和

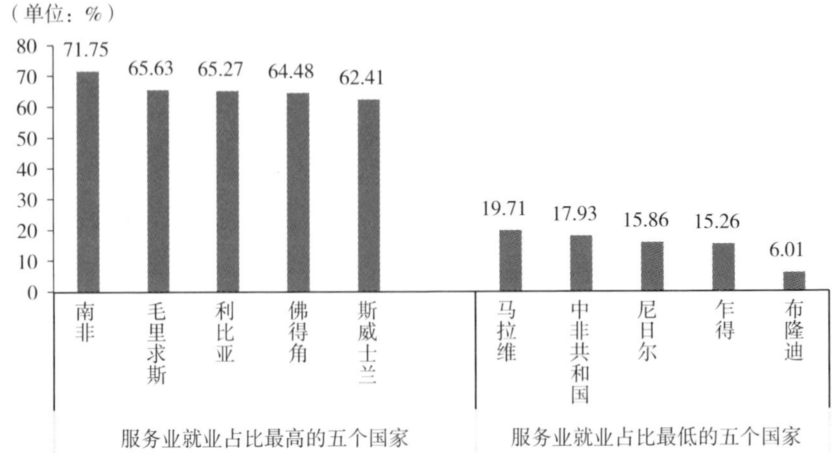

（单位：%）

图 4-4　2017 年非洲服务业就业占总就业比例较高和较低的五个国家

资料来源：根据世界银行国别数据整理，https://data.worldbank.org.cn/country。

劳动力流动受限。理论上讲，在市场竞争条件下，倘若一国资本充足且资本和劳动力可以自由流动，那么服务业就业人口占总就业人口的比重应该接近其增加值占国内生产总值的比重[①]，比如毛里求斯、尼日利亚和阿拉伯埃及共和国等国。但由于多数非洲国家仍处于典型的二元经济发展时期，资本严重短缺，非农部门提供的就业机会有限，大批剩余劳动力仍滞留在农业生产领域，农业部门的劳动力占总劳动力的比重大大超过农业增加值占国内生产总值的比重，因而服务业的就业占比也会明显低于其增加值占比[②]，比如卢旺达、津巴布韦、马达加斯加、莫桑比克、乍得等国服务业就业占比比增加值占比低 20% 以上。此外，一些国家由于农业资源相对匮乏，剩余劳动力流入城市并滞留在服务业领域[③]，比如吉布提，其城镇人口是农村人口的 3.5 倍，最大城市人口占总人口的近 60%，且城市最近 10 年人口增长率比农村多近 6%。非洲各国服务业的就业占比与其增加值占比关系见图 4-5。

---

① 张春宇、唐军：《非洲服务业发展与中非服务业合作》，《亚非纵横》2014 年第 5 期。
② 张春宇、唐军：《非洲服务业发展与中非服务业合作》，《亚非纵横》2014 年第 5 期。
③ 张春宇、唐军：《非洲服务业发展与中非服务业合作》，《亚非纵横》2014 年第 5 期。

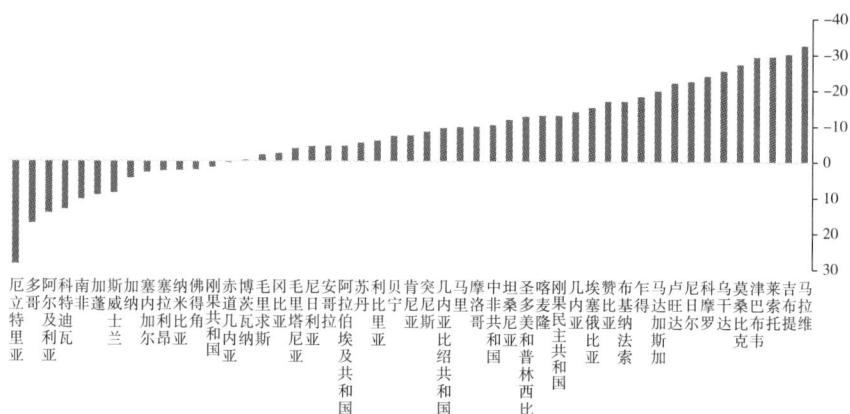

图4-5　2017年非洲服务业就业占比与服务业增加值占比差额

资料来源:根据世界银行国别数据计算整理得出,https://data.worldbank.org.cn/country。其中布隆迪、利比亚、南苏丹、塞舌尔、索马里等国数据缺失。

服务业成为解决非洲失业问题的一个方向。目前,非洲的失业率仍然较高。世界银行的数据显示,2019年非洲劳动力总数约为8.86亿人,其中就业人数为8.08亿人,失业人数约为7800万人,失业率约为8.85%。在这种情况下,劳动密集型的服务业可以作为发展经济、创造就业的一个方向。

四、服务业是非洲国家外汇收入的重要来源

与服务业有关的贸易和投资是非洲国家外汇收入的重要来源。服务贸易出口是非洲出口的重要组成部分。2010年以来,非洲服务贸易出口规模总体呈现增长趋势,2018年非洲服务贸易出口总额1188亿美元,是2008年的1.28倍,占当年非洲贸易出口总额的19.47%。①

从国别数据来看,如图4-6所示,阿拉伯埃及共和国、摩洛哥、南非是非洲服务出口规模排名前三的国家,其出口总额几乎占据整个非洲服务业出口总额的一半。另外,尼日利亚、肯尼亚、坦桑尼亚、埃塞俄比亚、突尼斯、毛里求斯是非洲服务出口规模较大的国家。从行业数据来看,如

---

① WTO data,https://timeseries.wto.org/;《非洲开发银行:非洲统计年鉴》,非洲开发银行,2019年。

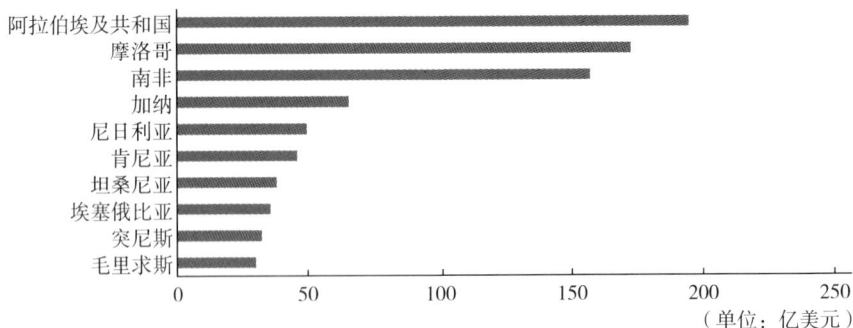

图 4-6　2017 年非洲服务业出口总额最大的十个国家出口额

资料来源:根据世界银行国别数据整理排序,https://data.worldbank.org.cn/country。

图 4-7 所示,旅游服务和交通服务是非洲国家服务出口的主要行业。2018 年旅游服务出口收入超过 500 亿美元,占服务出口总额的 42%。交通运输服务出口收入约 301 亿美元,占比为 26%。旅游和交通服务出口占了非洲总服务出口的一大半。①

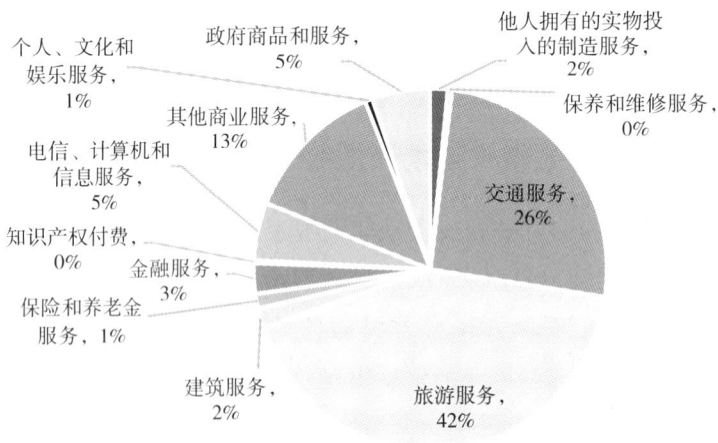

图 4-7　2018 年服务业各行业出口额占服务业出口额的比例

资料来源:根据 WTO data 数据进行计算得出,https://data.wto.org/。

　　服务出口是大部分非洲国家外汇收入的重要或主要来源。但对不同

---

①　WTO data,https://timeseries.wto.org/.

非洲国家,服务贸易出口的重要程度存在很大差异。以 2017 年为例,如图 4-8 所示,一些国家服务出口额大于商品出口额,服务出口占总出口的 50% 以上,如圣多美和普林西比、佛得角、吉布提等国,其中佛得角占比达到 76.75%。而有些国家,由于商品出口规模较大,服务出口占总出口的 5% 以下,重要程度较低。比如莱索托主要以制造业出口(占商品出口的近 90%)为主,刚果民主共和国和几内亚以矿石和金属出口为主,安哥拉则以燃料出口为主,占商品出口的 95% 左右。而其他国家则介于二者之间。

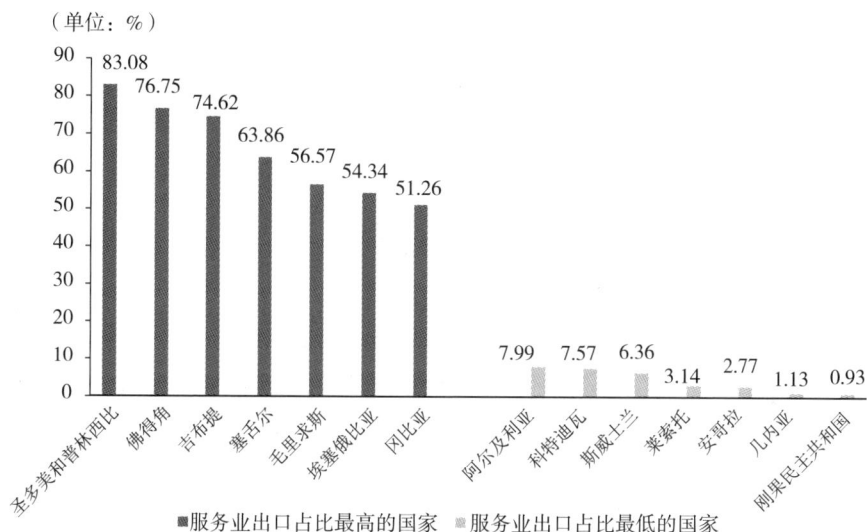

图 4-8　2017 年非洲服务业出口占总出口比例最高和最低的国家

资料来源:根据 WTO 贸易数据整理计算得出,https://data.wto.org/。

除贸易外,服务业相关投资也是非洲国家获取外汇收入的重要渠道。2016 年服务业约占绿地投资项目的 3/4,而制造业约占 1/5。[1] 具体行业层面,能源相关行业、金融服务、水和环境卫生是非洲吸引外资的三大领域。[2] 此外,外国对非洲援助中的相当一部分也流向教育和医疗卫生等

①　The United Nations, "Addressing the Foreign Direct Investment Paradox in Africa", https://www.un.org/africarenewal/web-features/addressing-foreign-direct-investment-paradox-africa.

②　Rand Merchant Bank, "Where to Invest in Africa 2020", Rand Merchant Bank, p.138.

公共服务领域。[1]

第三节　非洲服务业内部行业的发展

从服务业内部结构来看,非洲服务业大致可以分为传统服务业、新兴服务业和公共服务业三大类。因为非洲的公共服务业主要包括教育、医疗卫生和公共管理等行业,其发展主要以政府财政支出为依托,本书参考张春宇和唐军(2014)的做法[2],着重研究传统服务业和新兴服务业。

总的来看,非洲服务业各行业发展水平较低,服务业结构以传统服务业为主,新兴服务业发展则相对滞后。但随着非洲经济稳步增长、人口红利优势逐步显现以及潜在服务业市场需求的释放,非洲服务业未来会不断发展壮大。

一、传统服务业

传统服务业是指为人们日常生活提供服务的行业,兼备生活和生产服务功能,主要包括批发零售和餐饮住宿以及运输仓储和通信等行业。随着经济的不断发展,居民收入的增长、城市化水平的提高、产业结构的升级以及信息技术的应用,传统服务业的总体市场规模也在不断扩大,行业投资活跃,新的经营管理模式也在竞争中不断发展。[3]

(一)批发零售和食宿服务业发展概况

批发零售和食宿服务业是非洲服务业的最大组成部分。如图 4-9 所示,自 2008 年以来,非洲批发零售和食宿服务业规模不断扩大,2018 年行业增加值(现价)达到 3520.40 亿美元,占当年服务业增加值的 29.69%,占当年经济总量的 15.40%。从历史数据显示,11 年间该行业增加值占服务业增加值和国内生产总值的比重始终在 29%—30% 及

---

① 张春宇、唐军:《非洲服务业发展与中非服务业合作》,《亚非纵横》2014 年第 5 期。
② 张春宇、唐军:《非洲服务业发展与中非服务业合作》,《亚非纵横》2014 年第 5 期。
③ 张春宇、唐军:《非洲服务业发展与中非服务业合作》,《亚非纵横》2014 年第 5 期。

14%—16%的区间内小幅波动,规模相对稳定。

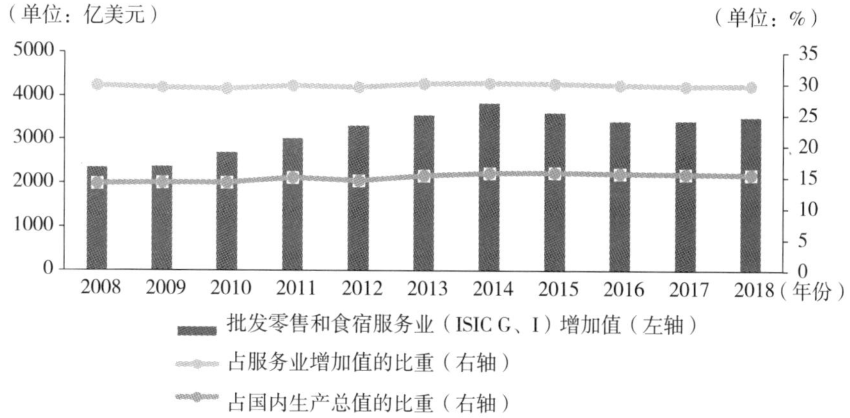

(单位:亿美元)　　　　　　　　　　　　　　　　　　　　(单位:%)

图4-9　2008—2018年非洲批发零售和食宿服务业增加值
及其占服务业和国内生产总值比重

资料来源:https://unstats.un.org/unsd/snaama/Basic。

　　分国别来看,不同国家批发零售和食宿服务业的规模存在较大差异。如图4-10所示,尼日利亚规模最大,2017年达到了738.88亿美元。南非和埃及排名第二和第三,2017年该行业的增加值分别为470.04亿美元和391.89亿美元。此外,苏丹、安哥拉、埃塞俄比亚、刚果民主共和国和摩洛哥等国该行业的规模也较大。喀麦隆、坦桑尼亚、乌干达等国该行业的规模很小,2017年的增加值都不足1000万美元。

　　非洲的商业环境仍然是最大的、持续的并且令人担忧的问题。这包括物流"瓶颈"、对分配系统的投资有限以及具有挑战性的监管环境。周期性的经济环境也是阻碍非洲零售业发展的原因。近些年,由于国内生产总值增长率下降、通货膨胀率和利率高企以及信贷延伸减少,非洲正规零售部门的日子变得艰难。[①] 同时,基础设施薄弱和保护性条款造成投资不足,也进一步限制了该行业的发展。比如,博纳茨瓦从2016年起就取消了对南非零售商的法律豁免,埃塞俄比亚禁止外来资本进入零售

---

① Rand Merchant Bank,"Where to Invest in Africa 2020",p.116.

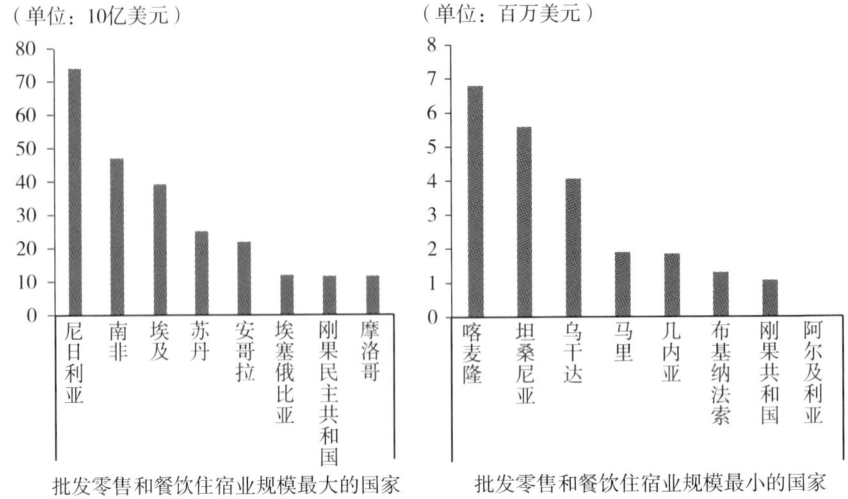

（单位：10亿美元）

批发零售和餐饮住宿业规模最大的国家

（单位：百万美元）

批发零售和餐饮住宿业规模最小的国家

图 4-10　2017 年非洲批发零售和餐饮住宿规模最大和最小的国家

资料来源：根据《非洲统计年鉴》（2019 年）整理得出，https://www.afdb.org/en/documents/document/the-african-statistical-yearbook-2019-109564。其中乍得、赞比亚、冈比亚、几内亚比绍、利比亚、马达加斯加、索马里、南苏丹等国数据缺失。

业。① 类似的做法虽然短期保护了本土零售业，但实际上加剧了资本短缺和投资不足的问题，不利于零售业的长远发展。

从发展的角度来看，非洲批发零售和食宿服务业具有广阔的发展前景。

非洲零售业增长率远高于世界其他国家。在 2019—2020 年，非洲大部分国家零售业的销售额增长率都在 7% 左右，津巴布韦和毛里求斯更是达到了 14.1%。而世界其他地区则都在 4.3% 以下，大部分徘徊在 3% 左右。②

非洲人口格局仍然具有吸引力。据非洲发展银行预计，到 2040 年，非洲目前 3.5 亿人强大的中产阶级将增长到近 10 亿人。这种增长将促进零售业的现代化，许多非洲经济体可过渡到以消费为导向的市场。③

南非主要的大型零售企业已经在大部分非洲国家开展业务，而许多

---

① Rand Merchant Bank，"Where to Invest in Africa 2020"，p. 113.

② Rand Merchant Bank，"Where to Invest in Africa 2020"，p. 97.

③ Rand Merchant Bank，"Where to Invest in Africa 2020"，p. 97.

国际零售巨头也纷纷进入了非洲市场。以零售额排名第七的摩洛哥为例,家乐福、麦当劳、玛莎百货以及 H&M 等零售业巨头都在该国开设门店。为了零售业的进一步发展,欧洲复兴开发银行更是向获得家乐福超市摩洛哥经营权的威客公司(Vecteur LV)投资了 4.5 亿美元。[①]

大多数非洲国家零售市场仍然高度不饱和,几乎没有竞争。虽然投资者在短期和中期的回报可能不是特别可观,但是长期潜力令人期待。[②]可以预见,在不久的未来,会有更多的投资者加入非洲零售业。

随着非洲经济的发展、居民收入水平的提高、城市规模的扩大、基础设施的不断完善以及更多投资者的加入,未来非洲的批发零售和食宿服务业会有很大的发展。

(二)运输和通信业发展概况

运输和通信业是非洲服务业的重要组成,并呈现不断壮大的趋势。如图 4-11 所示,2008 年以来,运输和通信业总体规模持续增长,到 2018 年,该行业现价增加值达 2079.56 亿美元,分别占非洲服务业总体增加值和国内生产总值的 18.38% 和 9.53%。

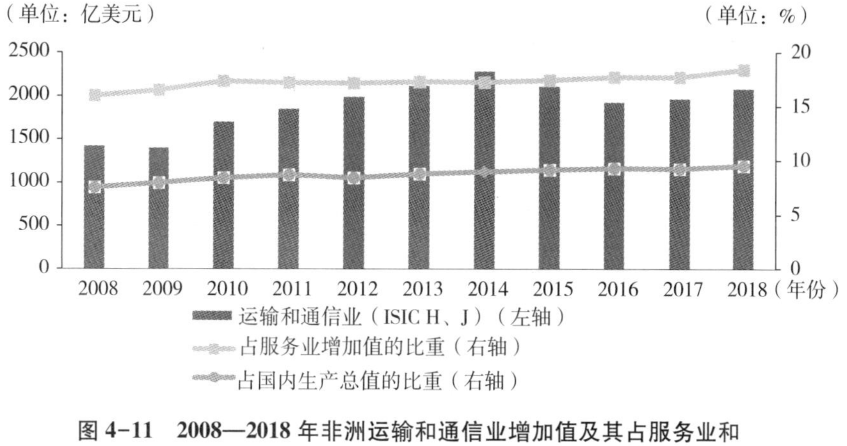

(单位:亿美元)   (单位:%)

图 4-11 2008—2018 年非洲运输和通信业增加值及其占服务业和
国内生产总值比重

资料来源:https://unstats.un.org/unsd/snaama/Basic。

---

① Rand Merchant Bank,"Where to Invest in Africa 2020",p. 127.
② Rand Merchant Bank,"Where to Invest in Africa 2020",p. 97.

分国别来看,如图 4-12 所示,尼日利亚该行业的规模最大,在 2018 年增加值已达到 501.09 亿美元。南非排在其后,2018 年该行业增加值为 316.07 亿美元。苏丹、埃及以及刚果民主共和国等国的运输和通信业规模也较大,2018 年的增加值都超过 100 亿美元。加蓬、马里、卢旺达、布基纳法索以及阿尔及利亚等国该行业的规模很小,2018 年增加值都不足 1000 万美元,其中马里、卢旺达、布基纳法索以及阿尔及利亚等国甚至不足 100 万美元。

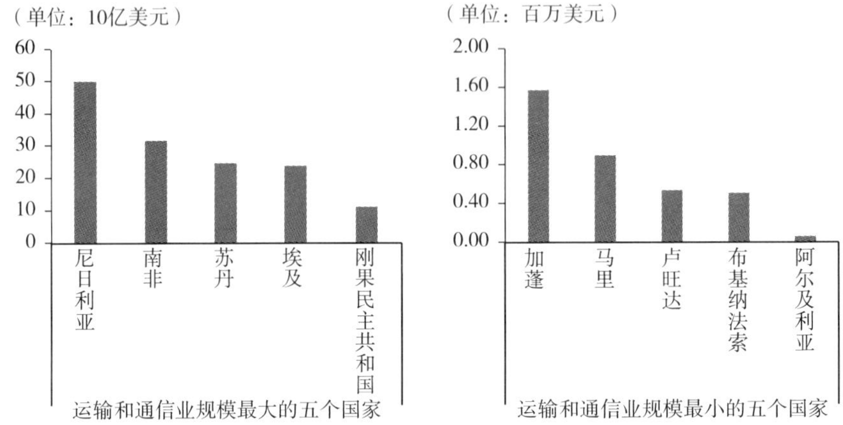

（单位：10亿美元）

（单位：百万美元）

运输和通信业规模最大的五个国家

运输和通信业规模最小的五个国家

图 4-12　2018 年非洲运输和通信业规模最大的五个国家和最小的五个国家

资料来源:根据《非洲统计年鉴》(2019 年)整理得出,https://www.afdb.org/en/documents/document/the-african-statistical-yearbook-2019-109564)。其中乍得、冈比亚、几内亚比绍、利比亚、马达加斯加、索马里、南苏丹等国数据缺失。

当前,基础设施发展落后是制约非洲运输和通信业发展的重要原因[①]。根据非洲开发银行(AfDB)2018 年估计,非洲每年基础设施领域需求为 1300 亿—1700 亿美元,而这只是各国维持经济、人口、收入水平增长并改造老旧基础设施的最低资金需求。[②] 同时,根据非洲基础设施建设协会(The Infrastructure Consortium for Africa , ICA)的数据显示,非洲 2014—2018 年的基础设施建设融资金额都远低于该水平,如图 4-13 所示,资金缺口仍旧较大。

---

①　张春宇、唐军:《非洲服务业发展与中非服务业合作》,《亚非纵横》2014 年第 5 期。
②　德勤:《2018 年非洲基础设施建设市场动态》,2019 年 2 月。

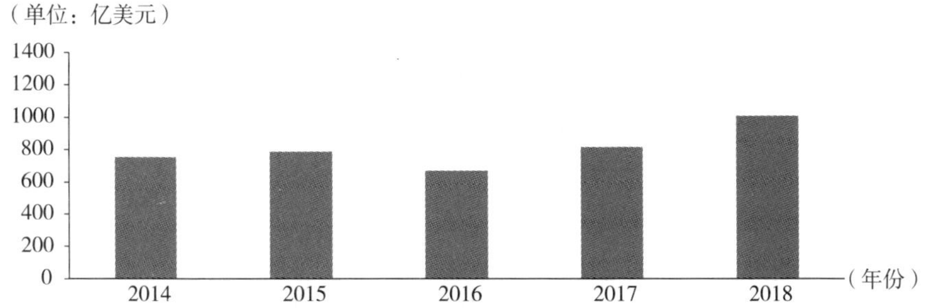

（单位：亿美元）

图 4-13 2014—2018 年非洲基础设施融资金额

资料来源：https://www.icafrica.org/en/。

从发展角度看，运输和通信业会随着基础设施的改善而不断发展。随着经济水平的提高，非洲各国政府对基础设施建设的重视程度增加，再加上政府与多边机构金融合作融资，非洲的基础设施将会不断得到改善。2012 年，非盟（AU）第 18 届首脑会议通过了《非洲基础设施发展计划》，涉及的基础设施建设领域包括能源、交通运输、水资源、通信，预计总投资规模达 679 亿美元①，表明了非洲各国对基础设施建设的重视和决心。在融资方面，2019 年，非洲开发银行通过其非洲投资论坛（AIF）平台帮助获得 52 笔交易，价值 400 亿美元，用于非洲的基础设施建设。② 因此，可以预见非洲运输和通信业未来会继续发展壮大。

二、新兴服务业

新兴服务业是信息技术与服务业结合的产物，主要包括金融与保险、房地产、信息与通信和旅游等行业。与传统服务业相比，新兴服务业的供应缺口更大、总体增速更快，是非洲经济增长的重要力量。同时，新兴服务业对于第一产业、第二产业及其他服务业发展也有明显的拉动作用，在

---

① 商务部：《中国对非洲基础设施投资现状及前景》，http://www.mofcom.gov.cn/article/i/dxfw/gzzd/201412/20141200836506.shtml，2020-07-03。

② McKinsey & Company, "Solving Africa's Infrastructure Paradox", https://www.mckinsey.com/industries/capital-projects-and-infrastructue/our-insights/solving-africas-infrastructure-paradox #2020-07-03.

整个经济发展中具有较高的战略地位。①

(一)金融与保险业发展概况

进入 21 世纪以来,非洲经济稳步增长,金融业也得到了良好的发展。但非洲金融业整体规模依然偏小,可获得性、深度、效率和稳定性都低于世界平均水平,竞争力较弱。分国别来看,非洲金融业发展的国别差异大,其中南非"一枝独秀"。如图 4-14 所示,2017 年,南非金融与保险业增加值为 282.85 亿美元,占非洲金融与保险业增加值的 34.53%。尼日利亚的金融与保险业规模排在第二位,其 2017 年金融与保险业增加值为 125.64 亿美元,占比 15.34%。除此之外,埃及、阿尔及利亚、摩洛哥及肯尼亚等国也是金融与保险业总体规模较大的国家。从内部结构来看,非洲的银行业占非洲金融业的主导地位,对经济的促进作用比资本市场和保险市场要强。

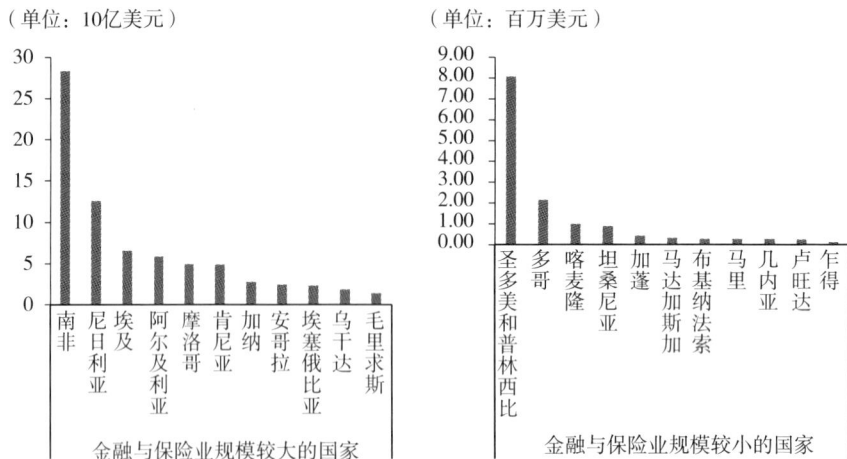

（单位：10亿美元） （单位：百万美元）

金融与保险业规模较大的国家　　金融与保险业规模较小的国家

图 4-14　2017 年非洲金融与保险业规模较大的国家和较小的国家

资料来源：根据《非洲统计年鉴》（2019 年）整理得出，https://www.afdb.org/en/documents/document/the-african-statistical-yearbook-2019-109564。其中博茨瓦纳、布隆迪、刚果共和国、厄立特里亚、利比里亚、毛里塔尼亚、苏丹、利比亚、索马里、南苏丹等国数据缺失。

---

① 张春宇、唐军：《非洲服务业发展与中非服务业合作》，《亚非纵横》2014 年第 5 期。

1. 银行业

非洲银行业包括中央银行和商业银行。非洲中央银行的形式主要包括西非国家中央银行、中部非洲国家银行和其他各国非洲银行。非洲商业银行体主要包括本地银行、原宗主国大银行在非洲殖民地开设的分行、美国花旗银行集团、新兴经济体的银行分支机构。[①] 本章主要探讨商业银行。

总的来看,非洲商业银行有以下四方面特点。第一,整体商业银行网点不足,覆盖率较低,但不同国家之间差异很大。2018 年,撒哈拉以南非洲地区每 10 万成年人平均拥有商业银行分支机构为 5.025 个,远低于全球平均水平的 11.513 个,严重制约了商业银行吸收存款规模和资源动员能力。但是,一些国家表现十分突出,毛里求斯、圣多美和普林西比、佛得角和塞舌尔等国高于世界平均水平,其中塞舌尔更是高达 50.6 个,这可能与其发达的离岸金融业有关。

非洲各国银行规模差异很大,南非银行机构依旧维持其主导地位,埃及、摩洛哥等国银行机构规模较大。在《银行家》杂志公布的 2019 年世界银行千强排名中,南非的标准银行以 98 亿美元的资产位居非洲榜首,全球排名达到第 149 位。同时,南非的银行垄断了前四名。埃及共有 5 家银行排在非洲前 15 名,最高排名为第 5 名。摩洛哥共有三家银行排在前 15 名,最高排名为第 6 名。[②] 而多数非洲国家银行规模小,竞争力弱。

非洲国家银行业资本回报率最高。根据全球金融(Global Finance)杂志显示,2019 年非洲银行创造了全球最高的资本回报率。[③] 根据非洲商业(Africa Business)网站给出的非洲银行百强数据,安哥拉的安哥拉发展银行的资本回报率最高,高达 104.9%。非洲百强银行资本回报率的中

---

① 黄梅波、唐正明:《非洲金融业与中非金融合作发展现状》,《海外投资与出口信贷》2017 年第 3 期。

② Business Insider by Pulse, "These are the 15 Largest Banks in Africa for 2019", https://www.pulse.ng/bi/finance/these-are-the-15-largest-banks-in-africa-for-2019/scmqxhj.

③ Global Finance, "World's Best Banks 2020: Africa", https://www.gfmag.com/magazine/may-2020/worlds-best-banks-2020-africa(2019-07-03).

位数为 17.04%,而美国这一数据为 9.70%。① 高资本回报率将持续吸引国际投资者进入非洲银行业。

电子银行业蓬勃发展。2017 年,全球只有 2% 的成年人拥有移动货币账户②,而在撒哈拉以南的非洲地区,高达 21% 的成年人拥有移动货币账户,远高于世界平均水平。

尽管 2019 年对非洲银行业来说收获颇丰,但是非洲银行业的前景并不乐观。2019 年 12 月,穆迪投资者服务公司(Moody's Investors Service)发布了对非洲银行业的 2020 年负面展望,原因是经营环境疲软。据穆迪预测,非洲大陆的政府债务水平很高,国内生产总值增长仍将低于潜在水平。疲弱的经营状况正在压迫政府的信贷质量,通过减少业务产生,信贷增长放缓和资产风险上升,对银行产生连锁反应。同时,由于政府的欠款增加,贷款集中度高,对借款人友好的法律框架以及不断发展的风险管理和监督能力,资产风险将仍然很高。

2. 资本市场

非洲资本市场主要包括股票市场和债务市场。先来讨论股票市场。总体来看,股票资本市场交易额度近些年呈现下降趋势。如图 4-15 所示,2019 年的股权资本市场价值和发行股票公司数量较 2018 年分别下降 44% 和 29%,其中价值是过去十年来最低值。造成这一下降的主要原因是非洲债务水平的不断上升和经济增长放缓导致非洲主要经济体面临财政挑战。在当地,非洲主要经济体的经济改革步伐缓慢,如南非,根据国际货币基金组织的数据,南非国内生产总值修正增长率为 0.8%,尼日利亚紧缩的货币政策,以及加纳的银行危机,都是限制资本市场活动的一些因素。另外,全球经济不确定性驱动的全球趋势也部分解释了这一下降。③

---

① Macrotrends,"Bank of America ROE 2006—2020 | BAC",https://www.macrotrends. net/stocks/charts/BAC/bank-of-america/roe(2019-07-03).

② 黄梅波、唐正明:《非洲金融业与中非金融合作发展现状》,《海外投资与出口信贷》2017 年第 3 期。

③ PwC,"Africa Capital Market Watch 2019",2020,p.12.

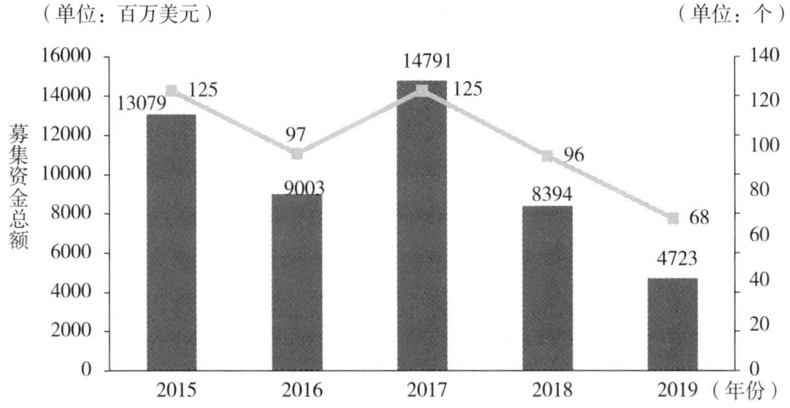

（单位：百万美元）　　　　　　　　　　　　　　　　　　（单位：个）

图 4-15　2015—2019 年非洲发行股票公司数目和募集资金总额

资料来源：https://www.pwc.com/ng/en/assets/pdf/africa-capital-markets-watch-2019.pdf。

　　分国别来看,南非约翰内斯堡证交所和埃及证券交易所规模较大,其他国家证券交易所较小。从 2010 年到 2019 年,撒哈拉以南非洲的交易所共进行了 133 次首次公开募股(66%),筹资 123 亿美元(77%)。其余的是在北非的交易所提出的。在撒哈拉以南非洲交易所筹集的资金中,约翰内斯堡证券交易所(Johannesburg Stock Exchange,JSE)占 87 亿美元(71%),尼日利亚证券交易所(Nigerian Stock Exchange,NSE)占 15 亿美元(13%)。就首次公开募股量而言,约翰内斯堡证券交易所和博茨瓦纳证券交易所(Botswana Stock Exchange)分别记录了 64 次首次公开募股和 10 次首次公开募股,而加纳证券交易所(Ghana Stock)、贵金属交易所(BRVM)和达累斯萨拉姆证券交易所(the Dares Salaam Stock Exchange)各有 9 次首次公开募股。在北非交易所的首次公开募股(IPO)中,埃及交易所(EGX)占了最大比例(60%),从 23 次 IPO 中募集了 22 亿美元。[1]

　　债务市场方面,总体来看,非洲国家的债务水平不断攀升。如图 4-16 所示,2010 年到 2019 年,非洲发行者从 759 笔发行中筹集了 2459 亿美元的非本地货币债务,其中近 50% 是在过去三年筹集的。例如,南非的债务与国内生产总值的比率从 2010 年的约 35% 上升至 2019 年的 60%。

―――――――――

① PwC,"Africa Capital Market Watch 2019",March 2020,p. 15.

（单位：百万美元）   （单位：个）

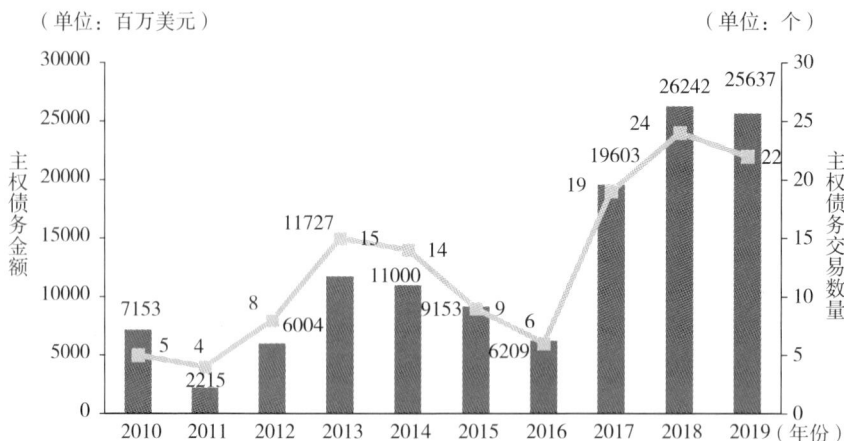

图 4-16 2010—2019 年非洲主权债务金额和交易数量

资料来源：https://www.pwc.com/ng/en/assets/pdf/africa-capital-markets-watch-2019.pdf。

分国家来看，埃及和南非的主权债务最高。埃及是 2019 年非本币债券的最大主权债券发行国，共融资 82 亿美元。南非是 2019 年第二大主权债券发行国，9 月发行了有史以来最大规模的欧元债券，融资 50 亿美元，该国寻求流动性以解决预算赤字和抑制经济增长的广泛系统性问题。其他主权国家在 2019 年利用债券市场融资，其中安哥拉和加纳各融资 30 亿美元，贝宁首次发行欧洲债券融资 5.67 亿美元。安哥拉和贝宁债券的超额认购均超过 2 倍，再次反映了投资者对非洲债券的兴趣。①

非洲的资本市场是光明的。首先，创新产品的推出、IPO 上升趋势以及继续推动国有企业进入资本市场，都表明有理由对前景持更加积极的态度。其次，伊斯兰金融在非洲发展迅猛。根据穆迪的说法，撒哈拉以南非洲的伊斯兰金融显著增长。2018 年，资产同比增长 18.2%，达到 188 亿美元，超过了欧洲、美洲和澳大利亚。最后，尽管全球政治和经济持续波动，投资者对非洲股票市场的兴趣似乎有所增加，这反映在摩根士丹利资本国际新兴前沿市场非洲指数的积极表现上，该指数反映了在 15 个非洲国家上市的大中型公司

---

① PwC，"Africa Capital Market Watch 2019"，March 2020，p. 32.

的表现,2019 年上升了 11.4%(不包括南非,其为 17.3%)。①

3. 保险市场

总体来看非洲的保险市场规模很小。根据西格玛(Sigma)网站发布的 2018 年数据,非洲地区总保额为 683.83 亿美元,占全球保费的 1.31%。而非洲人口占比约为 15%,保险市场份额远低于人口比例。

分国别来看,南非保险市场在非洲一枝独秀。如表 4-2 所示,2018 年南非保费收入为 482.69 亿美元,占整个非洲大陆保费收入的 70.59%。摩洛哥排名第二,保费收入为 45.79 亿美元,市场份额为 6.7%。肯尼亚的营业额为 21.34 亿美元,市场份额为 3.12%。埃及、尼日利亚、阿尔及利亚、纳米比亚、突尼斯、津巴布韦等国挤进前十,市场规模相对较大。

表 4-2 2018 年非洲保险业营业额排名最高的十个国家

全球排名		国家	保险费用(百万美元)		2017/2018 年变化率(%)	2018 年市场份额(%)
2018 年	2017 年		2018 年	2017 年		
19	19	南非	48269	45770	5.46	70.59
51	50	摩洛哥	4579	3997	14.56	6.70
59	58	肯尼亚	2134	2007	6.33	3.12
63	62	埃及	1579	1618	-2.41	2.31
71	79	尼日利亚	1220	1162	4.99	1.78
73	69	阿尔及利亚	1189	1223	-2.78	1.74
79	75	纳米比亚	1009	960	5.10	1.48
83	83	突尼斯	870	856	1.64	1.27
86	82	津巴布韦	735	642	14.49	1.07
总计			61584	58235	5.75	90.06
非洲其他地区			6799	6930	-1.89	9.94
非洲			68383	65165	4.94	100.00
世界			5193225	4957507	4.75	

资料来源:https://www.atlas-mag.net/en/article/insurance-market-in-africa-ranking-2018-of-countries-by-turnover。

---

① PwC,"Africa Capital Market Watch 2019",March 2020,pp.5-8.

第一，民众保险意识淡薄是制约非洲保险业发展的主要原因。2018年2月12日，卢旺达总统卡加梅、财政部部长加泰特和卢旺达保险业联合会主席卡纳穆圭在基加利举行的非洲国家保险公司联合会上分别发言，称非洲保险业发展滞后的主要原因是民众保险意识淡薄，投保率不足4%；保险业创新不足，保险产品种类少，缺乏民众能够负担得起的"微保险"产品。①

第二，人才缺失、消费者信任缺失也是造成保险业发展受限的原因。由于教育水平较低，非洲市场缺乏可以开发出改变分销渠道技术的人才。同时，在一些市场上，大量资本不足的公司导致围绕价格而不是服务的过度竞争，削弱了消费者的信任。②

但是，从发展的角度来看，非洲保险业的发展前景光明。第一，人口大量增加、收入迅速增加和保险产品普及率相对较低，生命产品和非生命产品都具有巨大潜力。第二，可持续的经济扩张和人口转型使保险市场更具吸引力。以撒哈拉以南非洲地区为例，作为世界经济增长第二快的地区，保险行业的机会引人注目。第三，移动支付和无现金支付等的技术创新，会拓展国家的传统销售渠道，创造前所未有的新的销售机会。比如移动电话推动了一些关键市场的生命、作物和健康保险的销售，并正扩大到农村地区。③

（二）房地产业发展概况

总体来看，非洲的房地产行业规模增长迅速。2018年，非洲房地产项目为110项，价值1233亿美元，较2017年的项目总额上涨81%。④ 长期稳步提升的城市化水平是非洲房地产发展迅速的主要原因。1960—2019年，非洲城市人口、每年新增城市人口飞速上涨，分别从5246万人

---

① 中华人民共和国商务部：《非洲保险业发展严重滞后》，http://www.mofcom.gov.cn/article/i/jyjl/k/201802/20180202712802.shtml。

② Ernst & Young, "Waves of Change: Revisited Opportunity Insurance in SSA", February 2015, p. 12.

③ Ernst & Young, "Waves of Change: Revisited Opportunity Insurance in SSA", February 2015, p. 22.

④ Rand Merchant Bank, "Where to Invest in Africa 2020", p. 204.

和 235 万人增至 5. 425 亿人和 1930 万人以上,近 10 年每年新增人口更
是一直在 1356 万人以上。城市人口增长速度这些年有些许放缓,但是近
10 年城市人口增长速度还是维持在 3.7% 左右,始终高于总人口增速。
城市人口占总人口的比重不断上升,从 18.54% 提高到 42.58%。不断的
城市化是非洲房地产业发展的主要动力。

　　分国别来看,各国房地产行业规模差别巨大。如图 4-17 所示,尼日
利亚房地产规模最大,2017 年该行业增加值达到 437.12 亿美元。另外,
南非、埃及、摩洛哥和肯尼亚等国的房地产行业规模也较大。加蓬、卢旺
达、马里、布基纳法索、几内亚等国的房地产规模则相对较小,2017 年增
加值都不足 200 万美元。

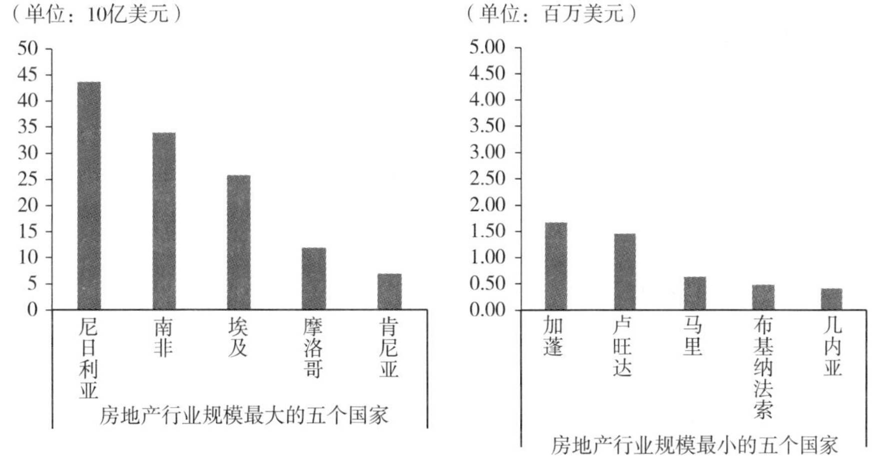

图 4-17　2017 年非洲房地产规模最大的五个国家与最小的五个国家

资料来源:根据《非洲统计年鉴》(2019 年) 计算整理得出, https://www.afdb.org/en/documents/
document/the-african-statistical-yearbook-2019-109564。其中乍得、冈比亚、几内亚比绍、利
比亚、马达加斯加、索马里、南苏丹、博茨瓦纳、布隆迪、刚果共和国、厄立特里亚、利比里
亚、毛里塔尼亚、苏丹等国数据缺失。

　　限制房地产发展的首要原因是居民收入偏低。虽然非洲新增城市人
口以及总城市人口总量较大,但是由于非洲居民收入水平整体偏低,城市
居民多以平层住宅为主,限制了房地产市场开发水平。[①] 其次,投资不足

---

① 张春宇、唐军:《非洲服务业发展与中非服务业合作》,《亚非纵横》2014 年第 5 期。

是房地产发展受限的另一原因。譬如财产所有权和投资限制等复杂的法律考虑、硬通货资金对冲外汇风险的能力有限以及不平等导致的社会不稳定等都增加了投资者的疑虑①,造成投资不足。

从发展的角度来看,非洲房地产行业的前景是积极的。第一,在城市化的推动下,房地产需求将保持高位。第二,未来五年,人均国内生产总值如持续增长,将支撑住房需求。第三,政治稳定的增强将提高投资的安全性。第四,资本监管和流动性的改善将使房地产项目更容易在国内筹资。第五,银行业的技术进步将使储蓄更加容易,从而提高储蓄率,进而提高投资率。② 第六,房地产的投资回报大大超过了几乎所有发达市场的投资回报。据普华永道预测,投资非洲各国的购物中心、办公大楼或工业综合体将获得20%的净年回报率,这将继续吸引新的投资者。③

(三)信息和通信业发展概况

信息和通信业对非洲的未来发展十分重要,因此本书采用《非洲统计年鉴》2019年的数据,对其进行细致讨论[这里的信息和通信业是运输和通信业中的"通信",联合国数据采用的是 ISIC Rev3,它包含在运输、储存和通信(I)中]。总的来看,非洲信息与通信业发展存在明显的区域、城乡不平衡特征。在区域层面,北非和南非发展程度较高,而西非、中非和东非发展相对落后。比如,超过50%的非洲技术中心位于南非、肯尼亚、尼日利亚、埃及和摩洛哥。④ 在城乡方面,电信设施主要位于各国首都和主要城市,乡村地区缺口普遍较大。⑤

分国别来看,尼日利亚一国独大。如图4-18所示,2017年,尼日利亚信息与通信业增加值为383.8亿美元,是第二名南非的近7倍。近些年,尼日利亚信息与通信业发展十分迅速,根据尼日利亚国家统计局(NBS)发布的数据表明,2019年信息和通信技术(ICT)对国内生产总值

---

① Rand Merchant Bank, "Where to Invest in Africa 2020", p. 221.

② Rand Merchant Bank, "Where to Invest in Africa 2020", p. 221.

③ Rand Merchant Bank, "Where to Invest in Africa 2020", p. 213.

④ Rand Merchant Bank, "Where to Invest in Africa 2020", p. 172.

⑤ 张春宇、唐军:《非洲服务业发展与中非服务业合作》,《亚非纵横》2014年第5期。

（单位：10亿美元）

```
45
40
35
30
25
20
15
10
 5
 0
    尼  南  埃  阿  摩
    日  非  及  尔  洛
    利      及  哥
    亚      利
            亚
   信息与通信业规模最大的五个国家
```

（单位：10亿美元）

```
1.80
1.60
1.40
1.20
1.00
0.80
0.60
0.40
0.20
0.00
    喀  布  加  卢  几
    麦  基  蓬  旺  内
    隆  纳      达  亚
        法
        索
   信息与通信业规模最小的五个国家
```

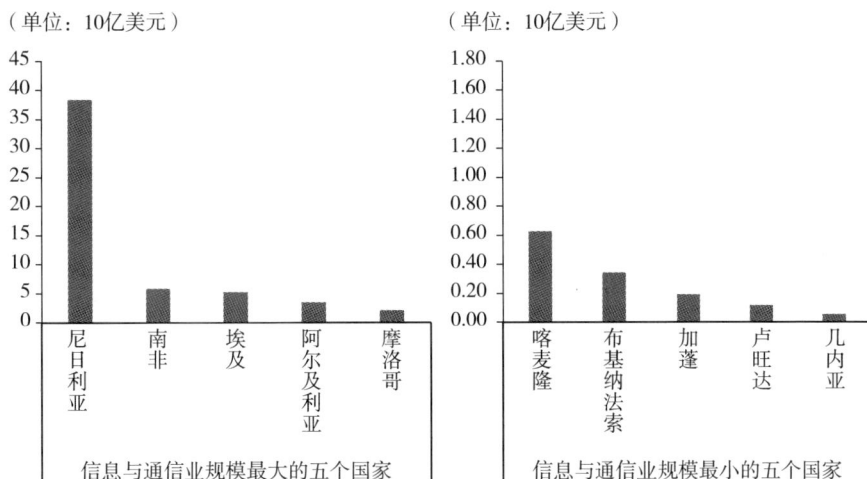

图 4-18　2017 年非洲信息与通信业规模最大的五个国家和最小的五个国家

资料来源：根据《非洲统计年鉴》（2019 年）整理得出，https://www.afdb.org/en/documents/document/the-african-statistical-yearbook-2019-109564。其中贝宁、博茨瓦纳、中非共和国、乍得、刚果共和国、赤道几内亚、厄立特里亚、埃塞俄比亚、冈比亚、几内亚比绍、利比里亚、利比亚、马达加斯加、马里、圣多美和普林西比、索马里、南苏丹、苏丹等国数据缺失。

（GDP）的贡献达到 13.8%，是石油和天然气贡献度的两倍多。[①] 而其他国家的规模都比较小。其中喀麦隆、布基纳法索、加蓬、卢旺达和几内亚等国信息与通信业规模都低于 100 万美元。

分行业来看，非洲电话和手机基本普及，但是互联网仍然是"奢侈品"。进入 21 世纪以来，非洲电信业飞快发展，固定电话和移动电话覆盖率快速提升，手机迅速普及并逐渐成为非洲居民的主要沟通工具。[②] 根据 2019 年《非洲统计年鉴》，2017 年非洲每百人的主要电话线为 3.5 条，较 2010 年的 4 条有所下降。每百人移动蜂窝数据订阅者约为 82 人，居民网络使用率为 25.4%，每百名居民固定宽带订阅人数为 1.7 人，三者较

---

① Nigeria Communications Commission, "Press Release: With 13.8% Contribution to GDP, ICT may Double Oil and Gas in 2 Years, Says Communications Minister", https://www.ncc.gov.ng/media-centre/news-headlines/665-press-release-with-13-8-contribution-to-gdp-ict-may-double-oil-and-gas-in-2-years-says-communications-minister.

② 李智彪：《非洲经济增长动力探析》，《西亚非洲》2013 年第 3 期。

2010年水平均大幅上涨。由此可见,非洲的移动通信正在不断蓬勃发展,渐渐取代固定通信行业,虽然整体水平低于世界平均水平,但是处于不断发展的阶段。同时,在移动网络世代方面,也有逐渐向高世代发展的趋势。根据联合国贸易与发展会议的《数字经济报告2019》,2018年撒哈拉以南非洲地区2G、3G和4G的使用比率为59%、35%和6%,预计到2025年,这一比例将变为14%、59%和24%,同时会出现3%的5G使用者。[1] 在网络使用方面,互联网接入自2000年以来逐步改善,但是非洲互联网接入水平与全球普遍水平之间仍存在巨大差距。国际电信联盟(ITU)指出,2017年,非洲只有25%的地区能够使用因特网,而世界其他地区,这一数字为55%。

非洲信息与通信业相对落后的主要原因,首先是较高的数据成本。2017年,非洲移动数据成本在月收入所占的比例为8.76%,而全球平均比例为5.46%。这不仅影响到消费者,也影响到中小企业。[2] 当然,数字成本较高背后,隐藏的是非洲薄弱的基础设施和有限的电信运营商。其次,缺乏互联网的意识和教育是制约非洲互联网发展的另一原因。2018年非洲信息和通信技术研究(RIA)调查结果显示,非洲互联网使用率低主要是由于缺乏对互联网的认识和教育。在接受非洲信息和通信技术研究调查的10个国家中,31%的人表示不知道什么是互联网,16%的人表示不知道如何使用互联网。[3] 最后,立法障碍也阻碍了非洲实现与全球数字经济更大程度的融合。政府主导的网络战略对于保护非洲在线生态系统至关重要,但世界银行强调了非洲大陆的脆弱性,指出只有20%的非洲国家建立了网络安全法律框架,而通过了关于网络犯罪的实体法的国家只有11个。尽管根据国际电信联盟的全球网络安全指数(GCI)衡量,44个国家中有38个国家制定了网络犯罪立法,但这些立法的调整和实施往往落后于数字发展的步伐。[4]

---

[1]　联合国贸易与发展会议:《数字经济报告2019》,第8页。

[2]　Rand Merchant Bank, "Where to Invest in Africa 2020", p. 163.

[3]　Rand Merchant Bank, "Where to Invest in Africa 2020", p. 177.

[4]　Rand Merchant Bank, "Where to Invest in Africa 2020", p. 179.

总的来说,非洲的信息与通信业前景并不是特别乐观。第一,移动数据市场需求较少。移动网络使用的高成本和居民的低收入造成对移动数据的负担能力较弱,居民对互联网的认知不够又会使直接目标客户较少。第二,新技术的出现会增加非洲与其他国家的差距。比如,人工智能机器人会迫使很多人失业,如果没有必要的包容性增长,失业率就会上升,那么社会不平等加剧的风险也会增加。同时,随着机器人自动化的不断发展,制造企业对劳动力成本的考虑将越来越少,这会使很多非洲国家失去成本优势,经济得不到发展。

(四)旅游业发展概况

旅游业有狭义和广义之分。狭义的旅游业是指联合国《所有经济活动国际标准行业分类》第 3 版中交通存储和通信业(I)门类下的 63 类,即"辅助性和附属性运输活动;旅行社的活动";而广义的旅游业是指采用旅游卫星账户框架对游客消费的所有服务的生产活动进行核算。一般来说,广义概念是讨论旅游业实际经济影响的更好选择。①

整体来看,非洲旅游业呈现出以下几个特点。首先,非洲旅游业发展前景良好。非洲旅游资源丰富,具有先天优势,并且许多国家把旅游业作为优先发展的产业部门。进入 21 世纪以来,非洲国际旅游人次和总收入大幅增加,是发展速度最快的国际旅游市场之一。据非洲旅游业指南数据显示,2016 年非洲接待国际游客人次达 6290 万人,比 1990 年增加了4550 万人,但是占全世界国际游客人次的比例仅为 5.1%。同时,2016 年非洲总体国际旅游收入为 362 亿美元,占比仅为 3%。由此可见,非洲旅游业未来发展前景仍十分广阔。② 分国别来看,非洲接待国际游客人次排名前五的国家是摩洛哥、南非、突尼斯、阿拉伯埃及共和国以及津巴布韦。2016 年摩洛哥国际游客为 1033 万人次,占非洲总体的 16.42%,南非紧随其后,占比为 15.96%,排名前五的国家总共占比 53.29%。

其次,国际旅游收入是非洲外汇收入的主要来源之一。2017 年,非

---

① 张春宇、唐军:《非洲服务业发展与中非服务业合作》,《亚非纵横》2014 年第 5 期。

② African Development Bank,"Africa Tourism Monitor 2018",July 2018,p. 7.

洲国际旅游总收入约为 537.69 亿美元,其中撒哈拉以南非洲地区为 340.58 亿,北非地区为 197.11 亿美元。① 分国别来看,南非国际旅游收入最高,达 97 亿美元,摩洛哥和阿拉伯埃及共和国紧随其后,分别为 90.86 亿美元和 86.36 亿美元。此外,尼日利亚、埃塞俄比亚、坦桑尼亚、毛里求斯、突尼斯和肯尼亚等国的国际旅游收入规模也相对较大。另外一些国家,虽然国际旅游收入总额并不高,但却是其出口收入的重要组成部分,是外汇收入的主要来源。2017 年,圣多美和普林西国际旅游收入占其出口收入的 70% 以上,佛得角占比近 60%,冈比亚、埃塞俄比亚、塞舌尔、毛里求斯和卢旺达等国占比也超过了 30%。

最后,非洲旅游业解决了很大一部分就业。2017 年,非洲旅游业总就业人数达到 930 万人,占总就业人数的 2.6%。分地区和国别来看,尼日利亚和阿拉伯埃及共和国提供了最多的就业岗位,分别为 121.9 万人和 109.9 万人,塞舌尔的旅游业就业人数占比最高,达到了 26.5%,佛得角、圣多美和普林西比等国家占比也超过了 10%。另外,北非地区的旅游业就业人数占比比撒哈拉以南非洲地区占比高。②

从发展的角度来看,未来非洲旅游业会不断发展壮大,占据更大的全球份额。但是一些制约因素也值得注意,如土地可获得性、投资者的融资、旅游投资税收、旅游技能水平低、缺乏安全保障和高犯罪率、公共卫生、签证要求、官僚手续和作风、陆运、条件差住宿条件差③、空运不足、保护其生物多样性和环境方面面临的挑战等。④

第四节　促进中非服务业合作的政策建议

自 2000 年首届中非合作论坛以来,中非经济合作不断深化。在基础

---

① 根据世界银行的国别数据计算所得。

② African Development Bank,"Africa Tourism Monitor 2018",p. 9,July 2018.

③ World Bank, " Tourism in Africa: Harnessing Tourism for Growth and Improved Livelihoods",p.4,June 2014.

④ African Development Bank,"Africa Tourism Monitor 2018",p. 17,July 2018.

设施方面,中国帮助非洲建设的铁路和公路都已超过 6000 千米,建设的港口近 20 个、大型电力设施 80 多个,推进了非洲工业化进程,提升了非洲的自主发展能力;在民生领域,截至 2019 年,中方已援建了 45 个体育馆、130 多个医疗设施、170 多所学校,近 5 年来培训非洲各类人才超过 20 万人次,分布在非洲各行各业,为非洲人民的健康以及发展作出了重大贡献;在贸易和投资方面,2019 年,中非贸易额高达 2087 亿美元,中国已连续 11 年成为非洲第一大贸易伙伴国,中国对非洲直接投资存量达 1100 亿美元,在非洲投资的中国企业数量多达 3700 多家,为非洲经济的持续增长注入了强劲动力。[①] 服务业作为重要产业部门,无疑是中非未来合作的重要领域。

一、行业层面

目前,中国同非洲各国在服务业的不同子行业都展开了不同程度的合作,但与基础设施建设、矿产、能源等领域相比,中非服务业合作规模较小、合作层次较低,存在很大的发展空间。[②]

在批发与零售方面,中非合作前景良好,推荐合作方式为电商。根据咨询公司科尔尼(Kearney)发布的 2019 年《全球零售业发展指数》,中国排在第一位,中国的零售业扩张持续强劲,2017—2018 年增长了 12%,达到 3.8 万亿美元。预计该增长将以 10% 的复合年增长率继续增长,到 2024 年将达到 6.6 万亿美元。中国特点是线上线下零售模式界限模糊,即所谓"新零售"。[③] 正如前文所提到的,非洲零售业前景是光明的。2019 年《全球零售业发展指数》显示,加纳零售业指数排名全球第四,塞内加尔紧随其后,全球排名第六,埃及、坦桑尼亚、尼日利亚等国也都进入

---

①　国务院:《王毅:中非合作论坛引国际对非合作》,http://www.gov.cn/guowuyuan/2020-01/13/content_5468541.htm,2020-07-03。

②　张春宇、唐军:《非洲服务业发展与中非服务业合作》,《亚非纵横》2014 年第 5 期。

③　Kearney, "A Mix of New Consumers and Old Traditions—The 2019 Global Retail Development Index", https://www.kearney.com/global-retail-development-index/2019 (2020-07-03).

了全球前 30 名①,这些国家可以作为首要考虑目的地。在合作方式方面,推荐轻资产的电子商务。一是非洲很多国家政治环境不太稳定,比如埃及,这样可以减少损失。二是可以发挥中国零售业的优势。一个成功的例子是,2019 年 4 月,敦豪公司(DHL)推出了敦豪非洲线上商店(DHL Africa eShop),该应用程序将 200 多家美国和英国的在线零售商带到了包括加纳在内的 11 个非洲国家/地区的购物者中②。在食宿服务活动行业,随着中国在非洲经商人员的增加、中国前往非洲旅游人员的增加以及非洲本土居民对中餐需求的增加,中国企业的投资机会还是挺大的。

中非在运输和仓储领域的合作已经较深,可继续加深合作。截至 2019 年,中国在非洲已经建设了近 20 个港口和 80 多个大型电力设施,此外,所建设的铁路和公路均超过 6000 千米,促进了非洲工业化进程,提升了非洲的自主发展能力。③ 但非洲在基础设施建设的缺口依然很大,所以中国可以继续加大在这方面的投资。在承包方式上,可以采用 BOT 模式,一来可以降低外部环境风险,二来可以参与到运营,发挥好管理方面的优势和积累海外运营的经验。

在金融领域方面,中国企业应该要跟着项目走,为项目提供融资和海外金融服务,采取的方式可以为设立代表处或分支机构。随着中国对非洲投资的不断增加,融资需求也逐步增大,同时对一些基本金融业务的需求也大。但是,中资金融机构在很多非洲国家还尚未设立分支机构,对企业海外融资的服务能力不足。此外,提供基本业务服务的中介机构(例如咨询公司、会计师事务所和律师事务所)的数量非常有限,并且缺乏国际服务能力。中资银行和金融中介机构应该抓住机遇,在非洲设立网点或分支机构,扩大在非洲的服务网络。第一,可以通过银行的跨境一体化

---

① Kearney, "A Mix of New Consumers and Old Traditions—The 2019 Global Retail Development Index",https://www.kearney.com/global-retail-development-index/2019(2020-07-03).

② Kearney, "A Mix of New Consumers and Old Traditions—The 2019 Global Retail Development Index",https://www.kearney.com/global-retail-development-index/2019(2020-07-03).

③ 国务院:《王毅:中非合作论坛引国际对非合作》, http://www.gov.cn/guowuyuan/2020-01/13/content_5468541.htm。

经营服务跨境产业链和产能对接,解决非洲当地银行无法满足企业国际业务的需求;第二,可以加深中资银行对非洲经济、金融、投融资环境的了解,促进与非洲金融机构开展银团贷款、融资代理等金融合作①。在资本市场方面,可以通过发行债券推进人民币国际化。比如,2017年中国银行约翰内斯堡分行成功发行非洲首只离岸人民币债券"彩虹债"②。

在信息与通信业层面,中国可以发挥技术优势帮助非洲信息与通信业发展,在业务层面可以与已经在非洲开拓好市场的传音公司合作。中国目前的电信技术已经走在世界前端,华为5G、阿里云计算,这些开创性的技术必然会将推动中国电信业达到一个新的高度。中国可以发挥自己技术方面的优势,参与到对非洲的电信业投资中。华为就是一个很好的例子,2018年,其在非洲就创造了58亿美元的收入,其中60%来自设备和服务的销售,40%来自其手机。③ 对于投资地点的选择,建议还是首选南非、肯尼亚、尼日利亚、埃及和摩洛哥等电信业较为发达的国家。在业务层面,可以与已经在非洲运营很好的传音公司合作,以降低风险和借助传音的运营优势。

在旅游业层面,中国企业可以参与非洲旅游中介的投资。随着中国赴非洲旅游人数的增加,非洲旅游市场投资前景看好。中国企业可以利用自己的人才优势来弥补非洲旅游中介的不足,提供对中国游客专门定制的服务。

二、宏观层面

基于上述讨论,我们对未来中非服务业合作提出以下几条建议以供参考。

第一,在理论方面,鼓励更多的学者参与到中非服务业合作的研究

---

① 黄梅波、唐正明:《非洲金融业与中非金融合作发展现状》,《海外投资与出口信贷》2017年第3期。

② 黄梅波、唐正明:《非洲金融业与中非金融合作发展现状》,《海外投资与出口信贷》2017年第3期。

③ The Africa Report, "Chinese Tech Giant Huawei Wins Support in Africa", https://www. theafricareport.com/13764/chinese-tech-giant-huawei-wins-support-in-africa/.

中。目前,关于中非服务业合作的研究很少,缺乏一个理论性的思考。到非洲投资的部门、企业和个人都是属于"摸着石头过河"的状态。很多企业由于对非洲政治、法律以及文化的不了解,造成了很多损失。例如,很多企业以为非洲的法律制度不完善,在环保问题上管制非常宽松,但其实大部分非洲国家因为之前被英国、法国等西方列强殖民过,西方国家在非洲建立了非常完善且先进的法律。政府应鼓励更多的学者参与到中非服务业合作的研究中来,产出更多高质量和高参考性的报告,为企业提供更加专业的参考。

第二,充分利用好中非合作论坛,加强服务业交流合作。中非合作论坛是一个很好的交流机制,自成立以来,合作成果累累。中非合作论坛促进了中国在非洲的基础设施建设和教育医疗援助,助力了非洲的服务业发展。中非应利用好中非合作论坛,设立服务业的合作交流和研讨机制,促进中非服务业领域学者以及企业代表的交流,寻求潜在的合作机遇,开拓现有服务业合作的空间。①

第三,加强中非之间的教育合作,促进非洲服务业熟练劳动力队伍的形成。非洲在高端服务业的发展速度缓慢,很重要的一个原因是其缺乏这方面的劳动力人才。联合国开发计划署指出,在2006—2011年,非洲的外商直接投资回报率最高(11.4%),而亚洲为9.1%,拉丁美洲和加勒比为8.9%,世界平均水平为7.1%。然而,在2005—2016年,非洲在全球外商直接投资净额中所占的份额一直很低。这与"资本将从低收益国家流向高收益国家"的经验相悖,这其中的一个主要原因就是其人力资本低。② 因此,应大力加强中非之间的教育合作,进而拉动中国对非洲的服务业投资。

2018年,习近平总书记在中非合作论坛上提出,中国决定加强同非洲的发展经验交流,支持开展经济社会发展规划方面合作;计划在非洲开设10个鲁班工坊,向非洲青年提供技术和职业教育培训;支持建立中非

---

① 张春宇、唐军:《非洲服务业发展与中非服务业合作》,《亚非纵横》2014年第5期。
② The United Nations, "Addressing the Foreign Direct Investment Paradox in Africa", https://www.un.org/africarenewal/web-features/addressing-foreign-direct-investment-paradox-africa.

创新合作中心,推动中非青年创新创业合作;实施"头雁计划",为非洲培训 1000 名精英人才;为非洲提供 5 万个中国政府奖学金名额,5 万个研修培训名额,邀请 2000 名非洲青年来华交流。[①] 除了政府以外,服务型企业也可以加大对非洲教育的投入。根据联合国贸发会(UNCTAD)数据显示,阿里巴巴商学院在联合国贸发会支持下的互联网创业者计划(eFounders Fellowship),自 2017 年成立两年来已为 17 个非洲国家培训一百多名创业者,为非洲创造了 3400 个直接就业机会和超 1 亿美元年营业收入,而这组数字还在不断攀升中。

第四,为国内服务业企业"走出去"提供保障。从上文分析可以得出,非洲服务业存在光明的前景,投资机会众多,但是投资的风险也很大。企业去非洲投资会面临以下的风险:(1)安全风险。根据鼓库萨克(Drum Cussac)网站 2019 年全球风险地图显示,非洲大约 1/3 的国家属于高风险地区,远多于亚洲、欧洲以及北美地区。[②] 以尼日利亚为例,其境内针对中资企业的绑架案频发,最高一年达 20 多起,但中国安保机构收费高昂,中小企业负担不起。(2)健康风险。非洲多数国家地处热带,临近赤道,是登革热、锥虫病、淋巴丝虫病、埃博拉病毒等高风险传染病高发地区。对此,政府应完善保障体系,为国内服务企业"走出去"创造条件。首先,注重将援助项目与为中资企业服务相结合,在中资企业相对集中的区域,不断完善金融网点、学校、医院以及其他生活配套设施;其次,加强海外安保力量支持,降低境外投资企业尤其是中小企业使用安保服务成本,保障企业财产和人员的安全。[③]

---

① 新华网:《习近平在 2018 年中非合作论坛北京峰会开幕式上的主旨讲话》,http://www.xinhuanet.com/silkroad/2018-09/03/c_1123373881.htm。

② Cussac, Drum, "Most Dangerous Countries in the World 2019 (World Risk Map)", https://drum-cussac.com/blog/world-risk-map/.

③ 王晓红:《中国对非洲投资:重点、难点及对策——对尼日利亚、加纳、冈比亚、埃及的调研》,《全球化》2019 年第 2 期。

第五章　非洲油气产业发展趋势及中非能源合作

非洲位于东半球西部,地大物博。随着冷战的结束,非洲逐渐失去了两极格局对峙时地缘政治的重要地位。随着工业化进程的不断推进,能源问题成为世界各国不断竞争的焦点。因此,非洲凭借其丰富的油气储量再次回到了世界舞台的聚光灯下。近年来,中东局势动荡不安,美国因页岩气技术油气产量激增,欧派克地位边缘化,非洲作为世界能源来源多元化的一个重要地区,一场没有硝烟的能源争夺大战在此掀开。然而非洲拥有丰富的自然资源与优越的地理位置,这对中国旨在打造新的陆海贸易通道,保证能源供应,增加对外贸易,促进企业"一带一路"政策来说,二者是完美的结合。随着中国对能源安全的更加重视以及着手能源进口的多元化,中非两国的能源领域合作正在不断深化。

第一节　非洲油气发展与国际合作

关于非洲油气产业的发展及其国际合作,国内外学者已经进行了深入的研究。国内研究主要围绕三大部分展开,第一部分为非洲油气能源分布以及非洲发展方面,第二部分为大国在非洲围绕能源争夺展开的博弈,第三部分为中非合作方面。

非洲油气能源分布以及非洲发展方面的研究成果主要有:郝情情(2017)撰写的《非洲油气资源分布和主要含油气盆地石油地质特征》[1]

---

[1] 郝情情:《非洲油气资源分布和主要含油气盆地石油地质特征》,《地质论评》2017年第63期。

详细研究了非洲油气资源分布特点,分析了非洲主要含油气盆地石油地质特征,其中包括西尔特盆地、尼日尔三角洲、刚果扇盆地和阿尔伯特盆地。关增森、李剑(2007)撰写的《非洲油气资源与勘探》系统介绍了非洲的含油气盆地特征以及非洲各国的油气勘探开发情况。① 温志新等(2012)主编的《东非裂谷系盆地群石油地质特征及勘探潜力》分析了东非裂谷的形成与油气分布特点。② 紫竹(1981)编写的《几内亚湾的石油资源》从被誉为"小中东"的几内亚湾入手,分析了丰富的石油资源的开发增加了几内亚湾沿岸国家发展民族经济所需资金从而促进了各国的经济发展,但是资源带来繁荣的同时必将带来争端。石油收益分配和再分配的不均,国与国之间的边界争端的不断发生,使几内亚湾沿岸国家面临着新的矛盾。③ 吴磊、吴西京(2013)编写的《非洲能源形势发展变化与未来前景》则通过非洲能源形势至 2013 年为止的变化与稳定之处展开分析,预测非洲能源未来发展形势,其中既包含风险、挑战同时也带来了机遇。④

不少学者讨论了非洲能源争夺的大国博弈问题。赵宏图(2006)撰写的《世界能源格局的变化与调整》⑤和王海运(2013)编写的《世纪能源格局的新变化及其对中国能源安全的影响》分析了自 20 世纪 90 年代末起,世界能源需求进入新的扩展期,全球能源市场的新格局。⑥ 能源消费国纷纷挑战能源策略,国际能源勘探开发领域的竞争日趋激烈。邓向辉(2010)所著的《非洲能源国际竞争与中非能源合作》看到了各国势力在非洲的较量与能源和地缘政治格局间的互动,详细分析了美国、欧盟、日本、俄罗斯和印度对非的能源战略,通过政治、经济、外交、军事等各种手

---

　　① 关增森、李剑:《非洲油气资源与勘探》,石油工业出版社 2007 年版。

　　② 温志新等:《东非裂谷系盆地群石油地质特征及勘探潜力》,《中国石油勘探》2012 年第 4 期。

　　③ 紫竹:《几内亚湾的石油资源》,《西亚非洲》1981 年第 5 期。

　　④ 吴磊、吴西京:《非洲能源形势发展变化与未来前景》,《当代世界》2013 年第 3 期。

　　⑤ 赵宏图:《世界能源格局的变化与调整》,《国际石油经济》2006 年第 14 期。

　　⑥ 王海运:《世界能源格局的新变化及其对中国能源安全的影响》,《上海大学学报(社会科学版)》2013 年第 30 期。

段以期在非洲能源格局中获得一席之地。① 西方政府在政治、经济、外交等方面给予配合支持等。魏英的《多元博弈中的非洲石油》②,朱锋的《强国之路上的资源外交》③,张志龙、李兴的《美俄对非洲的能源外交与中国的对策思考》④,崔戈的《中美在非洲的战略利益与合作探析》⑤,孙雪敏的《冷战后日本对非援助政策的演变及动因分析》⑥,彭念的《中印在海外能源市场的竞合博弈》⑦,王涛、鲍家政的《美国对非洲投资的历史透视与现状解析》⑧均探讨了对非洲能源的国际竞争。

中非能源合作方面,张宇炎于 2019 年发表的《21 世纪中非能源外交:进展、路径及挑战》从中非能源外交的主要参与角色与实践路径的角度分析了中非能源合作问题,并提出了未来两国能源外交面临的挑战及对策。⑨ 金博、于海涛(2018)所著的《"一带一路"倡议框架下扩大深化中非油气合作的思考与建议》回顾了中非合作历程、前景以及现状,分析中资石油企业在中非合作中的定位,面临机遇与挑战,并提出了建设性建议与意见。⑩ 朱雄关于 2016 年撰写的《"一带一路"背景下中国与沿线国家能源合作问题研究》以我国"一带一路"政策为基准,提出中国能源安全面临的困难和严峻形势,进而对非洲的油气资源禀赋、供给能力以及与

① 邓向辉:《非洲能源国际竞争与中非能源合作》,中共中央党校 2010 年博士学位论文。
② 魏英:《多元博弈中的非洲石油》,《石油化工技术经济》2006 年第 3 期。
③ 朱锋:《强国之路上的资源外交》,《新财经》2005 年第 5 期。
④ 张志龙、李兴:《美俄对非洲的能源外交与中国的对策思考》,《当代世界》2008 年第 9 期。
⑤ 崔戈:《中美在非洲的战略利益与合作探析》,《南开学报(哲学社会科学版)》2019 年第 6 版。
⑥ 孙雪敏:《冷战后日本对非援助政策的演变及动因分析》,山东大学 2019 年硕士学位论文。
⑦ 彭念:《中印在海外能源市场的竞合博弈——以非洲和缅甸为例》,《南亚研究季刊》2018 年第 2 期。
⑧ 王涛、鲍家政:《美国对非洲投资的历史透视与现状解析》,《美国问题研究》2018 年第 1 期。
⑨ 张宇炎:《21 世纪中非能源外交:进展、路径及挑战》,《中国市场》2019 年第 6 期。
⑩ 金博、于海涛:《"一带一路"倡议框架下扩大深化中非油气合作的思考与建议》,《国际石油经济》2018 年第 11 期。

中国能源合作历史及现状进行了分析和梳理。① 汪巍于 2018 年发表的《中非油气合作多元化发展》概述了中非油气合作稳步发展,同时为拓展非洲石油市场提出了多元化对策。② 郭元飞、张聪杰(2019)编写的《论中国与埃塞俄比亚清洁能源合作的内容与机遇》以埃塞俄比亚的清洁能源合作为切入点,有针对性地提出双边合作的问题以及未来发展方向。③ 王有勇(2007)撰写的《中国与阿尔及利亚的能源合作》则针对中阿两国的能源合作进行分析和探讨。④

国外研究的焦点是非洲能源对本国能源安全的重要性。非洲资源丰富,世界多国将其作为能源战略多元化的一个重要元素。除此之外,其他类文献大多探讨非洲能源诅咒问题。非洲虽然地广物博,物产丰富,但是非洲大陆的人民贫困问题不但没有缓解反而更加严重。

非洲能源分布方面主要研究成果有:英国石油公司(BP)每年发布的《英国石油公司(BP)能源统计年鉴》,其中包括各类能源的国家进出口量、探秘储量以及各类数据。同样,普华永道每年编写的《迎接明天:非洲石油天然气评论》针对非洲油气产业数据进行分析,包括每年在非洲境内勘探前十大油气田的产量、进出口量分析、未来展望等。⑤ 世界银行(2010)主编的《撒哈拉以南非洲的石油市场》从石油产业下游、影响市场价格政策入手对撒哈拉以南非洲石油市场展开研究。⑥ 阿布巴卡等(Abubakar 等,2017)编撰的《非洲可再生能源发展分析》一文极为详尽地讨论了非洲的几大可再生能源的分布以及利用情况,文中包含大量数据及表格,最后为非洲能源政策提出建议。⑦ 伽思维尼恩(John Ghazvinan,

① 朱雄关:《"一带一路"背景下中国与沿线国家能源合作问题研究》,云南大学 2016 年博士学位论文。

② 汪巍:《中非油气合作多元化发展》,《中国石化》2018 年第 9 期。

③ 郭元飞、张聪杰:《论中国与埃塞俄比亚清洁能源合作的内容与机制》,《沧州师范学院学报》2019 年第 35 期。

④ 王有勇:《中国与阿尔及利亚的能源合作》,《阿拉伯世界研究》2007 年第 2 期。

⑤ Boulware, Derek, "Taking on Tomorrow: Africa Oil & Gas Review", PwC Group, 2019.

⑥ World Bank Group, "Petroleum Markets in Sub-Saharan Africa", World Bank, 2019.

⑦ Abubakar et al., "Review of Renewable Energy Development in Africa", *Renewable and Sustainable Energy Reviews*, 2017.

2008)通过撰写《能源战争:非洲石油资源的生存状态大揭秘》一文,鲜明表态非洲不会取代中东或其他任何大型产油区,但是可以作为替补。①

对于大国的非洲石油战略,米歇尔·克拉雷等学者(Michale Klare等,2006)编写的《美国、中国与非洲石油争夺战》对中美两国在非洲部署相关能源政策进行分析讨论。② 李驰(Garry Leech)所著的《粗暴干预:美国、石油和新世界秩序》主要研究布什政府为保证美国能源安全,通过军事与经济结合的方式,在中亚、西非等国进行干预。③ 佛瑞斯等(Forest等,2006)撰写的《新海湾的石油与恐怖主义:美国几内亚湾能源与安全政策框架》分析了石油对美国国家安全的重要性以及美国对几内亚湾的能源政策。④

关于非洲"资源诅咒",史蒂夫·卡雷克齐(Stephen Karekezi,2002)发表的《非洲的贫困和能源》目的在于以南非为重点,概述非洲能源部门,并分析其能源与贫困之间的关系,最后确定了可能决定南非能源部门未来发展方向的关键驱动因素。⑤ 安老·阿比杜(Alao Abiodun,2007)撰写的《非洲的自然资源与斗争:禀赋的悲剧》主要研究非洲资源所带来的一系列问题,包括腐败、军阀、恐怖主义等。⑥ 他认为非洲贫困的主要原因并非是丰富的资源,而是非洲并没有相匹配的管理体系去分配管理资源,从而导致如今的严峻局面。摩根·巴齐里安(Morgan Bazilian,2013)发表的《西非的石油、能源贫困和资源依赖》分析几内亚湾发现和开发油气资源的热潮给相关国家带来了新的石油财富和经济发展希望。作者以新兴资源丰富国家的两个主要经济特征作为研究对象,分析能源贫困与对单一作

① [美]约翰·伽思维尼恩:《能源战争:非洲石油资源与生存状态大揭秘》,伍铁译,国际文化出版社2008年版。

② Klare, Michale, "America, China & the Scramble for Africa's Oil", *Review of African Political Economy*, Vol.33, No.108, 2006.

③ Leech, Garry, *Crude Intervention: The US, Oil and the New World Order*, Zed Books, 2006.

④ Forest, James J. F. & Matthew V. Sousa, *Oil and Terrorism in the New Gulf: Framing US Energy and Security Policy for Gulf of Guinea*, Lexington Books, 2006.

⑤ Karekezi, Stephen, "Poverty and Energy in Africa", *Energy Policy*, Vol.3, Issue11, 2002.

⑥ Alao Abiodun, *Natural Resources and Conflicts in Africa: The Tragedy of Endowment*, University of Rochester Press, 2007.

物的依赖和锁定。①

以上国内外已有研究较为完整地探索了非洲能源产业发展以及中非能源合作相关的问题,但是在国际能源新格局下对此问题进行分析的研究较少,对于中非能源合作相关问题进行系统详细分析的较少。本书则在国际能源新格局的环境下,对非洲能源产业的发展趋势以及中非能源合作问题展开讨论。在充分了解非洲油气能源产业发展情况的背景下,对中非能源合作间的问题,从大国竞争、非洲自身问题以及中国自身问题三个角度进行剖析,最后提出建设性意见和建议。

第二节　非洲油气能源产业的发展

一、非洲油气能源产业发展现状

在当今的 21 世纪中,能源是一个国家生存和发展不可或缺的战略性资源。其不仅是政治和经济手段,更是推动生产力发展的重要制约因素之一。石油更是被称为"黑色金子"和"现代工业的血液"。非洲位于东半球西部,东临印度洋,西邻大西洋,是世界八大产油区之一,其能源储量一直广受世界的瞩目。早在 2008 年 3 月 17 日的石油非洲 2008 年会议上,国际能源机构(International Energy Agency,IEA)就已经提出,"全球石油需求倾向非洲"。②

非洲的石油开采业始于 1909 年,埃及的贾姆萨是非洲石油开发最早的地区,共有 23 个产油国。截至 2018 年,非洲已探明的石油储量高达 125.3 亿桶,占全球储量的 16.6%,其中利比亚、尼日利亚、阿尔及利亚及安哥拉占非洲总储量的 85%。非洲已探明的天然气储量高达 14.4 万亿立方米,占全球储量的 7.3%,其中阿尔及利亚、埃及、利比亚和尼日利亚

---

① Bazilian, Morgan, "Oil, Energy Poverty and Resource Dependence in West Africa", *Journal of Energy and Natural Resources Law*, Vol.31, No.1, 2013.

② 21 世纪经济报道:《石油非洲 2008 会议:非洲石油去西方化》,《21 世纪经济报道》2008 年 3 月 18 日。

占非洲总储量的91.8%。

总体来看,非洲油气分布总体上呈现北多南少、西多东少、油多气少的特点。其中尼日利亚、安哥拉的石油产量最为丰富,阿尔及利亚和埃及的天然气产量最为丰富。油气资源主要集中在北部的阿尔及利亚、利比亚和西撒哈拉地区,以及西部的几内亚湾、尼日尔河和刚果河地区,被誉为第二个"海湾地区"。①

二、非洲油气能源产业发展趋势

随着美国页岩技术革命的推动,全球能源格局正发生着巨大的变化。仅2018年,美国石油产出涨幅约为16.6%。页岩技术使美国降低了一半的原油生产成本,极大地提高了墨西哥湾沿岸的石油输出能力,极大地冲击了欧派克在之前的国际原油市场的控制局面。然而在当今的国际能源新格局下,非洲的能源产业既迎来了机遇也面临着挑战。非洲能源产业的未来忧喜参半。

(一)发展优势

1. 非洲能源资源丰富且优质

非洲能源丰富程度有目共睹。根据英国石油公司(BP)能源统计年鉴指出,非洲石油已探明储蓄量占全球石油储蓄量的16.6%,这些储量主要分布在西、中部非洲,尤其在几内亚湾附近。除此之外,根据统计预测,至2030年,非洲日出产石油量将达到惊人的1500万桶,出口石油量将达到980万桶。如表5-1所示,其中主要产油大国为尼日利亚、阿尔及利亚、安哥拉、利比亚;中小产油国为苏丹、喀麦隆、赤道几内亚、刚果共和国。不仅如此,非洲石油质量较高,尤其是几内亚湾油汽田距地面较浅,质地优良,含硫量仅为1%,易于提炼加工。② 尼日利亚原油比重(API)在35以上,富含汽油和柴油。安哥拉原油比重在32%—39.5%之间,含

① 郝情情:《非洲油气资源分布和主要含油气盆地石油地质特征》,《地质论评》2017年第63期。

② 紫竹:《几内亚湾的石油资源》,《西亚非洲》1981年第5期。

硫量为 0.14%—1.12%①,加蓬原油比重则在 30%—35% 之间,刚果共和国原油含硫量仅为 0.23%。苏丹原油蜡质成分高,不含硫,是理想的润滑油原料。② 与此同时,非洲各国也在努力提高原油质量,譬如东非各国在过去的几年中将汽油含硫量控制在 150 百万分率(ppm),并将研究法辛烷值(RON)由 91 提升至 93,柴油含硫量从 500 百万分率下降到 50 百万分率。③

表 5-1　2008—2018 年非洲部分国家石油产量

国家	2008 年 (千桶/日)	2011 年 (千桶/日)	2014 年 (千桶/日)	2018 年 (千桶/日)
尼日利亚	2172	2461	2276	2051
安哥拉	1876	1670	1701	1534
阿尔及利亚	1951	1642	1558	1510
利比亚	1875	516	518	1010
埃及	715	714	714	670
刚果共和国	237	301	253	333
喀麦隆	240	236	211	194
赤道几内亚	369	301	284	190
苏丹	457	291	120	100

资料来源:BP,"BP Stratistical Review of World Energy",2019,https://www.bp.com/content/dam/bp/business-sites/en/global/corporate/pdfs/energy-economics/statistical-review/bp-stats-review-2019-full-report.pdf。

2. 先天地缘政治经济条件优势

非洲产油区地理位置优越,西非几内亚湾与美国隔海相望,北非与欧洲仅隔地中海,海运极为便利。虽然非洲产油总量与中东地区仍有差距,但是其政治环境相对于一点就炸的火药库中东地区来说要稳定很多。随着美国页岩技术的发展以及能源独立政策的推进,其受中东地区的能源

---

① 李力清:《西方大国抢占黑非洲石油市场》,《当代世界》2003 年第 4 期。

② 邓向辉:《非洲能源国际竞争与中非能源合作》,中共中央党校 2010 年博士学位论文。

③ Stratas Advisors,"As Frowth Soars,Africa Face Fuel Quality,Emissions Challenges",*Stratas Advisors*,2015.

制约大大下降。北美在全球能源格局中的地位大幅上升,欧佩克在国际能源格局的地位被边缘化。非洲除去尼日利亚、利比亚和阿尔及利亚之外,并无产油国属于欧佩克成员国,除此之外,目前非洲内还暂未形成大国利益格局,环境较为稳定。因此,非洲成为第二个海湾地区,在国际能源格局上举足轻重的日子指日可待。

3. 石油开采成本低廉

非洲大型油田占非洲总储量的2/3以上。西非几内亚湾地区石油距离地表较浅,其开采难度较低,油田开采成功率较高,约为35%,远高于世界平均水平10%,因此其开采成本大大下降。据统计,加拿大开采成本约为23.3美元/桶、澳大利亚开采成本为22.5美元/桶、美国开采成本约为13.5美元/桶、中东地区开采成本约为5.9美元/桶、阿尔及利亚开采成本约为6.8美元/桶、利比亚约为7.3美元/桶[1],由此可见,非洲地区的开采成本略高于中东地区,但是远远低于其他地区。

(二)发展挑战

由于非洲地区政治格局不稳定,其对能源行业发展有一定的负面影响。譬如,尼日利亚产油区部族冲突频繁,武装斗争频发、社会治安混乱、海盗破坏行为时有发生。尼日利亚联邦政府与产油地区利润分配存在争议,腐败现象严重以及交通基础设施落后,均长期制约着石油产业的发展。2008年及2009年产量甚至出现下滑,甚至多次发生供应中断的危机。南苏丹与苏丹间的政治关系与其石油产量息息相关,一旦两国边界冲突爆发,南苏丹的石油工业可能无法继续维持。另外,利比亚和阿尔及利亚的石油工业发展前景也不容乐观。2007—2011年,利比亚的油田勘探成功率令人失望。预测两国的石油产量增长率增速缓慢。[2]

三、非洲油气能源产业发展前景展望

(一)油气供应稳步上升

非洲探明石油储量由1998年的77.2亿桶增长至2018年的125.3

---

[1] Knoema,"Cost of Producing a Barrel of Crude Oil by Country",2019.
[2] 吴磊、吴西京:《非洲能源形势发展变化与未来前景》,《当代世界》2013年第3期。

亿桶,按 2018 年生产水平计算,非洲石油储采比年限为 42.7 年,低于中东地区的 78 年,高于欧亚与亚太地区,天然气的储采比约为 61 年,这说明非洲油气的产供有很大的潜力。在过去的 20 年里,非洲油气工业的发展令人瞩目,石油储量和天然气储量大幅度上升并且仍有扩大的趋势。非洲油气在满足包括中国在内的全球能源需求和能源供应多元化方面仍有重要的战略价值。

1. 天然气领域成为亮点

环境可持续议程推动的脱碳正在重建能源结构,至 2030 年,天然气可能会超过煤炭成为世界第二大燃料。在未来的一段时间内,非洲天然气的生产和供应潜力巨大。由于海洋天然气的重大发现,无论是北非、西非还是中非国际,其对它们长期的天然气生产提供了重要的基础。据英国石油公司(BP)能源数据统计,到 2035 年时,非洲生产的天然气可达 4400 亿立方米,约占世界总和的 9%—12%。在 2014—2018 年油价暴跌后,非洲的天然气产业正从勘探和生产的停滞期转为更具有活力的阶段。① 随着非洲新资源的发现、全球能源结构的转型、监管环境的成熟化,天然气公司迎来了快速发展时期。

2. 可再生能源持续发展

非洲大陆是面积第二大的大陆,同时也是人口第二多的大陆,其不仅是油气资源丰富,可再生能源储量同样令人赞叹。可再生能源发电的最根本动力是其低廉的成本,根据最新的光伏和风力发电竞标结果,其电价可低至 5 美分/千瓦时,这大大低于其他任何形式的电力。另外,与煤炭和核能相比,天然气和可再生能源的混合动力组合可以以更具竞争力的价格保证稳定的电力输出。目前,埃塞俄比亚、肯尼亚、莫桑比克、南非、乌干达和赞比亚等国已经采取行动,开发可再生能源项目。2016 年,多位投资者竞相开发赞比亚的第一座大型太阳能发电厂;国际金融公司和世界银行联

---

① Business Report, "Africa's Oil & Gas Industry Poised for Further Growth in the Wake of New Resource Finds", 2017.

合倡议通过私人投资者提供招标等服务以刺激太阳能项目的发展。① 很明显,在目前的世界能源结构中,可再生能源的趋势是不可逆转的。

(二)未来仍有不确定性

尽管非洲能源发展机遇巨大,但其发展前景仍受一系列风险的影响和现实问题的挑战。除去一般能源勘测开发的地质和技术风险以外,非洲的政治格局、基础设施不足、经济发展欠缺或是"寻租"行为等风险的长期存在,使得原本一片光明的发展前景变得扑朔迷离。苏丹和南苏丹的边境纠纷、尼日利亚和安哥拉的政治风险,目前仍设有明确的解决方案。对于东非新能源边疆地区来说,进一步的开发需要大量的资金,然而如何吸引投资和融资也是东非能源发展的挑战之一。虽然非洲地大物博,油气资源丰富,然而高达70%的非洲人面临资源贫困问题。非洲未来能源产业的发展虽潜力巨大,但是在一系列隐藏风险下,仍具有很大的不确定性。

第三节　中非能源合作现状

中国与非洲国家有着悠久的交往历史和深厚的友谊,自20世纪90年代初,中非便开始了能源领域的合作。近年来,在"一带一路"倡议的框架下,中非在各领域的合作不断深化,尤其是随着非洲各国的能源产业的不断发展,两国间能源领域的合作关系日渐深入。2018年9月3日召开的中非合作论坛上,来自非洲53个国家的代表齐聚北京共商中非友好合作大计,共创中非命运共同体。开幕式上习近平主席提出的推动八大行动顺利实施,其中包括支持中国企业以"投、建、营"一体化模式参与非洲基础设施建设,重点加强能源、交通、信息通信、跨境水资源的合作等。

近年来,随着中国经济的快速发展,我国的油气供需矛盾越来越突出。2017年,中国石油进口量约为3.96亿吨,对外依存度达67.4%,天

---

① Vallabhjee, Bhavtik, "The Future of Renewable Energy in Africa is Bright", *Mining Review Africa*, 2018.

然气进口量约为928亿立方米,对外依存度为39.4%①,油气安全形势严峻。非洲油气资源丰富,拥有巨大的开发潜力。中非的油气合作是双方在新形势下推进务实合作、谋求共同发展的重要一环。在当今的新国际能源格局下,非洲已经成为仅次于中东油气勘测开发的热点地区。在美、欧、日的政治干预下,中国想要在中东油气生产地占有一席之位无疑是十分困难的。然而,非洲地区并未完全形成大国利益格局,这为中国油气公司与非洲合作提供了良好的机遇。

一、中非能源合作内容多元化

我国与非洲开展能源合作的方式主要有两种,一种是通过贸易方式直接从非洲各国手中购买油气资源,此为"贸易油";另一种为参与石油勘测,获得长期的合作关系,建立稳定的海外石油生产基地,此为"份额油"。② 随着中非合作的深入,合作的内容也要求多元化,从原来单一的油气贸易形式,逐渐扩展到油气勘测开发领域,积极带动非洲油气产业的发展,为双方的发展取得"双赢"。至2018年,我国约2/3的油气消耗源于进口,其中约25%来自非洲,非洲成为除中东地区以外的中国油气第二大供给源。③

中非最具有代表性的份额油的案例为中苏合作的喀土穆炼油厂。喀土穆炼油厂于2000年5月正式投产。苏丹和中国石油天然气总公司各占50%股份。2002年3月,喀土穆石油化工厂正式挂牌上市,计划年产量为1.5万吨聚丙烯。该炼油厂不仅成为苏丹"一站式"能源工业一体化的标志性工程,同时也为苏丹提供了一大批石油管理和技术人才。与此同时,中国不仅和苏丹达成了在资源勘探挖掘方面的合作,还协助苏丹进行基础设施建设,至2003年年底,共完成了1506万公里石油管道的修

---

① 金博、于海涛:《"一带一路"倡议框架下扩大深化中非油气合作的思考与建议》,《国际石油经济》2018年第26期。

② 郭萍:《中非油气合作问题探析》,《中国集体经济》2009年第1期。

③ Offshore Technology:"China-Africa Cooperation Promotes Developments in Africa's Upstream Sector",*Offshore Technology*,2019.

建。在喀土穆炼油厂的合作中,中国也得到了巨大的收获,到 2003 年为止,从苏丹获得的份额油已经居我国海外份额油获取量的第一位①,具有重大的经济和战略意义。2006 年,中国购买苏丹 60% 的石油,经过 10 年的努力(自 2000 年至 2010 年),中国在苏丹投资 150 亿美元,形成一个集生产、精炼、运输、销售于一体,包括上、中、下游的完整产业链。②

贷款换石油从本质上来说也属于份额油的一种,是中国对石油金融制度的创新。通过金融的支持,降低"走出去"的政治风险。我国与安哥拉等油气生产国已签订了贷款换油的协议。2004 年,中国进出口银行向安哥拉提供 20 亿美元的低息贷款,用于公共服务设施和基础设施建设,安哥拉则在 17 年内每天为中国提供一万桶原油。此为一举两得。

二、全产业链非洲市场

中资企业凭借其技术,在非洲从勘测开发到炼油、石油化工,从上游至下游一起介入当地市场,推动了当地的油气产业发展。最具有代表性的是中石油在阿尔及利亚的上下游一体化项目。阿德拉尔油田位于阿西南部的阿德拉尔省。2003 年 7 月,中石油与斯那创客(Snatrach)公司签署阿德拉尔油田开发、炼油厂建设和经营销售一体化的项目,此是自从阿尔及利亚开放天然气领域后第一个与外国公司合作的一体化项目。合同期限为 23 年,投资总额约为 3.7 亿美元。收益分配中方占 49%、阿方占51%。该合同分为三大部分,分别为油田开发、炼油厂建设和经营炼制产品销售。③ 阿德拉尔上下游一体化项目是继中石化中标扎尔扎亭油田项目后中国在阿尔及利亚获得的第二个项目。此为中国在阿尔及利亚全参与阿尔及利亚石油资源开发、石油炼制和销售上下游一体化的里程碑。2004 年,中石油工程在阿尔及利亚先后成功中标凝析油炼、图瓦油田项目和水利部的水泵站项目,2016 年与阿尔及利亚国家石油公司签约阿尔

---

① 周吉平:《中国石油天然气集团公司"走出去"的实践与经验》,《世界经济研究》2004年第 3 期。

② 邓向辉:《非洲能源国际竞争与中非能源合作》,中共中央党校 2010 年硕士学位论文。

③ 王有勇:《中国与阿尔及利亚的能源合作》,《阿拉伯世界研究》2007 年第 2 期。

及尔炼厂扩建项目。东方物探公司也成功拿下阿尔及利亚国家石油公司的陆地勘探项目。

三、把握东非油气市场的商机

东非油气资源蕴藏地带主要是纵贯东非的大裂谷。2006 年在乌干达境内发现油田;2007 年英国传统石油公司在阿尔伯特胡盆地成功发现油田;2010 年,美国阿纳达科石油国斯在莫桑比克境内的鲁乌马盆地内发现三块大型天然气田;2012 年各石油勘测公司陆续在莫桑比克东部海上发现 7 处大型天然气资源。[1] 东非油气大发现给东非各国发展工业推进国家发展提供了一个不可多得的机遇,同时油气资源的发现可能改变该地区发展的禀赋结构。但是由于东非国家资金和技术的限制性,其需要依靠和借助外来力量帮助发展本国油气产业。为推动东非油气产业的发展,东非国家出台措施用于吸引资本和技术,包括在金融汇兑、投资补贴、折旧、亏损结转、关税等方面一系列的优惠政策以鼓励外资投入。

中石油于 2013 年开始参加莫桑比克的海上天然气勘测开发和生产,其中 4 区项目是中石油在东非地区首个超深海大型天然气及液化天然气项目,也是中国在莫桑比克最大的单体项目。同时,中石油还在物探、管道建设、工程承包、设备供应等油田服务及工程建设领域开展了与莫桑比克的合作。[2] 东非油气大发展给我国多元化油气供应提供了新的契机。目前东非油气产业处于大发展的前夕,各国对基础设施的建设十分重视,莫桑比克、坦桑尼亚加快了液化天然气(LNG)工程和相关设施的建设程度;乌干达和肯尼亚也助手建设跨国管道。但是由于产业发展处于起步阶段,不确定性因素较多,中资企业在东非投资基本采取谨慎态度。

---

① 温志新、童晓光、张光亚、王兆明:《东非裂谷系盆地群石油地质特征及勘探潜力》,《中国石油勘探》2012 年第 4 期。
② 汪巍:《中非油气合作多元化发展》,《中国石化》2018 年第 9 期。

四、主要中资油气企业积极"走出去"

在过去的二十多年中,在非洲投资的企业主要以国有企业为主。积极贯彻"走出去"战略,实施"利用两个市场、两种资源"发展石油工业的重要布局,秉承"平等相待、真诚友好、合作共赢、共同发展"的中非合作理念。"一带一路"倡议提出后,中石油与非洲资源合作,业务规模和实力不断加强。中石油陆续在非洲开展油气投资、技术服务等业务。项目遍布苏丹、南苏丹、埃及、阿尔及利亚、利比亚、尼日利亚、坦桑尼亚、乍得、突尼斯等国,其中包括苏丹的 3/7 区、南苏丹 1/2/4 区、乍得 PSA 项目、苏丹喀土穆炼油厂、尼日尔津德尔炼厂,已为非洲当地提供工作岗位上万个。①

中国石油化工集团公司积极走入非洲,发挥一体化优势,至 2017 年为止,与非洲 26 个国家相机开展了油气资源投资、工程技术服务、原油贸易等合作,成效显著。油气投资方面,截至 2017 年年底,中石化在苏丹、埃及、安哥拉、尼日利亚、阿尔及利亚、加蓬和喀麦隆 7 个国家合作共拥有 14 个勘探开发项目,2017 年份额油气产量达 1600 万吨。中国海洋石油总公司于 2006 年进入非洲市场,当年便斥资 22.68 亿美元收购尼日利亚海山 10 亿吨级巨型油田权益,成为当时中海油最大的海外投资。从西非尼日利亚三角洲起步,到 2018 年为止,中海油在非洲的足迹已经遍布东非、北非和中南非洲地区。② 除此之外,国内少数省属国有石油公司和民营石油公司进入马达加斯加和埃塞俄比亚等国开展合作项目。

第四节　中非能源合作的挑战及对策

非洲是中国进口石油的主要来源地之一,也是未来世界上最有发展潜力的石油地之一,其对中国的战略意义不容置疑。随着非洲勘探结果

---

① 中国石油新闻中心:《中国石油在非洲项目稳步推进》,《中国石油新闻》2018 年 8 月 28 日。

② 中国石油企业协会:《阳光洒满非洲大陆》,《中国石油企业协会》2018 年 12 月 21 日。

的不断更新,世界各国石油消费大国竞相进入非洲市场。中非的合作历史和友谊源远流长,中非能源合作迎来了难得的历史机遇,但是也包含着不少挑战,针对这些挑战和问题,提出以下建议。

一、中非能源合作的挑战

(一)大国竞争

在中国积极实施"走出去"战略的同时,非洲被欧美等大国视为自家的"后花园"。为阻止中国企业在非洲的投资发展,它们企图在非洲制造舆论压力,以"新殖民主义"与"中国能源威胁论"限制中国企业在非洲的发展,使得中国在非洲的投资开发受到极大的损害。"新殖民主义"的说法首先由英国官方在访问尼日利亚时提出,他称:中国今天在非洲所做的,多数是 150 年前我们在非洲做的。[①]《纽约时报》更是从此将从利比亚和安哥拉进口石油的中国企业视为新殖民主义者。[②] 能源作为不可再生资源,随着国家经济体的不断发展,对资源的需求也在不断上升。在此情况下,各国势必将能源看成战略物资进行储备[③],然而中国在国际原油市场上的互惠互利的合作会威胁到美国在世界能源的垄断位置,西方国家便不断以"政府干预"等借口来渲染"中国能源威胁论"。但是事实证明,中国不但不是能源安全问题的制造者,而是能源安全的稳定者。[④]

除此之外,为更多地占领非洲资源,各国之间存在着不同程度的能源博弈。美国作为传统的能源消费大国,将非洲视为能源进口地之一。其通过政治外交手段、军事手段与经济手段对非洲进行干预。为全面开展与非洲国家的外交,2003 年美国在赤道几内亚建立使馆,2006 年与利比亚重新建交,除此之外,美国通过总统出访、领导人会晤等方式,对非洲产油国发起了全方位的外交攻势。2018 年 9 月,美国参众两院通过《更好

---

① The Economist,"Globalization with a Third-world Face",*The Economist*,April 7,2005.

② 中国能源报:《"中国能源威胁论"掀不起大风浪》,《中国能源报》2013 年 3 月 10 日。

③ 周术情:《中国于非洲的能源合作——机遇与挑战》,《商业文化(学术版)》2010 年第 6 期。

④ 魏一鸣等:《中国能源报告(2012):能源安全研究》,科学出版社 2012 年版,第 26 页。

利用投资引导发展法案》,在10月美国总统特朗普签署生效后,这项对非洲地区投资发展格局有着重大影响的法案正式出台,法案中提出在2019年10月成立一个现代化的、全新的发展性金融机构,即美国国际开发新金融公司,其将统筹管理美国对外投资与援助,并且其境外资产规模上限增加值600亿美元。2018年12月13日,美国国家安全顾问博尔顿公布了特朗普政府的对非洲战略,强调美国利益优先,战略包括促进非洲经济繁荣,加强非洲持久安全,支持非洲稳定发展,将中国和俄罗斯列为美国在非洲最主要的竞争对手。2019年6月19日,美国非洲商业峰会在莫桑比克首都马普托举行,峰会上,美国商务部副部长凯伦凯利宣布启动"繁荣非洲"倡议,旨在扩大美非的双向贸易与投资规模,畅通政府与企业的沟通渠道、做好与非洲国家的政策对接。① 除此之外,美国政府鼓励美方企业在非洲投资,例如能源公司大头之一的雪佛龙。其安哥拉液化天然气项目是非洲大陆最大的能源项目之一,也是安哥拉第一个液化天然气项目。作为世界上第一个供应伴生气的液化天然气工厂,其支持海上油田的持续开发。至2018年,其天然气平均日产量已达到685百万立方英尺。② 埃克森美孚于2017年与莫桑比克政府签署协议,允许收购莫桑比克近海天然气富集区4区块25%的间接权益。③ 美国通用电气则早在120年前便在南非开展业务。截至2017年年底,通用电气在南非地区的员工高达2500人,总收入约为37亿美元,与25个国家开展业务合作,其主要业务分布在尼日利亚、南非、安哥拉、加纳、埃塞俄比亚、坦桑尼亚、莫桑比克和肯尼亚。④

　　欧洲则利用传统地缘政治优势争夺非洲石油资源。在第二次世界大战之后,虽大部分非洲国家取得了独立,但是欧洲国家在非洲的宗主国影响力依然深远。冷战时期,欧共体对非洲的援助在为非洲带来经济发展的同时,其获得的资源也使欧共体国际地位不断提高。但是随着世界各

---

① 姚桂梅、郝睿:《美国"重返非洲"战略意图与影响分析》,《人民论坛》2019年第27期。
② Baltz,John J.,"Committed to Clean Burning Energy",2019.
③ Exxon Mobil,"Exxon Mobil Expends Africa Footprints",2017.
④ GE:"Imagination at Work:GE in Sub-Saharan Africa",2019.

国纷纷加入对非洲的援助从而获得资源主导权的同时,欧盟对非洲经济的援助难以保证其在非洲的优势地位,欧盟开始对双方的贸易合作加入了更多的政治合作,寻求更加平等的战略伙伴关系,例如《科托努协定》《开罗宣言》《行动计划》《的黎波里宣言》等。① 与此同时,欧洲各国不仅在西非购买油气资源,还在乌干达等地区争夺石油的勘探权与开采权。譬如,英国的壳牌、法国的道达尔早已在几内亚湾做好布局,获取份额油。英国壳牌和埃及石油总公司各持有巴德尔石油公司50%的股权,其在西部沙漠地区拥有九个油气生产开发租约以及四个勘探特许权,包括东北奥拜耶德、北马特鲁、东北艾沙为什和北乌巴拉卡。截至2018年,壳牌在尼日利亚境内和境外的产量份额为25.5万桶油当量/日。道达尔则早在1954年在非洲开展合作业务,2016年道达尔选择在南非普里斯卡建造和运营非洲最大的地面光伏太阳能发电厂,其向南非提供清洁和可持续的能源,至2019年年底,其提供了约7万个家庭的用电。②

　　日本由于其地理位置的限制,成为继美国之后的第二大能源进口国。日本主要从经济与舆论的角度出发与非洲建立友好的外交关系。通过利用国际舆论建立国际责任,免除非洲国家债务的方式为日本进驻非洲做铺垫。早在1993年,日本对非洲国家提供官方援助,加大对非洲的渗透力度。1993年,"非洲发展国际会议"在东京展开,1998年、2003年分别召开了第二次、第三次"非洲发展国际会议"。为从非洲国家获得更多的石油资源,2001年,日本首相森喜朗访问南非、尼日利亚、肯尼亚,此为日本首相首次出访非洲。2006年,日本政府向毛里塔尼亚和乍得派出石油开发访问团。2013年5月18日,在日本东京召开了第一次日本非洲能源部长会议。与美国、欧洲做法相同,日本政府通过一系列优惠政策支持日本石油公司进军非洲石油市场。日本帝国石油在2005年获得埃及2个潜在油田——南方十月和北加龙。同年,日本阿拉伯石油公司与埃及

---

① 赵可昊:《冷战后欧盟对非洲发展援助政策研究》,外交学院2017年硕士学位论文。

② Total:"Total in South Africa",2019.

就苏伊士湾中部西北十月地区开采权达成了一致。除此之外,日本还购买了非洲国家的部分石油储蓄量,从而获得更多的份额油。

另外,印度为解决国内经济发展对能源的需要,不断开展与非洲的能源合作,通过投资包括铁路、公路等基础设施建设来换取非洲油气资源的开采。

(二)非洲内部问题

1.非洲内部总体政局稳定,局部持续动荡

非洲总体政局较为稳定的同时,热点问题却持续升温,对中国企业在非洲的安全造成了一定程度上的威胁。例如索马里问题,索马里位于非洲之角,其近海已经成为世界上海盗活动最为猖獗的地区之一。索马里海盗问题既是一个《联合国宪章》所认定的"和平之威胁、和平之破坏"问题,同时也是极为严重的人道主义危机问题。苏丹达尔富尔由于种族和教派错综复杂,长期处于混乱状态,2003 年,由达尔富尔地区黑人居民相继组成的"苏丹解放军"和"正义与和平等运动"两支武装组织展开反政府武装活动,原定于 2016 年的公投也并无后续结果。刚果民主共和国政局同样动荡不安,国内党派众多,地方不受中央控制。据统计,刚果民主共和国约有 477 个注册政党。除执政党和三个较大反对党外,各党势力分散。在该国东部地区,种族之间的矛盾和各武装力量对矿产资源的争夺更加剧了该地区的动荡局势。2016 年,由于总统选举的延迟造成了新一轮游行示威,最终导致 32 人死亡。[①] 非洲大陆走上社会现代化坦途依然任重道远。

2.非洲自身技术水平以及基础设施建设水平较低

非洲目前最重要的问题是发展,然而制约着发展的是技术和人才的匮乏。非洲不断通过与外国合作,派遣留学生的形式学习国外先进技术,譬如南苏丹派遣留学生在经济、医疗卫生、科技、环保等领域学习。除此之外,非洲国家基础设施的缺乏导致其在推进工业化的过程中困难重重。譬如运输基础设施的匮乏使石油等运输过程复杂,成本较高。此类因素

---

① 凤凰国际智库:《总统大选延期,刚果金政局恶化》,《凤凰国际智库》2017 年 4 月 7 日。

均制约着非洲能源产业的发展,同时也在一定程度上阻碍中非合作。

3.非洲资源勘探与开采趋向本土化趋势

随着非洲国家能源意识的崛起和经济独立意识的强化,非洲国家尤其是主要的油气生产国开始逐步推行油气勘测与开发的本土化。[①] 非洲油气国与国际油气勘探企业开展能源合作时,更加重视本国资本参与,其更加强调本国资本所占股份问题,从而在合作中把握更多的主动权与控制权。同时,非洲本国政府通过政策支持,鼓励本国企业积极参与本国的油气开发。赤道几内亚将所有涉及石油开发的项目交由石油开采工作跟踪委员会的监督。利比亚重立能源合作协议,更加注重本国的控制权。尼日利亚推出"边际油田开发计划"旨在扶持本国资本参与油气开发,加大了外国企业进入能源领域的门槛和难度。这一系列措施的实施使得中国在与非洲国家的能源合作中将面临更多的成本,例如,正是由于缺乏非洲国家油气公司的支持,中石油在试图收购位于安哥拉沿海油田20%的权益时,因竞争公司拥有有限收购权而失败。[②]

(三)中国自身问题

1.能源管理体系仍需完善顶层设计

当前,中国的政府、企业、能源组织等各类的能源主题角色分工不够清晰,中国缺乏专门的对外能源协调机构,制度缺乏顶层设计。[③] 直至目前,石油行业仍然缺乏一套完整的管理框架,中央涉及能源行业政策制定与行业监管职能分散在能源局、国土资源部、发改委、环保部、交通部、商务部、住建部、安监总局、国资委等各个部委局。这些问题使得在涉及能源问题具体操作时分工零散,缺乏协调性和一致性。

2.石油企业弊端明显

同西方跨国石油企业相比较,我国企业无论是在规模、资金或是技术方面均存在相当大的差距。国外大型石油公司一般拥有百年发展历史,

---

① 张春宇:《非洲地区油气政策,能源产业国际合作》,载《世界能源发展报告》,社会科学文献出版社2011年版,第44页。

② 姜忠尽:《中非合作能源安全战略研究》,南京大学出版社2014年版。

③ 童安怡:《中国参与全球能源治理:问题、挑战与回应》,浙江大学2019年硕士学位论文。

跨国经营大多有50年以上的经验。如BP公司成立于1909年,于20世纪50年代开始进行国际化经营;皇家壳牌集团成立于1907年,从1910—1915年开始进行跨国经营;埃克森公司成立于1882年,于20世纪20年代开始跨国经营。中国石油公司从1993年开始落实"走出去"战略,至今仅27年,其国际化管理策略、技术水平等方面必定存在相当大的差距。由于进入非洲石油领域时间较晚,在开发时投入的资金和技术都比国际石油公司低,尤其是在深水油田项目中,劣势更为明显。我国虽在陆地勘测、边际油田开发等方面掌握着独特的技术,但是海上特别是深水石油开发技术却大大落后于西方石油公司,从而制约着我国石油企业在非洲争夺海上石油区块的步伐。例如在资源丰富的几内亚湾,面向国际招标的项目大多为深水油田项目,中国石油公司在深水石油勘探和开采方面面临严峻的挑战。

3.石油进口运输方式较为单一

目前主要为海运,然而海运路线较长,高度依赖于马六甲海峡。中国石油运输需强大的远洋运输船队和海军护卫,然而我国在这方面实力明显不足。

二、中非能源合作问题的对策

(一)政治优势转变技术优势

中非两国间坚实的政治基础是中国能源企业在非洲投资活动的保证。然而在未来的中非合作中不仅要保证我们的政治优势,更要在激烈竞争的市场中发挥技术优势。目前中国石油企业在勘探开发等方面有着独特的技术,非洲各国也鼓励外企把先进的技术和管理经验本土化。中国企业可以在发挥已有技术优势的同时,继续帮助非洲产油国提升石油工业技术水平,从而降低成本,增加产量。如此一方面推动了中非两国合作,另一方面则更有力地反驳了"新殖民主义论"。

(二)强强合作

能源对于任何国家来说都是不可多得的战略性资源,并且资源是有限的。在新国际能源格局下,应该以竞争为基础,争取互相间的合作,从而双赢共促发展。中国参与非洲竞争同样存在众多挑战，一方面，西方石油公司早于中国进入非洲市场，其在非洲能源产业根基比中国雄厚，垄断了非洲大部分石油开发项目的西方企业不仅在技术资金方面存在优势，还为其提供政治军事保护，进一步威胁了中国石油公司在非洲的活动。另一方面，来自亚太地区的竞争激烈程度也在逐步上升，譬如日本、韩国、印度等。印度与尼日利亚签署长期的低硫原油合同便是例子。

中非在能源市场上最大的竞争对手是美国。随着美国能源战略的重心向非洲转移，非洲对美国出口的石油量便在不断上升，中美两国就非洲能源资源的争夺也在不断白热化。与此同时，两国在非洲的利益同样也有交集，存在合作的必要性。因此中国应加强与美国的能源战略合作，共同研发可再生能源，既保证能源安全，降低竞争成本，也帮助非洲地区能源产业的快速发展。

除了国家层面的强强合作外，企业层面也应与竞争对手强强联合。一方面加强与西方石油公司的合作，成立合资企业共同开发，增加资金和技术的竞争力；另一方面加强与非洲石油公司合作，协助当地石油公司发展石油下游项目和基础设施建设，借助本地优势，降低成本，实现合作共赢。

第六章 非洲电力能源市场需求及
中非电力合作

第一节 非洲电力能源与国际合作概况

为发展非洲国家经济,20 世纪 60 年代民族解放运动之后,非洲国家积极探索工业化道路,从进口替代、出口加工到私有化和吸引外商投资等。但由于资源分布不均、市场碎片化、国际市场动荡、自身政策制定及执行不力等因素的共同影响,非洲工业化没有达成预期目标,工业和制造业甚至出现一定程度的倒退,1995—2015 年,非洲工业增加值占国内生产总值的比重由 33.9%下降至 27.1%,1990—2014 年,非洲制造业增加值占全世界的比重由 9%降至 4%左右。① 非洲各国逐步认识到必须充分利用各国资源禀赋,走优势互补、互通互济的一体化工业道路。

工业发展需要大量的电力支撑,但一方面非洲经济发展严重受电力基础设施不足、电网建设薄弱、电力供应难以保障等问题制约,用电难、用电贵成为非洲经济社会发展的主要困难之一。另一方面,非洲又是全球最具潜能的地区,丰富的可再生能源潜力尤其是廉价丰富的水电资源将是缓解非洲电力短缺的关键手段。随着刚果民主共和国大英加等大型水电项目的快速建造,电力配送交易将成为非洲未来电力发展的关键。但是,受季节性影响,水力发电也往往存在电力供应不均衡问题。因此,在未来的电力投资中,还需要大力开发其他清洁能源潜力,太阳能光伏产业

---

① 全球能源互联网发展合作组织:《非洲能源互联网规划研究报告》,全球能源互联网发展合作组织,2018 年,第 15 页。

将成为未来清洁能源的发展趋势。

非洲丰富的电力发展潜能吸引了世界各国的投资。2013 年 6 月,时任美国总统奥巴马在南非发布了"电力非洲倡议",将其定为美国"非洲新战略"的经济核心。2018 年 3 月,法国和印度也成立了国际太阳能联盟(ISA),力争在 2030 年前为发展中国家筹措超过 1 万亿美元的资金,新增 1000 吉瓦的太阳能光伏装机。① 近年来,中国也开始注重对非洲电力能源投资。电力行业投资建设作为中国"一带一路"建设的优先领域,是非洲基础设施建设的重要组成部分。当前,中国在发电、输配电系统建设和运营管理、电力装备制造产量和水平方面已位居世界前列,中国电力工业发展已逐步进入成熟期。另外,中国在特高压和智能电网建设方面也具备成功经验和世界领先的技术优势,为非洲大陆区域电网智能互联,远距离、大规模电力输送建设的实现提供了可能。因此,中国的优质、先进和绿色的富余产能,非常契合中非电力工业合作发展的客观需要。在"一带一路"倡议的推动下,中国对非洲电力能源投资规模持续扩大,中非电力能源合作前景欣欣向好,但同时也会触碰到很多政治、经济、社会问题,遭遇到来自全球各方面的严峻风险,亟须中非双方积极应对。

第二节　非洲电力能源发展现状

一、非洲电力能源发展状况

(一)电力需求情况

非洲国家电力需求增长很快,非洲未来电力能源投资潜力巨大。根据全球能源互联网发展合作组织 2018 年报告预测,2040 年前后非洲电能将超过石油,成为终端第一大商品能源。2015—2050 年,工业、居民和服务业部门的电能占终端能源的比重分别提高到 36%、31%,电能占终端

---

① 张锐:《中国对非电力投资:"一带一路"倡议下的机遇与挑战》,《国际经济合作》2019年第 2 期。

能源比重将从 9.5% 提高到 28%,北部、西部、中部、东部、南部非洲终端能源中电能比重将分别提高到 35%、23%、21%、28%、33%。[①] 电力能源将是未来非洲发展所需的主导能源。从能源消耗来看,在所有能源消耗中,电力约占非洲总能源消耗的 10%,非洲的人均电力需求仍然很低,约为 550 千瓦时,而印度为 920 千瓦时,亚洲发展中国家为 2300 千瓦时。

2010—2018 年,非洲的年平均电力需求增长率为 3%,从 2010 年的 560 太瓦时增至 2018 年的 705 太瓦时左右,但这也仅相当于 2018 年欧洲电力需求的 1/5。尽管非洲人口占世界人口的近 1/5,但其电力需求只占全球的 3% 左右,电力需求最多的为北非和南非国家,分别占非洲电力需求的 42% 和 30%。[②]

分行业看,近年非洲国家建筑行业及轻工业电力需求增长较快,未来电力应用于工业制造潜力巨大。自 2010—2018 年,非洲建筑行业的电力需求增长几乎占了新增电力需求的 70%,这主要是由于家用电器、水暖和制冷设备对住宅建筑的需求增加,超过 60 太瓦时;在工业电力需求上,2018 年整个工业电力需求为 40 太瓦时,其中,重工业的电力需求在 2010—2018 年基本停滞不前,而轻工业电力需求增长率为 90%。[③]

根据非洲能源互联网规划研究 2018 年报告显示,非洲仍有 23 个国家电力可及率甚至不足 50%,无电人口规模达到约 6 亿人,占世界无电人口总数一半以上。[④]

(二)电力供给情况

非洲当前主要依靠传统能源发电,清洁能源应用发电潜力巨大。非洲的发电量从 2010 年的 670 太瓦时增加到 2018 年的 870 太瓦时,天然气和煤炭发电分别占 2018 年发电量的 40% 和 30%,石油发电占 9%,核能

---

① 全球能源互联网发展合作组织:《非洲能源互联网规划研究报告》,全球能源互联网发展合作组织,2018 年,第 30 页。

② IEA(International Energy Agency) ,"Africa Energy Outlook 2019",p. 55.

③ IEA,"Africa Energy Outlook 2019",p. 56.

④ 全球能源互联网发展合作组织:《非洲能源互联网规划研究报告》,2018 年,第 9 页。

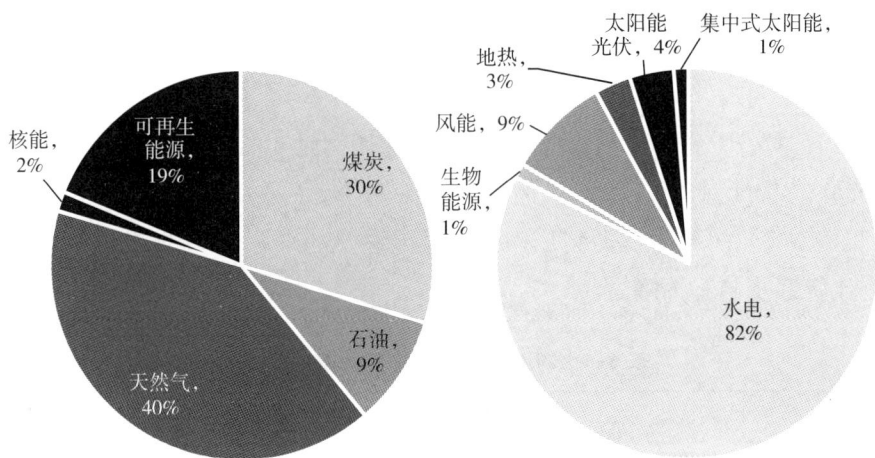

图 6-1　2018 年非洲发电能源分布　　图 6-2　2018 年可再生能源中各成分占比

资料来源：IEA，"Africa Energy Outlook 2019"，p. 56.

发电占 2%，而可再生能源发电只占了 19%（见图 6-1）。[①]　由于各地区能源分布差异，各地区利用能源发电状况也存在巨大差异。在北非，天然气发电占 2018 年发电量的 3/4 以上；南非严重依赖煤炭，对核能的依赖程度也不高，而在撒哈拉以南非洲的其余地区，水力发电占发电总量的一半以上。

　　非洲清洁能源市场中，水力发电市场巨大，风能、核能、太阳能、地热等能源市场有待进一步开发利用。根据全球能源互联网发展合作组织 2018 年发布的报告显示，非洲的清洁能源资源开发潜力巨大，其太阳能可开发量占世界总量的 40%，水力发电占世界可开发量的 32%，风力发电占世界可发电量总量的 32%。[②]　2018 年，在非洲所有可再生能源使用上，水电占比为 82%，而太阳能仅占 5%，风能利用仅为 9%，地热使用仅为 3%（见图 6-2）。从能源的区域分布上看，赞比亚、埃塞俄比亚、刚果民主共和国和莫桑比克水电资源丰富，坦桑尼亚、肯尼亚等拥有丰富的太阳能，南非等国则拥有丰富的风能资源。

---

①　IEA，"Africa Energy Outlook 2019"，p. 56.

②　杨海霞：《电力互联或给非洲发展增强动力》，《中国投资》2019 年第 22 期。

清洁能源的开发利用是未来的发展趋势。根据非洲 2019 年《能源展望报告》显示,2010—2018 年,非洲的总装机容量从约 155 千兆瓦增加到近 244 千兆瓦,约占欧盟国家总装机容量的 1/4。其中,非洲可再生能源装机容量 2010 年为 28 吉瓦,到 2018 年增加到近 48 吉瓦,占总装机容量的 20%,预计到 2040 年该比例将上升为 49%,年平均增长率高达 8.7%(见表6-1),可再生能源将成为能源发电主要的来源,传统能源装机容量占比将逐步趋于下降。

表 6-1　2017—2040 年非洲国家电容量

指标 年份 类别	总装机容量(吉瓦)						占比(%)		平均年增长率(%)
	2017	2018	2025	2030	2035	2040	2018	2040	2018—2040
总容量	228	244	315	400	501	614	100	100	4.3
煤炭	48	48	55	55	51	48	20	8	0
石油	42	43	35	36	37	36	18	6	—0.8
天然气	92	103	129	146	171	207	42	34	3.2
核能	2	2	2	4	5	6	1	1	5
可再生能源	44	48	90	154	225	299	20	49	8.7
水电	35	36	49	57	67	83	15	13	3.9
生物能源	1	1	2	6	8	9	0	1	11.9
风能	5	5	15	30	41	53	2	9	10.9
地热	1	1	1	4	6	9	0	1	12.6
太阳能光伏	3	4	21	55	98	135	2	22	16.8
集中式太阳能	1	1	2	3	6	10	0	2	11.3

注:表中数据有四舍五入。

资料来源:IEA,"Africa Energy Outlook 2019",p.260。

水电市场保持稳步增长,太阳能光伏应用将成为未来开发投资趋势。截至 2018 年,水力发电是非洲最大的可再生能源,其总装机容量从 2010 年的 26 吉瓦增加到 2018 年的 36 吉瓦,尽管其在总发电结构中的份额相对稳定地保持在 15% 左右。其他可再生能源已经开始发展,但目前它们在发电和产能中所占的份额很低。太阳能光伏 2018 年装机容量约为

4.5吉瓦,到2040年该份额将大幅增长至22%,年平均增长率将高达16.8%。2019年5月,非洲大陆迄今为止最大的公用事业规模的太阳能光伏项目——16亿瓦本班(Benban)太阳能项目在埃及开始服务。另外,南非截至2018年有近200万千瓦的太阳能光伏发电装机容量和一些集中式太阳能发电(CSP)项目,包括100兆瓦的西纳太阳能一号项目(Xina Solar One Project)和100兆瓦的IIanga—1电厂(IIanga-1 Plant),分别于2017年和2018年投产。

二、非洲电力能源存在的问题

(一)非洲电力需求巨大,电力成本高筑,急需大规模的投资

根据全球能源互联网发展合作组织2019年的数据,非洲人均年用电量为全球平均人均年用电量的18%[1],平均电价高达每千瓦时14美分以上,是发展中国家平均电价的2倍至3倍左右[2],而非洲却仍有近50%的人口尚未能用上电,这些问题严重制约着非洲的经济增长。利比里亚土地矿业与能源部部长谢尔曼表示,西非的通电率只有52%,每月缺电时长约80个小时,而它的电力成本却是全球最高之一,2018年每度电成本高达25美分。国际能源署2019年非洲能源展望报告显示,现有输电和配电资产投资不足,以及由于装机容量不足而无法满足高峰负荷,导致频繁的服务中断,从几小时到几天不等。在2006—2018年间,约80%的撒哈拉以南非洲公司经常遭受电力中断,通常持续6个小时,平均每年损失约8%的销售额。相比之下,经合组织(OECD)国家的企业平均每月断电1小时左右。[3] 据有关统计,由于电力基础设施资源不足,致使非洲每年经济增长率减少约2%。特别是在撒哈拉以南非洲,频繁停电给小型企业、家庭式作坊带来的损失占营业额的16%,给大型公司、企业造成的损

---

① 曹铁、龙瑶、万方:《打造非洲"电力高速公路"——中非探索能源合作"模式"》,https://www.360kuai.com/pc/9ae563c1432a304fa? cota = 3&kuai _ so = 1&sign = 360 _ 57c3bbd1&refer_scene=so_1,2019年11月7日。

② 全球能源互联网发展合作组织:《非洲能源互联网规划研究报告》,2018年,第9页。

③ IEA, "Africa Energy Outlook 2019", p.135.

失占其营业额的 6%。①

（二）非洲偏远地区的电网系统主要为微型电网和独立系统，难以满足市场需求

短期内，电网系统投资建设成本高筑，电价高企，导致电网系统短期内难以适应市场需求，因此，在非洲偏远地区，微型电网和独立系统往往具有更大的市场潜力。微型电网是一种局部的电力网络，其基础设施是在规定的服务区域内传输电力，可以根据不断增长的需求扩大规模，并最终连接到主电网。独立系统没有连接到电网，通常由柴油发电机和太阳能光伏系统主导，并为单个家庭供电。根据世界银行 2019 年《5 亿人的微型电网：市场展望和决策者手册》②报告，截至 2018 年，非洲各地已经安装了大约 1500 个微型电网，还有 4000 多个正在规划中，其中超过一半在塞内加尔和尼日利亚。通过独立系统进入撒哈拉以南非洲的数量也在增加，2018 年，撒哈拉以南非洲地区近 500 万人通过太阳能家庭系统获得电力。为促进非洲偏远地区的经济增长，需要通过推动农副产品深加工，提高生产效率，以提高附加值的形式增加收入，但提高农副产品的附加值需要稳定的电力供应，偏远地区的村子较小，孤网运行难以支撑生产。

（三）非洲地区电力贸易大部分通过双边合同实现，实时交易市场上完成的电力交易占比较低

首先，该地区电力贸易实时交易总量仍然偏少。据全球能源互联网发展合作组织 2018 年报告显示，非洲电力贸易仅占能源出口总量的 0.8%。③ 据南部非洲电力联营集团（SAPP）2018 年报告显示，2018 年度，南部非洲电力联营集团电力交易总量为 906.5 万兆瓦时，而实时电力交

---

① 王涛、赵跃晨：《非洲太阳能开发利用与中非合作》，《中非合作研究》2016 年第 6 期。

② ESMAP（Energy Sector Management Assistance Program），"Mini Grids for Half a Billion People：Market Outlook and Handbook for Decision Makers，Des Mini-RÉSeaux Pour Un Demi-Milliard De Personnes-Des Mini-RÉSeaux Pour Un Demi-Milliard De Personnes"，June 25，2019，p.2.

③ 全球能源互联网发展合作组织：《非洲能源互联网规划研究报告》，2018 年，第 20 页。

易量仅为212.4万兆瓦时,不足24%,而2017年该比率仅为11.3%[①],其余都是通过双边交易实现。2018年仅有47%的买方需求和9%[②]的卖方需求是通过实时电力交易市场实现,而2017年仅有10%的买方需求和7%[③]的卖方需求是通过实时电力交易市场实现。在实时交易中,2018年月度远期实物市场(Forward Physical Monthly Market,FPMM)、周远期实物市场(Forward Physical Weekly Market,FPWM)、日前交易市场(Day-ahead Market,DAM)和日内交易市场(Intra-day Market,IDM)四种方式分别占比4%、9%、72%和15%。

其次,实时交易匹配率不稳定,波动较大。据南部非洲电力联营集团电力交易平台显示,虽然买电和卖电实时需求都比较大,但买卖双方匹配成功率不高。表6-2为SAPP 2017年度和2018年度(2016年4月至2018年3月)实时电力交易匹配率统计。在2017—2018年度,买卖双方在实时电力市场最终匹配成功率仅为47%和9%,而在2016—2017年度仅为27%和20%。另外,受输电约束影响,在2017年度,电力交易成交量为1023056兆瓦时,实时交易市场匹配总量为2779772.7兆瓦时,成交率不足37%,2018年成交率大幅提升,成交率高达98%。

最后,电力交易竞争不充分。2018年度,在实时交易市场上完成的电力交易仅占总交易量的24%,双边电力交易仍然占据主导地位,竞争机制不能充分发挥作用。

表6-2 2016—2018年SAPP实时电力交易匹配率统计

(单位:兆瓦时)

时间	买方	卖方	匹配	时间	买方	卖方	匹配
2016年4月	764892	1004148	117802.1	2017年4月	348661	1844553	133966.2
2016年5月	394138	594624	94173.9	2017年5月	317720	1776163	132720.8

---

① 周立志、王晓波:《南部非洲电力联盟及其跨国电力交易现状和前景研究》,《全球视野》2018年第39卷第9期。

② SAPP(Southern Afeican Power Pool),"Annual Report 2018",p.39.

③ SAPP,"Annual Report 2017",p.25.

续表

时间	买方	卖方	匹配	时间	买方	卖方	匹配
2016 年 6 月	1296665	799609	219076.9	2017 年 6 月	284618	1734118	128065.3
2016 年 7 月	1255519	970554	227385.7	2017 年 7 月	298593	1809013	162881
2016 年 8 月	1327883	1032916	285081.8	2017 年 8 月	339320	2073236	204811.9
2016 年 9 月	1194507	1321725	457256.7	2017 年 9 月	403474	2049586	203737.8
2016 年 10 月	870482	1537304	356072.8	2017 年 10 月	533547	2215595	246110.5
2016 年 11 月	1078720	1444508	473568.6	2017 年 11 月	460621	2151157	232856.2
2016 年 12 月	771349.6	1345220	226743.9	2017 年 12 月	448400	2156489	239358.8
2017 年 1 月	419780	1595664	128443.3	2018 年 1 月	510139	2139920	225875.5
2017 年 2 月	499860	562850	101602.8	2018 年 2 月	320978	2006087	120617.4
2017 年 3 月	254513	1765847.5	92564.2	2018 年 3 月	266795	2179077	120994.9
合计	10128308.6	13974969.5	2779772.7	合计	4532866	24134994	2151996.3
匹配率	27%	20%	—	匹配率	47%	9%	—

资料来源：根据 SAPP 2017 年（http://www.sapp.co.zw/sites/default/files/SAPP.pdf）和 2018 年（http://www.sapp.co.zw/sites/default/files/30955_Sapp% 20Annual% 20Report% 202018.pdf）年报整理。

（四）电力互联主要为国有，难以吸引私人资金

非洲大多数电力互联都是国有或公用事业所有，并由政府出资。输电互联是一种资本密集型投资，需要两个或两个以上政府之间的密切合作，并具有很高的可感知风险，包括与输电定价相关的风险。这使得电网投建很难吸引私人部门的资金，而国内公用事业公司长期处于亏损状态，自身融资能力较低，这也导致了电力互联投资效率低下。例如，津巴布韦—赞比亚—博茨瓦纳—纳米比亚互联互通项目在 2007 年签署了一份公用事业合作备忘录，启动后，至今尚未实现财务结算。

第三节　中非电力能源投资合作状况

近年来，由于中国经济放缓，多个行业产能过剩，中国企业需要寻找新的投资市场以维持增长，因此，中国逐渐把对外投资目光投向了资源丰富的非洲。

一、中国对非洲电力能源投资

2005—2018 年,中国对非洲能源投资主要集中在水电能源投资,投资额最高达到 410.5 亿美元,占所有中国对非洲能源投资额比例的 35%（见图 6-3）。中国依靠其承建水电项目成本及技术优势,对非洲水电能源投资具有项目数量多、投资规模大、项目分布广、承建任务大、建造成本较低等特点[①],中国电力企业在非洲水电项目遍布整个非洲大陆,投资规模呈现递增趋势（见图 6-4）,主要投资国家有尼日利亚（70.8 亿美元）、埃塞俄比亚（38.1 亿美元）、喀麦隆（36.2 亿美元）、安哥拉（35.5 亿美元）和赞比亚（32.7 亿美元）等国家。但是,中国企业在生物质能、天然气和地热能电厂项目的参与程度不高。中国在非洲水电投资方式主要为工程总承包（EPC）模式。[②]

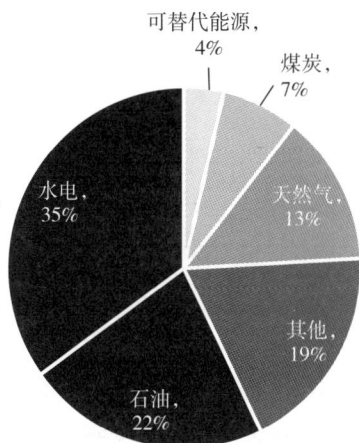

图 6-3　2018 年中国对非洲能源
投资行业分布

图 6-4　2005—2018 年中国对非洲水电
投资流量

资料来源:https://www.aei.org/china-global-investment-tracker/。

---

　　① 张希颖、刘梦楠:《中国对非洲水电投资的特点和前景评析》,《对外经贸实务》2017 年第 11 期。
　　② EPC 模式是指公司受业主委托,按照合同约定对工程建设项目的设计、采购、施工、试运行等实行全过程或若干阶段的承包。

二、中国在非洲电力项目承包建设

2010—2020 年,中国公司承建的新电力项目在 54 个非洲国家中至少占 37 个,中国承建水电项目新增容量合计约 8.9 亿瓦(见表 6-3)。2010—2015 年,撒哈拉以南非洲承建的或在建的非风电和非太阳能光伏新电厂中大约 1/4 是由中国承建的。中国承包商主导水电大坝承建,占比达到 58%,煤电厂承建占比也达到了 27%。其他外国承包商主导新燃油电厂承建,占比高达 75%,而中国企业只占 16%。①

表 6-3 2010—2020 年中国公司承建的非洲水电项目

区域	水电项目主要分布的国家	中国承建水电项目新增容量(亿瓦)	中国承建非洲水电项目所占的比例(%)
西部非洲	几内亚、贝宁、加纳、马里、尼日利亚、科特迪瓦	1.98	47.22
东部非洲	埃塞俄比亚、乌干达、肯尼亚、布隆迪	3.36	61.11
南部非洲	津巴布韦、毛里求斯、安哥拉、赞比亚、莫桑比克	1.68	30.56
中部非洲	中非、刚果民主共和国、喀麦隆	1.156	88.89
北部非洲	苏丹、摩洛哥	0.757	17.22

资料来源:张希颖、刘梦楠:《中国对非洲水电投资的特点和前景评析》,《对外经贸实务》2017 年第 11 期。

截至 2018 年,从规划到执行阶段的非洲电力项目有 242 个,总投资额为 3111 亿美元,中国公司是其中 63 个电力项目的主要承包商,总价值 781 亿美元,预计到 2030 年中国承包商所承建项目将提供 53.3 兆瓦的发电量。②中国承建能源项目中,水电项目承建最高。2005—2018 年,中国承建非洲能源项目总额达 790 亿美元,其中水电项目最高达到 342 亿美元(见表 6-4),占比为 43%(见图 6-5)。中国承建企业主要有:中国水

---

① 国际能源机构:《促进撒哈拉以南非洲电力发展——中国的参与》,第 15 页。
② 中非贸易研究中心:《中国继续在非洲投资电力项目》,http://news.afrindex.com/zixun/article11867.html,2019 年 6 月 6 日。

电、国机集团、三峡集团、葛洲坝、中国能建、中国电建、中石化、中国建筑和特变电工等企业,且大多数为国有企业,私人企业参与承建的很少。

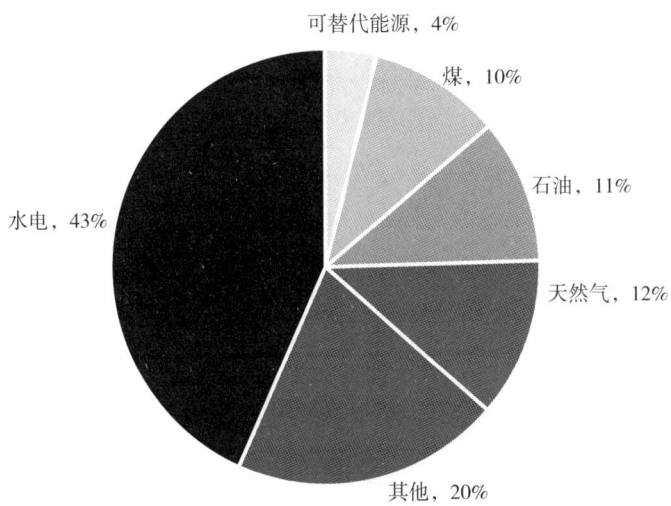

图 6-5 2005—2018 年中国承建非洲能源项目占比

资料来源:https://www.aei.org/china-global-investment-tracker/。

表 6-4 2007—2018 年中国承建非洲水电项目

时间	中国承建公司	国家	合同金额(百万美元)	占比(%)	交易方
2007 年 4 月	国机集团	赤道几内亚	650		
2007 年 4 月	中国水电	加纳	600		
2008 年 4 月	中国水电 三峡集团	苏丹	400		
2008 年 10 月	中国水电	赞比亚	280		Zesco
2008 年 11 月	中国水电	加蓬	400		
2009 年 1 月	中国水电	博茨瓦纳	100		
2009 年 1 月	中国水电	马里	160		
2009 年 2 月	国机集团	马达加斯加	140		
2009 年 3 月	中国水电	多哥	390		
2009 年 6 月	国机集团	赞比亚	670		

续表

时间	中国承建公司	国家	合同金额 （百万美元）	占比 （%）	交易方
2009 年 7 月	中国水电	埃塞俄比亚	2420		
2009 年 8 月	国机集团	赞比亚	190		Zesco
2009 年 9 月	葛洲坝	埃塞俄比亚	450		Ethiopian Electric Power Corporation
2009 年 10 月	中国水电	马里	430		
2009 年 12 月	葛洲坝	马里	100		
2010 年 3 月	中国水电	喀麦隆	640		
2010 年 4 月	三峡集团	苏丹	840		
2010 年 5 月	东方电气	埃塞俄比亚	500		
2010 年 5 月	中国水电	津巴布韦	400		Zesa
2010 年 11 月	葛洲坝	苏丹	800		
2010 年 11 月	国机集团	刚果	280		
2010 年 12 月	中国水电	刚果民主 共和国	380		
2011 年 5 月	三峡集团	喀麦隆	200		Electricity Development Corp
2011 年 7 月	中国水电	赞比亚	1970		Zesco
2011 年 8 月	三峡集团	几内亚	450		
2011 年 9 月	中国电建	赞比亚	160		
2011 年 9 月	葛洲坝	刚果共和国	110		
2011 年 10 月	三峡集团	毛里求斯	110		
2012 年 1 月	中国能建	南苏丹	1400		
2012 年 7 月	中国建筑	肯尼亚	1750		
2012 年 7 月	三峡集团	喀麦隆	210		
2013 年 1 月	三峡集团	阿尔及利亚	100		
2013 年 1 月	中国电建	象牙海岸	570		
2013 年 7 月	三峡集团	乌干达	560		
2013 年 7 月	三峡集团	喀麦隆	330		
2013 年 9 月	中国电建	乌干达	1690		
2013 年 10 月	中国电建	坦桑尼亚	140		
2013 年 12 月	中国电建 国机集团	尼日利亚	1290		
2014 年 1 月	中国电建	厄立特里亚	100		
2014 年 1 月	特变电工	安哥拉	780		

续表

时间	中国承建公司	国家	合同金额（百万美元）	占比（%）	交易方
2014 年 5 月	国机集团	刚果民主共和国	300		
2014 年 9 月	中国电建	津巴布韦	530		
2014 年 9 月	中国电建中国中铁	埃塞俄比亚	440	75%	SUR
2014 年 10 月	三峡集团	加纳	310		
2015 年 2 月	中国电建	喀麦隆	650		
2015 年 5 月	中钢集团	马拉维	210		H.E.Power
2015 年 9 月	三峡集团	几内亚	1380		
2015 年 11 月	中石化江西水务	卢旺达	340		
2015 年 12 月	中国电建	贝宁	160		Benin Electric
2016 年 1 月	中国电建	喀麦隆	300		
2016 年 1 月	中国电建	马达加斯加	270		
2016 年 6 月	中国电建中国中铁	刚果民主共和国	660		Sicomines
2016 年 7 月	中国电建	津巴布韦	600		
2017 年 6 月	中国能建	安哥拉	2770	61%	Boreal Investments
2017 年 11 月	中国能建	肯尼亚	360		
2017 年 11 月	中国电建	象牙海岸	350		
2017 年 12 月	国机集团	喀麦隆	400		
2018 年 3 月	中国电建	喀麦隆	890		EDF
2018 年 9 月	中国能建	加蓬	200		
合计			34260		

资料来源：根据 China Global Investment Tracker 2018 年数据（https://www.aei.org/china-global-investment-tracker/）整理。

　　根据国际能源署 2019 年发布的中国在撒哈拉以南非洲地区电力行业的参与情况报告[1]，在 2014—2018 年五年里，中国承包商在尼日利亚、

---

[1]　IEA，"Another look at China's involvement in the power sector in Sub-Saharan Africa"，2019，https://www.iea.org/newsroom/news/2019/april/another-look-at-chinas-involvement-in-the-power-sector-in-sub-saharan-africa.html，http://dehai.org/dehai/dehai-news/317671.

卢旺达、赞比亚和博茨瓦纳建成了 5 座燃煤电厂，总发电量为 811 兆瓦。在 2014—2024 年，中国公司承建了撒哈拉以南非洲 20% 的新电厂，其中中国在赞比亚新增承建发电项目最多，其次是尼日利亚、安哥拉、乌干达和科特迪瓦，这五个国家占了中国承包商新增承建发电项目的一半左右，且这些项目大多是大型水电项目。中国公司在水电项目上占主导地位，尽管在新项目承建方面领先，但仍依赖从经合组织国家的供应商那里采购总计 150 万千瓦的项目设备，主要是燃气轮机组成的设备，目前完全依赖外国制造商。

据统计，中国在撒哈拉以南非洲承建的发电项目中，在 2014 年已经开工、预期到 2024 年前竣工的发电项目共有 49 个，总装机 9111 兆瓦，占同期撒哈拉以南非洲装机的 20%。其中水电项目 25 个，装机 5764 兆瓦，占同期撒哈拉以南非洲水电装机的 61%；煤电项目 5 个，装机 811 兆瓦，占同期装机的 50%；天然气发电项目 4 个，装机 988 兆瓦，占同期装机的 13%；其他可再生能源项目 10 个，装机 1178 兆瓦，占同期装机的 11%；燃油发电项目 5 个，装机 370 兆瓦，占同期装机的 8%。在非洲国家承建发电项目的中国公司有：中国电建，承建装机 4520 兆瓦；三峡集团，承建装机 1090 兆瓦；中国能建，承建装机 870 兆瓦；中国机械，承建装机 850 兆瓦；中国电力，承建装机 850 吉瓦；其他中国公司承建装机 930 吉瓦。①

三、中国电力企业的国际竞争力

（一）融资优势

非洲电力能源开发项目耗资巨大，中方水电项目投资资金大多来自中国国内金融机构，借助国际金融机构融资渠道非常有限，很多非洲国家面临债务问题，中国水电项目投资要警惕非洲债务风险问题。非洲电力建设耗资巨大，但由于很多非洲国家投资担保能力不足，非洲大型电力项目往往存在融资难，项目难以启动等问题。为促进非洲经济长期增长，非

① 《中国公司在非洲有多少发电项目？》，http://news.bjx.com.cn/html/20190508/979023.shtml，2019 年 5 月 8 日。

洲基础设施投资建设迫在眉睫,电力能源建设资金需求巨大。据估计,2014—2040 年非洲电力能源投资需求共计 1.6 万亿美元,平均每年需要投资 602 亿美元。在电力投资需求的组成中,输配电网项目投资占比 52%,电源项目投资占比 48%。[①]

目前,中国公司承建的电力项目大部分由中国利益相关者融资,这是因为获得中国融资和与中国公司签订合同是挂钩的。根据国际能源署 2016 年数据显示,接近 80% 中方承建的电力项目(发电和输配电)从中国的银行或机构得到资金,其余项目资金来自多边援助机构(10%)或中国和其他双多援助机构的混合贷款(10%),只有 2% 完全由当地基金提供融资(见图 6-6)。因此,中国在非洲水电项目投资需要进一步扩大融资渠道,发挥世界银行等国际开发金融机构在水电项目中的作用。

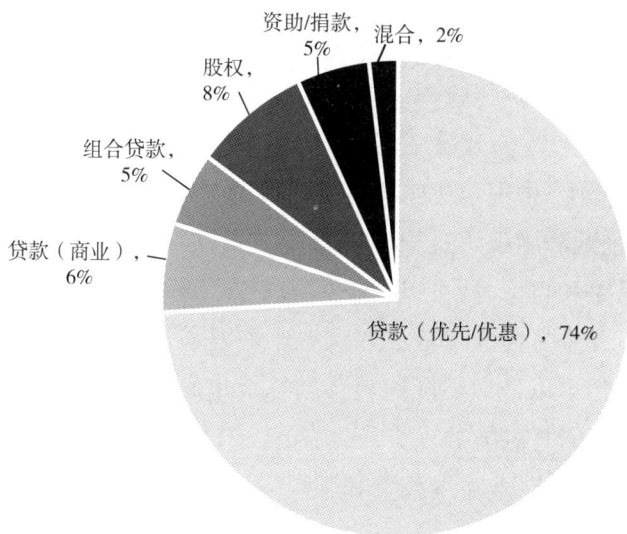

图 6-6　2015 年中方承建的撒哈拉以南非洲电力项目融资来源

资料来源:国际能源机构:《促进撒哈拉以南非洲电力发展——中国的参与》,2016 年,第 28 页。

(二)产业链优势及技术优势

电网的构建可以保证安全可靠的电力供应以及优化电力资源配置,

---

① 朱利伟:《非洲电力投资前景可期》,《中国投资》2017 年第 2 期。

其涵盖了输电、变电、配电、用电和调度等环节。电网投资的特点是一次投资较大、产业链条较长,而中国在电网系统的输电、变电、配电、用电和调度各个环节均形成了一定的产能优势,特别是在光伏行业的产能和装机容量方面已经位居世界第一,并形成了从原材料到应用系统的无缝衔接的全产业链,取得了极为不易的市场成就。当前,非洲电网系统还需要大规模投资建设和升级改造,对非洲电网项目、光伏产业等方面的投资可以充分发挥中国企业的比较优势。此外,中国具有世界领先的特高压输电技术和5G技术,随着5G技术的全面铺开商用,智能电网的铺设将成为未来主流。全球能源互联网发展合作组织主席2018年10月在接受莫斯科新华社专访中表示,中国已全面掌握了自主研发的特高压核心技术和全套装备制造能力,目前已经建设了世界上规模最大、电压等级最高的特高压交直流混合电网,中国特高压技术已应用于巴西电网。中国在特高压电网建设运营上取得的巨大成功,为加快世界能源转型和全球能源可持续发展提供了宝贵经验。①

(三)管理优势和成本优势

在投资管理上,中国承建非洲电力项目主要采用工程总承包模式,整合项目设计、采购和施工等过程,非洲东道国只需提出具体的要求,明确工程建设的思路和目标,便可以招投标的方式选择承包商。工程总承包模式具有以下几个方面的优势:第一,工作范围和责任界限清晰,建设期间的风险和责任可以最大限度地转移到总承包商。第二,可以最大限度地发挥工程项目管理各方的优势,实现工程项目管理的各项目标。第三,合同总价和工期固定,业主的投资和工程建设期相对明确,有利于费用和进度控制。第四,工程总承包商负责整个项目的实施过程,不再以单独的分包商身份开展项目,有利于整个项目的统筹规划和协同运作,可以有效解决设计与施工的衔接问题,减少采购与施工的中间环节。② 总之,中国企业在多年的电力投资建设中,积累了丰富的经验,在市场的竞争中具有

---

① 栾海:《特高压电网是构筑全球能源互联网的关键》,https://www.sohu.com/a/257905120_267106,2018年10月6日。

② 《EPC总承包的优缺点》,https://zhidao.baidu.com/question/537442126.html。

比较优势。

在成本控制上,根据国际能源署 2016 年报告①,中国在撒哈拉以南非洲水电项目上占有绝对优势,中方在建设电厂的隔夜成本②基本处于其他经济体的典型项目成本区间之内。而中国在风电、煤电和气电项目的成本基本处于全球成本范围的顶端,因为非洲物流成本高,还需要进口西方设备。由于非洲电力产业链投资尚不成熟,中方在撒哈拉以南非洲建设电厂的成本比在中国国内建设电厂典型项目的成本更高。

第四节　非洲电力能源互联投资建议

一、非洲应采取的措施

(一)新能源是未来发展趋势,但传统能源短期内依旧需要发挥主导作用

非洲各国政府应结合本国的实际状况制定相应的能源规划和各项能源政策,使传统能源和可再生能源协同发展,共同提高非洲电力供应能力。在农村地区,可着力发展水力、风能和太阳能光伏为主的可再生能源微网和离网发电,解决集中式电网无法大规模供应的问题。在城市,可以传统能源集中并网供电为主,可再生能源为辅,灵活实施电力交易竞争机制,提高电网覆盖地区范围的电力接入率和实时电力交易匹配率,改善城市居民用电状况。

(二)加强非洲区域清洁能源走廊的建设,推动区域电网系统升级

未来几年非洲电力配送的关键将是电力的消纳问题,因此,亟须加快开展非洲清洁能源走廊建设规划,实现非洲各国以及跨区域电网改造升级需求和中国企业投建能力有效对接。为此,应注意做好以下工作。一

---

① 国际能源机构:《促进撒哈拉以南非洲电力发展——中国的参与》,2016 年,第 29 页。

② 隔夜成本:包括建设前(业主)成本、建设(EPC)成本和不可预见费,不含建设期间累积的利息。

是跳出单个、局部电力项目思维,统筹谋划建设配套电网、远距离输配电工程,从整个非洲大陆电力需求与布局角度对重大中非清洁能源投资合作项目加以考量,充分发挥电网有效输送供给的作用,实现项目投资效益的最大化。二是通过规划,加快各地区重点国家电网的升级改造,增大区域内电网互联规模,并在此基础上实现非洲各区域电网稳定连接。三是以蒙贝拉项目、大英加项目等重大清洁能源项目总体开发为契机,成立中国与区域国家间清洁能源合作开发政府的协调机构,推动非洲清洁能源走廊规划落地实施。① 四是紧抓非洲自由贸易区设立的这一契机,积极探索和优化电力能源自由贸易制度,进一步降低关税、消除贸易壁垒,促进区域内电力贸易和投资发展,实现区域内电力互联一体化,同时促进非洲各国各行业产业链的形成,促使非洲各国资源互补、生产要素自由流动,形成各行业集聚生产的规模优势。

(三)创新电力投资合作模式,鼓励私营部门参与电力投资

首先,在电网的投资建设中,要充分吸纳私营部门参与投建,释放市场活力,提高项目建设和运营效率,同时要推动电力工程承包、电力投资运营、电工装备出口业务拓展模式持续创新,向价值链中高端环节迈进。针对非洲各国市场特点,创新项目投建方式,在现有股权并购和特许经营权模式的基础上,采用建设—运营—移交(BOT)、建设—拥有—经营—移交(BOOT)、建设—管理—转让(BMT)、公私合作伙伴关系(PPP)等方式进行合作。② 其次,针对电力公用事业垄断低效问题,建议分拆电力公用事业,以鼓励使消费者受益的竞争,最终高效生产并运输电力,达到降低电价的目的,让电力真正能够切实应用到工业生产,从而产生经济价值。

二、中国应采取的措施

(一)坚持"投、建、营"一体化建设,推动中国企业抱团"走出去"

非洲国家债务高筑,且经济产业结构单一,很多非洲国家靠出口资源

---

① 田煜、孟令轲、李华:《破解电亮非洲最大矛盾》,《中国投资》2019 年 3 月第 5、6 期。
② 国庆、马莉:《电网联接非洲》,《中国投资》2018 年第 4 期。

维持国内经济,经济环境较差、投资资金不足,工程承包利润值不断下滑,加上后期维护工作开展较差,这就要求开发企业必须前期投资,实现整体"投、建、营"一体化运营。在"投、建、营"一体化进程中,中国企业要尽可能聘用非洲工人,为非洲国家提供充分的就业岗位,同时培养一批懂技术的当地国家高级技术管理人才。另外,非洲国家基础设施建设落后,严重制约电力能源产业链的形成,因此要鼓励中国企业抱团"走出去",合力打造非洲电力产业链,切实形成电力产业链协同效应。结合中非政府政策的大力支持和中国优势产业链条的经验,积极引导中国电力能源产业链企业集群式进入非洲进行投资,加强发电、电网、工程建设、装备制造、规划设计等电力企业和机构合作,形成具有当地特色完整的产业链条,深化资源产业在当地加工程度,降低对能源产业原产品零加工出口的依赖,推动地区经济持续增长和双边贸易发展。

(二)发挥援助资金、国际开发性资金及私营资本对非洲电力能源投资的作用,关注项目的债务风险问题

建设非洲能源电力互联需要充足的资金保障,少数参与投建的国家主体很难弥补巨额的资金缺口,因此,需要国际多边组织在非洲电力能源建设中发挥作用。前文谈到,目前中国公司承建的电力项目大部分由中国利益相关者融资,一般来说,中国公司签订合同与获得中国融资是挂钩的。根据国际能源署 2016 年数据显示,接近 80% 中方承建的电力项目(发电和输配电)都是从中国的银行或金融机构贷款,只有很小比例的项目资金来自多边援助机构(10%)或中国和其他双多援助机构的混合贷款(10%),仅 2% 完全由当地基金提供融资。[1] 中方在非洲水电项目投资资金大多来自中国国内金融机构,这一方面给中国企业带来较沉重的融资风险和融资负担,另一方面,近年来非洲各国总体债务负担加重,债务可持续性存在问题,存在一定的债务违约风险。

因此,中国在非洲水电项目投资需要进一步扩大融资渠道,发挥发达国家、世界银行、非洲发展银行等国际开发金融机构在水电项目中的作

---

[1]　国际能源机构:《促进撒哈拉以南非洲电力发展——中国的参与》,2016 年,第 27 页。

用。在电力项目建设初期,可先行引入国际发展援助投资,提供政府资金及技术支持,进而启动项目建设;在电力项目建设中期,可采用官方发展援助(ODA)与开发性资金相结合的公私合作伙伴关系(Public-private Partnership,PPP)投资模式,将重点放在项目标准、设计、评价等整个建设的生命周期绩效上,建立建设发展过程中相适应的风险分散机制,为混合公私合作创造一个稳定的投资环境,充分保障投资各方尤其是私人投资者的合法利益;在电力项目建设后期,可以采用纯粹的混合公私合作投资与私人投资相结合的投资模式,充分发挥私人部门在电力能源市场中的作用。

(三)契合全球能源互联网发展合作组织"电矿冶工贸"的清洁能源投资方案,打造"投资—开发—生产—出口—再投资"的良性循环运作模式

非洲矿产资源丰富,其中铂族、铬、磷、锰、钴、金、铝土矿等矿产资源储量在世界上居首位,分别约占世界总储量的 89%、87%、62%、56%、50%、40% 和 30%[1],然而,受技术等各方面条件限制,丰富的矿产资源只能以低附加值原材料出口。全球能源互联网发展合作组织 2019 年 11 月提出了"电矿冶工贸"的联动发展的新模式,到 2040 年,非洲总体形成"一横两纵"骨干网架,加强跨州联网通道。[2] 同时整合非洲清洁能源和矿产资源的优势,依托关联度高、带动性强的龙头企业和重大项目,重点打造一批矿冶加工示范工业园区,形成优势产业集聚区,打造电力、采矿、冶金、工业、贸易协同发展的产业链[3],深化自然资源原产品加工程度,推动初级产品向高附加值产品出口转变,形成"投资、开发、生产、出口、再投资"的良性循环,同时以项目的良好预期收益为基础,推动发电、输电、用电等企业签订多方合约,形成风险共担的利益共同体。

---

① 全球能源互联网发展合作组织:《非洲能源互联网规划研究报告》,2018 年,第 11 页。

② 全球能源互联网发展合作组织:《构建非洲能源互联网,促进"电—矿—冶—工—贸"联动发展》,2019 年,第 18 页。

③ 全球能源互联网发展合作组织:《构建非洲能源互联网,促进"电—矿—冶—工—贸"联动发展》,2019 年,第 31 页。

首先,中国在电力投资模式上要更加灵活多样,积极采取股权投资模式,让电力项目形成利益共享、风险共担的局面。其次,中国要不断提升原材料产品的加工技术,降低原材料加工成本,增加原材料出口加工质量,以提高中国企业在非洲原材料加工市场的竞争力。最后,契合非洲自由贸易区的设立和发展,中国要积极加大在非洲工业园区投资建设,引进中国制造业企业和非洲本土企业在园区投资生产,增加非洲国家就业,促进非洲国家的经济增长和繁荣。

(四)在发挥我国电网投资产业链整体优势基础上,优化成本核算及赢利模式

电网投资往往产业链条较长,一次投资较大,整体建设运营成本核算困难,无成熟的投资赢利模式。非洲电网系统需要大规模投资建设和升级改造,许多中国企业看好对非洲电网项目的投资前景,但需要对电网系统建设运营成本核算和投资赢利模式作进一步研究,以符合非洲国家的电网发展需要。第一,中国在持续加大对非洲电网投资的同时,要争取在非洲加工矿产等资源的权利,这样既能够将电能快速运用到工业生产中,同时也能借助中国原材料加工技术优势提升矿产等原材料出口附加值,帮助非洲国家出口创汇。第二,鼓励中国电网承建产业链上游供应商企业在非洲投资建厂,一方面可以加大对中国承建项目供应材料,减少材料跨国供应上的运输成本,另一方面这些上游供应商企业也可以持续为其他在非洲承建项目的国家提供服务,提升在非洲投资的上游供应商利润空间。第三,适时布局跟进产业链下游企业对非洲消费端的电器供应,让非洲逐步加大电力消费,改善非洲居民的生活质量。

(五)充分发挥我国水电和光伏能源投资技术优势,补充我国在其他可再生能源上的技术短板

当前,中国水电和光伏行业在产能和装机容量方面的国际竞争力均较强,中国应在此基础上,进一步加大研发力度,争取在核心技术创新和工艺设计方面取得重大突破,引领非洲和全球光伏行业发展。在非洲地热能源投资上,非洲地热资源主要集中于红海、东非大裂谷以及西北非,肯尼亚拥有丰富的地热资源,截至2018年,已经安装了超过600兆瓦的

容量,2019年正计划通过三个地热项目再开发1000兆瓦的容量,埃塞俄比亚、坦桑尼亚、厄立特里亚、吉布提和乌干达等非洲国家也正在探索开发它们的地热资源。而中国地热行业的发展较为滞后,特别是地热发电产业链的竞争优势不强,在非洲地热开发领域的投资机会较少。因此,非洲强劲增长的电力需求,以及自身资金和技术的短缺,中国应加大对地热等可再生能源开发技术的研发,同时加大对非洲其他可再生能源的投资,补充中国在非洲其他可再生能源市场开发的不足。

(六)加强中非标准合作[①]

近年来,非洲成为全球电力能源投资的热点地区,吸引了欧美、日本、印度、韩国和中国等许多海外投资者参与非洲电力能源投资领域,致使中国电力企业在非洲面临的国际竞争也越发激烈。另外,西方很多国家进入非洲开展电力能源投资相对较早,外国企业给非洲相关技术人员和管理人员灌输了大量西方技术标准和管理理念,而中国进入非洲开展电力能源投资相对较晚,西方国家早期在非洲投建形成的管理理念和技术标准对我国电力企业开拓非洲市场形成了一定的技术阻碍。因此,中国电力企业应加强与非洲国家的技术标准、资质认证合作和对接,发挥我国电力企业在国际标准组织的影响力,推进中国技术标准在非洲重点国家推广应用,将中国标准走向国际化,最终达到以中国标准"走出去"带动中国技术、产品和服务"走出去",提高中国标准在国际行业中的竞争力。

---

① 国庆、马莉:《电网联接非洲》,《中国投资》2018年第4期。

第七章 中国对非洲援助的政策、
现状与效果分析

众所周知,非洲国家有着丰富的矿产、能源等自然资源的优势,但该地区也是世界经济最不发达国家集聚的区域,据 WDI 数据统计,撒哈拉沙漠以南地区 2018 年人均国内生产总值为 1586 美元,远低于世界的人均国内生产总值 11313 美元的水平。非洲大部分民众的生活水平仍较低,生活需求还无法完全满足。在快速发展的现代社会,非洲还存在着大量饥饿、饮水、卫生健康等问题。非洲整体贫困情况仍较严重,根据 WDI 的数据,2015 年撒哈拉以南非洲的贫困率为 42.3%,高于世界 10% 的平均水平。中国作为负责任的大国,积极帮助非洲发展。中国对非洲援助始于 20 世纪 50 年代,2000 年中非合作论坛开启之后,中非经贸关系进一步加强,中国结合自身的发展及脱贫经验,对非洲各国进行大量援助,非洲是当前中国援助资金流向最多的区域。从"十大合作计划"到"八大行动",中国一直用行动来表达互利共赢的态度,中国积极地利用各项政策推进对非洲援助。为了解中国对非洲援助的政策与效果,本章首先分析中国援非政策,其次,利用 2000—2014 年中国援助非洲国家的 Aid Data 数据,分析阐述中国对非洲援助的发展现状以及有效性,以及当前对非洲援助政策面临的挑战,如何完善对非洲援助政策,减少非洲贫困,实现"中非命运共同体"的构建。

第一节 2000 年以来中国对非洲援助政策分析

一、中国对非洲援助的原则

与欧美国家对外援助以实现援助国的政治经济理念不同,中国对非

洲援助始终坚持"不附加任何政治条件""尊重他国"的对外援助原则,重
视中非之间长远合作发展。2011年中国首次发布与援助相关的白皮
书——《中国的对外援助》,其中重申中国对外援助始终坚持"不附带任
何政治条件,绝不把提供援助作为干涉他国内政、谋求政治特权的手
段"。"尊重各国人民自主选择社会制度和发展道路的权利,坚持帮助受
援国提高自主发展能力,通过中国援助逐渐推动受援国走上自力更生、独
立发展的道路。"2014年再次发布的《中国的对外援助(2014)》白皮书,
重申"中国提供对外援助,坚持不附带任何政治条件,不干涉受援国内
政,充分尊重受援国自主选择发展道路和模式的权利"。2014年《中国和
非洲联盟加强中非减贫合作纲要》中,提到以包容性和多样化为原则,尊
重非洲各国自主权,自主选择适合非洲各国国情发展模式和道路,同时强
调基础设施对减贫的重要性。2015年的《中国对非洲政策文件》提到中
非双方坚持中非全面战略合作伙伴关系,构建中非命运共同体;中国对非
坚持正确义利观,践行真实亲诚,深化经贸合作,加强中非合作发展。综
上所述,中国对非援助的原则有利于受援国按自身发展的特点,选择适合
自身发展的道路,实现受援国利益最大化。

二、中非合作论坛的实施促进对非援助机制的实现

由中国和与中国建交的53个国家2000年正式成立的中非合作论
坛,每三年举行一届部长会议。为进一步推进中非合作,2006年、2015年
和2018年的部长级会议升格为峰会,建立了中非之间多边协商的对话机
制。每轮论坛举行期间,中非双方一般对外公布《宣言》和《行动计划》,
这两个文件全面规划今后3年中非关系发展方向和合作的重点领域,其
中包括对非援助的重点工作内容。历届中非合作论坛涉及的援助内容详
见表7-1。中非合作论坛成立以来,逐渐确立了定期召开的部长级会议、
高官会议、论坛中方后续委员会与非洲驻华使团磋商等机制,并建立了中
非外长级定期政治对话机制。论坛框架下还定期或不定期召开中非企业
家大会、民间论坛及农业、科技、金融、文化、智库、法律、青年、妇女等分论
坛。这些交流机制的建立,有利于推进援非工作的顺利开展。

表 7-1　第一至第五届中非合作论坛的援助承诺

会议	援助承诺	援助承诺落实
第一届部长级会议（2000 年 10 月 10—12 日）	《中非合作论坛北京宣言》和《中非经济和社会发展合作纲领》确立中非合作论坛机制,减免债务,继续在力所能及的范围内向非洲国家提供不附加任何条政治条件的援助	援助概况:免除有关国家欠华到期债务 156 笔、金额 105 亿元人民币,中非新签 245 笔经援协议教育、医疗方面:中方设立"非洲人力资源开发基金"。中国向国际货币基金组织倡导设立的"非洲能力建设基金"捐资,在多边技术培训（TCDC）项下开办了近 20 个专门面向非洲学员的技术培训班。增加非洲学生来华学习奖学金,派遣教师赴非洲高校任教,续签派遣医疗队协议
第二届部长级会议（2003 年 12 月 15—16 日）	《中非合作论坛——亚的斯贝巴行动计划（2004—2006 年）》在中非合作论坛框架下继续增加对非援助,加强中非人力资源开发合作,计划三年为非洲培养各类人才 1 万人	援助概况:与非洲国家新签 382 笔援款协议教育方面:成立"对外人力资源开发合作部际协调机制",为非洲培训各类人才 1.26 万人,以各种方式派遣数百名专业赴非洲,面向非洲启动国际派遣青年志愿者服务计划等
北京峰会暨第三届部长级会议（2006 年 11 月 3—4 日）	《中非合作论坛北京峰会宣言》和《中非合作论坛——北京行动计划（2007—2009 年）》继续在力所能及的范围内向非洲国家提供发展援助	援助概况:与 48 个非洲国家签署新的双边援助协议,与 20 个非洲国家签署了提供优惠贷款框架协议,与 33 个非洲重债穷国和最不发达国家中的 32 国签署了免债议定书教育、卫生方面:为 49 个非洲国家举办 263 期各类培训班,培训 1.5 万人等;援建 96 所学校,提供政府奖学金名额增至 4000 人次;援建 28 所医院,设立 30 所疟疾防治中心,派遣医疗队员 1200 人次农业方面:派遣 100 名高级农业技术专家;开工建设 10 个农业技术示范中心

续表

会议	援助承诺	援助承诺落实
第四届部长级会议（2009 年 11 月 8—9 日）	《中非合作论坛沙姆沙伊赫宣言》和《中非合作论坛——沙姆沙伊赫行动计划（2010—2012 年）》继续增加对非援助、减免非洲债务，为非洲国家援助清洁能源项目，扩大政府奖学金名额，增加援助学校数量，培训更多人才，启动"中非科技伙伴计划"	援助概况：向非盟提供3000 万元人民币无偿援助，设立"非洲中小企业发展专项贷款"，减免非洲重债穷国和最不发达国家至 2009 年年底到期的政府无息贷款债务。实施"非洲发展新伙伴计划" 基础设施方面：对非洲优惠贷款 113 亿美元用于支持非洲基础设施和社会发展项目 教育、医疗方面：为非方培训各类人员 2.4 万人，援建 19 所新学校，向 42 所学校援助设备，提供奖学金名额 6316 个，进行中非高校合作等，派遣医疗队 42 支，派遣 1067 名中国医疗人员等 农业方面：向非洲之角提供紧急粮援和现汇 4.43 亿元人民币，新援建农业技术示范中心 5 个，派遣 50 批农业技术组，向 8 个非洲国家派遣 700 多名农业专家
第五届部长级会议（2012 年 7 月 19—20 日）	《中非合作论坛第五届部长级会议—北京宣言》和《中非合作论坛—北京行动计划（2013—2015 年）》继续扩大对非援助，适当增加援非农业技术示范中心，实施非洲"人才计划"，深化中非医疗卫生合作，帮助非洲国家加强气象基础设施能力建议和森林保护与管理，继续援助打井供水项目	教育方面：为非洲培训 3 万名各类人才，提供政府奖学金名额 1.8 万个 （由于网上资料限制，仅找到与教育相关的援助情况）

资料来源：根据中非合作论坛网站信息（https://www.focac.org/chn/ljhy/dyjbzjhy/hyqk12009/）整理。

三、中国对非援助全面提升——构建中非命运共同体

2015 年的《中国对非洲政策文件》提到"巩固和夯实中非命运共同体"。在中非命运共同体思想的指引下，中国政府在中非合作论坛上对

对非洲援助做了全面、系统性的规划。从 2015 年第六届《中非合作论坛—约翰内斯堡行动计划(2016—2018 年)》提出"十大合作计划"(工业、农业、基础设施、金融、绿色发展、贸易和投资便利化、减贫惠民、公共卫生、人文以及和平与安全)的"十个领域"到 2018 年的第七届《中非合作论坛—北京行动计划(2019—2021 年)》提出共同实施"八大行动"(产业促进、设施联通、贸易便利、绿色发展、能力建设、健康卫生、人文交流、和平安全),体现了中国对非洲援助注重合作发展,对援助领域的发展机制作出更详尽的计划,重视非洲各国自身发展,在政治、经济、社会发展、人文以及和平与安全方面与非洲开展国际合作。同时鼓励非洲各国学习科学技术、加大对教育行业的发展以及人才的培育,中方愿提供历史实践经验,帮助非洲各国减贫以及增强非洲自主的可持续发展能力,构建中非命运共同体。

第二节　中国对非洲援助概况及其效果

随着中国经济的快速稳步增长,中国对外援助规模不断扩大,特别是对非洲国家的援助。结合 2011 年《中国的对外援助》白皮书和《中国的对外援助(2014)》白皮书,截至 2009 年年底,中国累计对外援助金额为2562.9 亿元人民币,其中向 51 个非洲国家援助总金额 1171.25 亿元人民币,占中国对外援助的 45.7%。2010 — 2012 年,中国对外援助总额为893.4 亿人民币,其中未特别区分对非援助金额。

由于中国官方关于中国对外援助的数据没有具体国别及领域分布的年度数据,难以依据援助现状对中国对外援助的政策进行深入分析,本章利用 2000—2014 年来源于美国威廉玛丽学院的中国援助非洲各国 Aid Data 数据替代分析中国当前对非洲援助的现状,结合"非洲晴雨表"(Afrobarometer,该机构总部位于加纳,是一个无党派的非洲研究机构,其定期对非洲各国公众表态调查,而这些数据表明了非洲人民的真实想法)的相关调查,说明中国对非洲援助的效应。

一、中国对非洲援助的资金来源以官方发展援助为主，援助方式以优惠贷款为主

根据 Aid Data 数据库，中国对外援助的资金类型可以分为三类：官方发展援助（ODA-Like）、其他官方资金（OOF-Like）和待定的官方资金（Vague）。① 2000—2014 年中国对非援助项目共 3547 个。其中，以官方援助（ODA）为主，该类援助达 2710 项，占总数的 76%；其他官方资金（OOF）共 419 项，占总数的 12%；待定的官方资金（Vague）共 418 项，占总数的 12%。这三类援助资金类型最主要的差异在于援助优惠比重有所差异，其具体的援助方式并无太大不同。通过上述数据发现，中国在 2000—2014 年对非援助总体的优惠程度较大。

为了解中国对非援助方式的分布情况，根据 Aid Data 数据库，2000—2014 年中国对非洲各国援助方式中占比前三的分别是，捐赠方式占项目数的 39.8%，占总援助金额的 2.7%；优惠贷款方式占项目数的 33.4%，占总援助金额的 85.4%；独立技术援助方式占项目数的 16.4%，占总援助金额的 0.06%。这说明中国对非洲援助以优惠贷款的方式为主，因此，中国对非洲援助选择项目时势必将更多地考察经济效益。

二、对非洲援助金额不断上升，援助项目以基础设施为主

如图 7-1 所示，2000—2014 年中国对外援助金额整体呈上升趋势，2014 年较 2000 年的援助金额增加了约 24 倍。

为了解中国对非洲援助项目集中于哪些部门，将 Aid Data 数据库援助部门划分为四类：第一类为社会基础设施及服务，包括健康、教育、供水和卫生设施、人口政策、政府与公民社会；第二类为经济基础设施及服务，

---

① 官方发展援助，指的是资金必须满足以下条件：（1）官方融资；（2）以促进发展中国家经济发展和福利为主要目标；（3）具备减让性，赠款的要素至少为 25%。其他官方资金：不符合官方发展援助标准的官方部门交易；旨在促进发展中国家发展，但赠款比重低于 25%；无论赠与成分多少，主要基于出口目的提供的官方双边交易。待定的官方资金：没有足够信息可以识别该类援助为 ODA 类援助或 OOF 类援助。

（单位：百万美元）

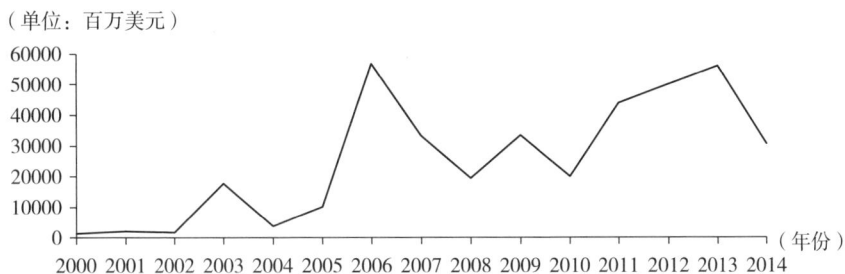

图 7-1　2000—2014 年中国对非洲国家援助总金额

注：已筛查无法估值的物资援助，所有金额按 2014 年美元汇率换算计算。

资料来源：笔者根据 Aid Data 数据（https://www.aiddata.org/）整理。

包括通信、能源生产与供给、运输和存储、银行和旅游服务；第三类为生产部门，包括农林渔业、粮食安全援助，工业、矿业、建筑业，以及贸易与旅游；第四类为其他类，Aid Data 中的剩余部门归入第四类，包括应急、其他多部门援助、债务活动相关等。

　　由图 7-2、图 7-3 可知，2000—2014 年中国对非洲各国的 3529 个援助项目中，经济基础设施及服务所占金额比重最大，高达 82%，项目数 1184 个；其次为社会基础设施及服务，其援助金额占总援助金额的 12%，但其数量最多，高达 1728 个；再次为生产部门项目，其援助金额占总援助金额的 4%，项目数 330 个；最后为其他援助类项目，占总援助金额的 3%，共 287 个。

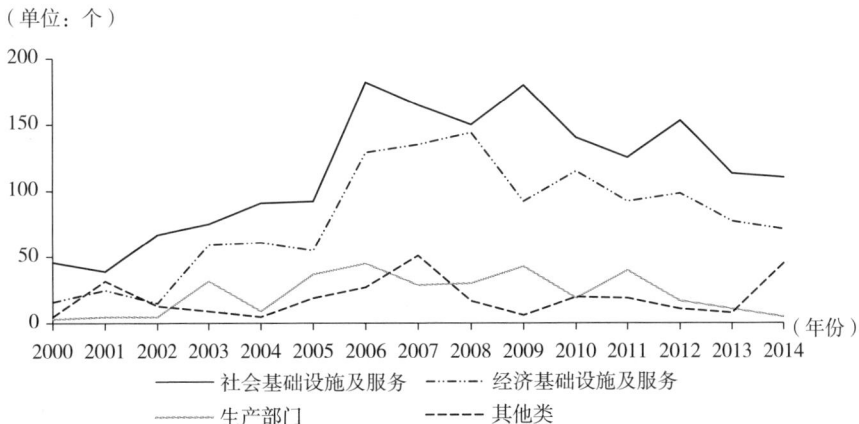

（单位：个）

社会基础设施及服务　　经济基础设施及服务
生产部门　　其他类

图 7-2　2000—2014 年中国对非洲援助项目数

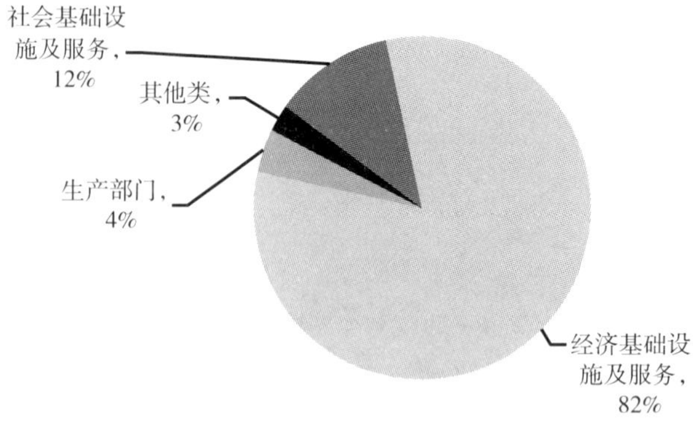

图 7-3　2000—2014 年中国对非洲援助领域金额占比

注:已筛除未标明领域项。

资料来源:笔者根据 Aid Data 数据(https://www.aiddata.org/)整理。

三、中国对非洲援助结构符合非洲人民的期待

据 2014/2015 年第六轮"非洲晴雨表"的调查报告显示,非洲各国人民在被问及"国家政府如果增加投资开支,哪些领域是首要任务",37%的受访者认为教育是首要的,21%的人认为医疗是其次的,14%的人则认为是经济基础设施。该调查结果显示非洲人民期盼的项目,恰好都是中国援助非洲的重点领域——经济基础设施与社会基础设施,这说明中国对非洲各国的援助类别符合非洲人民的期待。

反观西方发达国家,根据经合组织(OECD)的 CRS(Creditor Reporting System)数据库,其援助部门分类与 Aid Data 数据库类似。2000—2014 年,美国对非洲援助排名前三的部门依次为:人道主义援助、与债务有关的活动(债务豁免、多边债务减免、债务重新安排与再融资等)、商品援助/一般项目援助(一般预算支持、食物发展援助、其他商品发展援助),此三类援助在本书的划分属于第四类援助项目,即其他类援助。同期,英国对非洲援助前三的部门为:商品援助/一般项目援助、经济基础设施、生产部门援助;日本对非洲援助前三的部门为:与债务有关的行动、社会基础设施援助、经济基础设施援助。英国和日本对非洲援助项目最多的部门按文中划分属于第四类援助,即其他类援助。因此,通过与这 3 个发达国家对

非洲各援助领域对比,再次印证中国对非洲援助领域更多考虑了非洲人民的福祉,为非洲人民所需。

四、中国援非的效果分析

(一)中国基础设施援助通过投资乘数效应直接促进非洲经济增长

2000—2014年,中国援非基础设施共投入355.17亿美元,其中,经济基础设施援助金额不仅占比高达87.6%[①],且14年间中国对非洲援助金额增长较快,援助金额平均较前一年增长1.43倍。大规模的经济基础设施援助,如通信、能源生产、交通运输等援助直接增加了总投资额,并且在援助的过程中通过投资乘数效应,带动其他需求增长,从而推动经济增长。通过中国对非洲各国援助金额与非洲各国经济增长率的相关性分析,发现两者的相关系数为0.18,该系数值不大,这说明中国对非洲援助在一定程度上可以促进非洲经济增长,但非洲经济增长还取决于其他一系列控制变量。[②] 且根据WDI数据统计,2000—2014年撒哈拉以南非洲平均经济增长率为5.06%,高于世界2.94%的平均水平。这说明中国援非期间,非洲整体经济增速较快。

(二)中国经济基础设施援助改善当地交通情况,通过降低运输成本等机制间接推动非洲经济增长

由于经济基础设施项目涉及的金额较大,中国对非洲经济基础设施援助占总援助的金额比重越来越高,从2000年的43.52%上升到2014年的97.46%。当前中国对非洲经济基础设施援助,以交通基础设施的援助为主,2000—2014年中国对非洲交通设施的援助占经济基础设施援助项目数的50.6%,占援助金额的70%。[③] 中国援非交通设施的具体运作方

---

① 由 Aid Data 数据计算而得,其中涉及金额以 2014 年美元价格为基准。

② 根据 Aid Data 中国对非援助历年数据的连续性,筛选 18 个非洲样本国,分别是安哥拉、刚果民主共和国、刚果共和国、科特迪瓦、埃塞俄比亚、加纳、肯尼亚、利比里亚、毛里求斯、莫桑比克、纳米比亚、尼日尔、卢旺达、南苏丹、苏丹、乌干达、赞比亚、津巴布韦。

③ 由 Aid Data 数据计算而得。

式以成套项目为主,一般由中方负责项目建设的全部建设过程,直到竣工交付受援方使用,也存在中国企业按受援方要求进行项目规划建设,仅在后续运营配套上收取相应费用。

以交通设施为主的经济基础设施援助不断改善当地经济基础设施水平,有利于促进生产要素流动,减少各行业运输、生产成本,促进生产效率提升从而加速经济增长,如中国援建的塞拉利昂坎比亚桥项目,有效改善了该国西北部的陆上交通条件,降低运输成本,使非洲当地生产者从中受益。

为了进一步了解非洲各国道路的改善情况,对比 2003/2005 年第二轮与2014/2015 年第六轮"非洲晴雨表"中关于非洲路况的调查结果①,发现第六轮的调查中 16 个国家中 10 个国家的道路铺设的均值高于第二轮调查的均值,这说明非洲大部分受访国的交通设施有所改善。②

当道路基础设施改善后,将可能促进居民消费性用车的需求,从而促进经济增长。为了解非洲人民拥有交通工具数量的变化,比对"非洲晴雨表"2005/2006 年第三轮与 2014/2015 年第六轮的相关调查结果,发现第六轮调查的非洲各国人民拥有交通工具的均值为 0.21,高于第三轮的0.18。③ 这反映了非洲各国人民交通工具的拥有量有所增加。

交通基础设施的改善还有利于促进地区间生产要素的流动、加速人员与商品的流动,创造更多的就业机会,保障经济增长的稳定性。为了解非洲各国就业情况的变动情况,对比"非洲晴雨表"第二轮和第六轮相关

① 为使第二、三、六轮的调查结果具备可比性,筛选这三轮调查同时涉及的国家,分别为博兹瓦纳、加纳、莱索托、马拉维、马里、纳米比亚、尼日利亚、南非、坦桑尼亚、乌干达、赞比亚、津巴布韦、佛得角、肯尼亚、莫桑比克、塞内加尔,以下所有"非洲晴雨表"涉及的国家都相同。
② 以访问者问题(当你为了访问到这里,这期间经过路程的起点是否铺设/柏油路/水泥路?)的答案(0=没有,1=有)表示(对应第二轮、第六轮的问题序号 115D、EA_ROAD_A,为使第二轮问题的答案与第六轮具备可比性,进行相应转换)。该指标的均值越大说明道路质量越良好。
③ 以受访者问题(你个人拥有哪些交通工具? 机动车、汽车或摩托车)的答案(0=没有,1=有)表示(对应第三轮问题 Q93E、Q93F,第六轮问题 Q91C)。该指标的均值越大说明拥有的交通工具越多。

调查,发现第六轮非洲各国人均拥有工作的均值为 2.06,高于第二轮的 1.97,这说明在中国对非洲援助期间,非洲各国的就业机会有所增加。

可见,中国援非基础设施援助增加的同时,随着非洲大部分国家基础设施改善、消费者需求提升、就业机会增多,间接推动了非洲各国经济的增长。

(三)大量的社会基础设施援助改善了当地的教育、卫生水平,减少贫困

在社会基础设施援助方面,中国注重帮助非洲自身软实力的提高, 2000—2014 年,中国对非洲社会基础设施援助项目 1728 项,远超过经济基础设施援助 1184 项。当前中国对非洲社会基础设施援助的形式包括当前中国对非洲援助的四种形式:物资援助、成套项目、技术项目、人力资源开发合作项目。当前对非洲的教育与卫生援助的方式主要通过派遣教师、培训技术人员、援建学校、增加来华留学生名额、派遣医疗队、援建医院等方式进行。通过教育、健康、卫生等项目的援助,改善非洲的社会基础设施水平,更重要的是提高非洲各国人力资本水平,以便提高非洲各国自主发展能力,减少贫困,促进社会稳定,从而保障长期经济增长。例如, 2009 年中国援非抗疟中心在中非首都班吉正式启用,改善了中非居民的卫生条件,提高其健康水平、生活质量,促进其经济全面发展。

为了解中国对社会基础设施援助后,非洲人民卫生条件与教育水平的变化,对比“非洲晴雨表”第二轮、第六轮相关调查,发现非洲人民就医时少药的情况由第二轮访问的均值 1.16 下降至第六轮的 0.88[1], 受访者受教育的水平由 3.65 上升到 3.86。[2] 通过上述数据发现,在中国对非洲援助期间,非洲人民的卫生条件与教育水平均得到一定程度的改善。

---

[1]　以受访者问题(过去一年里,你或你家庭成员多大程度上缺乏药品或医疗)的答案 (0=从来没有,1=一两次,2=好几次,3=许多次,4=经常)表示(对应第二轮、第六轮 Q9C、 Q8C)。该值越低表示医疗水平越好。

[2]　以受访者问题(你的最高学历是)的答案(0—9,数值越高代表学历越高)表示(对应第二轮、第六轮问题 Q84、Q97)。

（四）农业援助为主的生产部门类的援助，有利于非洲各国夯实增长基础，减少贫困

根据 Aid Data 数据库，中国对非洲生产部门援助中，第一产业的援助项目 261 项，项目数占比 79%。根据 WDI 数据库，2000—2014 年，撒哈拉以南非洲第一产业增加值占国内生产总值的比重平均达到 16.96%，远高于世界平均水平 4.03%。增加对非洲农业部门援助有助于非洲提高农业部门的生产效率，保障其粮食安全，减少贫困，为其经济增长奠定基础。

2000 年中非论坛成立后，中国对非洲农业援助本着"授人以鱼不如授人以渔"的观念，通常的做法为：以农业项目为平台，派遣中国专家传授中国先进的农业知识、技术、经验，帮助非洲国家建立产业发展体系，并着重对非洲相关人员进行能力培训。综观 Aid Data 中涉及农业援助的项目名称，发现当前对非洲农业部门的援助包括农业基础设施、示范农场、农业技术示范中心、技术合作项目、专家技术援助、农业职业教育项目等援助形式，且多数项目与援助技术和人员培训相关，农业基础设施项目数目较少，说明中国对非洲农业援助重视农业技术输出。

为了解中国对非洲农业援助的效果，根据"非洲晴雨表"相关调查，发现非洲各国人民食物的短缺从第二轮的均值 1.01 下降到第六轮的 0.8。这说明非洲各国的农业水平得到一定程度的发展。

整体而言，如今的中非合作不仅在横向，更是在纵向发展，中国对非洲的援助改善了非洲长期落后的情况，从基础设施如铁路公路等的建设，便利非洲地区的交通运输；到中国派出援助医疗队赴非洲改善贫乏的医疗健康领域，再到农业领域，袁隆平院士所在的团队的杂交水稻的繁育种植，甚至到新冠肺炎疫情暴发期间，2020 年 5 月习近平主席在第 73 届世界卫生大会视频会议开幕式上发表题为《团结合作战胜疫情，共同构建人类卫生健康共同体》的致辞，特别提到中国将建立 30 个中非对口医院合作机制，加快建设非洲疾控中心总部，助力非洲提升疾病防控能力等，都展示了中非命运共同体存在的意义以及中国对非洲援助在不断创新与突破。中非双方的合作不断密切，采用不同的合作方式援助非洲各国的发展，以当前各国国情发展优先级为重点，凸显中国负责任的大国形象，

中非双方通过合作共赢,共同发展,构建中非命运共同体。

第三节　中国援助非洲政策实践中可能面临的挑战

一、中国对非洲援助缺乏自己的战略

目前中国的对外援助没有自己的战略,没有自己优先援助的地区和领域,没有自己要通过对外援助实现的战略。所有的援外项目是根据非洲国家的要求确定的。这样的援助结果表面上看似根据非洲国家的需求作出安排,符合非洲国家的发展利益,但实际上由于中国对非洲援助时并未形成明确的援助体系,在援助国家与援助领域缺乏明确的优先导向顺序,而非洲国家自身缺乏经济发展的经验,其自身提出的项目未必符合经济发展规律,这就导致未能有效向非洲传播中国成功的经济建设与减贫经验,使得中国援非的综合效果大打折扣。

二、中国援非原则面临的挑战

中国的"不附加政治条件""尊重他国"的原则有时会影响援助效果与援助可持续性的落实。硬件设施和技术培训的实施效果具有可观测性,因此,中国援建基础设施与技术援助的效果通常可以衡量。但是实施"不附加政治条件"的援助原则,使得存在中国援非治理经验(如贸易政策、贸易规则援助等内容)的援助效果难以保证的可能性。因为这类项目援助的效果取决于非洲各国自身意愿,而非洲大部分国家腐败情况较严重,监督机制较不足,弱化了其改变的主观意愿,导致其对项目的管理能力难以短时期内提升,弱化中国的援助效果。而"尊重他国"的原则,使得援助项目需求以非洲各国主动诉求为出发点,由受援国角度提供可行性研究报告给援助国,而受援国可能由于其特定的政治体制,只考虑短期利益,提出受援项目考虑不够充分、导致个别援助项目启动盲目、不具备赢利能力、后续还款困难。这将使中国落入西方国家指责中国将非洲国家带入"债务陷阱"的口实。

三、中国援助非洲管理方式面临的挑战

与西方国家直接将援助款打入受援国财政账户,之后派出专家组进行监管不同,中国对非洲援助时采用项目管理与资金管理相分离的模式。中国援助非洲基础设施建设、农业技术合作、派遣医疗队、教师队伍以及进行人道主义救援时,由中方负责项目资金的拨付和监管。除了小部分向受援政府直接提供现汇援助外,中国对外物资赠予也是由中方负责统一购买与交付。即便是 2014 年后为提高非洲受援国项目实施与管理能力、推进援助"本地化",将受援国相关人员纳入各个实施环节,但自始至终由中方直接负责资金管理。这有可能使得中方援建的项目移交给非洲当地相关组织后,由于当地缺乏相关的人才和运营经验,可能导致项目后期运行不佳,资源浪费。

四、援助非洲项目执行和可持续性问题

根据《中国的对外援助(2014)》白皮书,成套设备是中国对外援助的主要援助方式之一。成套设备为主的援助方式重视硬件援助,与"软"援助衔接不够紧密,容易使援助项目执行效果大打折扣,以中国对非洲卫生医疗类型的援助为例,中国并未对所有援建医院派遣援外医疗队或建立技术合作,这使医院项目交付后,后续项目执行运营效果难以跟踪保障。此外,成套设施援助立项时,更多重视工程建设可行性评估,而较少进行项目功能性评估,当此类援助方式涉及农业或卫生医疗项目时,此种评估方式容易造成后续项目经营可持续性问题。

五、民间机构参与过少的问题

民间机构对外援助通常集中于受援国政府力不能及的领域,将社会紧急需求放在首位,主要涉及民生项目,如帮助弱势群体、紧急救灾和人道主义援助等。由于民间机构运作项目强调以结果为导向,通常能更高效提供公共产品和服务,援助效率更高,是官方援助的重要补充。中国当前对外援助主体较为单一,根据 Aid Data 或《中国的对外援助》白皮书统

计,中国对外援助的主体皆为官方援助。目前,中国民间机构开展援助的主要有中国红十字会、中华慈善总会等,开展对外援助的民间机构较少。而根据经合组织数据库的统一报告标准(CRS),对比自称是世界主要援助国的"阵地与声音"的发展援助委员会(DAC)国家,2018年其对非洲援助资金源于私人部门的金额为1.90亿美元,占其对非洲援助比重的0.57%。相较发展援助委员会国家,中国民间机构的对外援助尚处于培育阶段,无法有效发挥民间机构在对外援助中的优势,如:帮助政府传递有效援助服务、实现援助目标、提升援助项目效率。

六、援外宣传不足的问题

根据皮尤研究中心(Pewresearch Center)2010—2019年各国对中国好感度的调查结果显示,非洲主要受援国对中国的好感度呈下降趋势。[①] 调查结果的部分原因在于中国对外援助以受援国为导向,坚持"少说多做"原则,积极落实对非洲援助承诺的同时,并没有对非洲援助工作进行有效的宣传。

第四节　完善对非洲援助政策的路径建议

中国作为负责任的大国,为帮助非洲国家经济发展,应完善援助政策有效性,帮助非洲改善营商环境,促进援助项目的后续可持续经营,以便受援项目发挥最大功能。

一、对非洲援助战略上,中国应建立自己的战略

首先,由于中国国内区域发展不平衡,目前尚处于发展中国家的阶

---

① https://www.pewresearch.org/global/database/indicator/24,访问日期:2020年7月12日。该中心在2010—2019年的受访国涉及撒哈拉以南非洲国家仅有2个,分别是肯尼亚与尼日利亚。调查结果显示这2个国家对中国好感度呈下降趋势,特别是肯尼亚对中国好感度的降幅达32%,而根据Aid Data,在2000—2014年,肯尼亚与尼日利亚在中国累计对非洲援助总额中排名第二和第三。

段,中国对非洲援助总预算有限,为使有限的援助资源发挥最大效应,中国应明确提出对外援助战略,在对外援助战略中体现对外援助的目标、援助金额与援助标准。中国对外援助目标制定时,既要考虑受援国经济发展需求,也要考虑中国国内经济的发展战略。

其次,在实际操作过程中,在援助总额方面,可根据中国自身经济增长的情况,确定对非洲援助总预算的计算办法。在援助金额分配方面,中国应根据中国自身经济增长与扶贫经验,结合非洲各国的社会、经济现状,确定资金分配的基本原则,筛选出对非洲优先援助的国家与领域。在此基础上,援非资金的分配细则还应包含中国援非前期项目运作的社会效应与经济效益等因素,这将形成对非洲各国合理提出援助需求的约束,有利于增强非洲各国合理评估自身需求的动力。

最后,中国通过制定合理的对非洲援助目标与援助标准,率先在优先援助的国家与领域实现援助项目的示范效应,提升援助质量,有利于将来以点带面在非洲国家推广中国的援助方式,也有利于在国际社会树立良好的中国形象。

二、在援助管理机制上,应建立更加灵活的援非合作的制度与机制,加强对援助项目的监管与评估

首先,应加强中非援助项目建设合作的制度与机制,以便将中国经济增长的经验与模式同非洲各国进行分享。目前定期举办的中非合作论坛已经开设援助项目建设分论坛,在分论坛上,可以考虑将中国对援非成功项目的实践操作过程上升到制度化与机制化的层面,供所有受援国参考。如以中国援助的亚吉铁路为例,将其前期援助模式与后期运营的方式作为示范,推广到其他类似项目,以提升中国援助项目的有效性。

其次,在平等合作的基础上,应将援助流程规范化、制度化。具体的做法,可以在项目立项时,中国与受援国政府部门一起进行项目调研、对项目可行性进行分析、客观评估赢利能力与还款能力;在项目执行时,双方进行平等对话,从项目设计到项目执行能否实现预期效果,都应进行合理预判,建立相互问责机制,双方共担责任;在项目交付后的运营期,如果

出现还款困难,中国可与受援国一起研究如何盘活商业资产,支持受援国以公开招标的方式引进投资或股权转让,以确保后续项目的可持续性运营。

最后,在援助制度建设的过程中,还应重视监管与评估机制的建设。因为项目的监管与评估关系着项目是否有效与可持续运行,关系着项目建设过程中是否透明与规范,项目未来能否成功运作,以及能否成功地将项目援助经验转化为制度化与机制化的内容。因此,中国对非洲援助制度,应加强对项目的监管与评估,增强援助项目建设过程的透明度,以不断推进援助项目的可持续性运营,推动非洲各国经济增长,减少贫困,实现联合国提出的2030"可持续发展目标"(SDGs)。

三、在援助内容上,提高中国对非洲经济、社会基础设施和农业援助的有效性

经济基础设施援助方面,尽管中国对非洲援助以经济基础设施为主,但相较于非洲经济基础设施需求的缺口,中国对非洲经济基础设施援助远不能满足非洲各国的需求。而经济基础设施已成为制约非洲减贫与经济发展的重要瓶颈。这就需要将对非洲援助与对非洲直接投资相结合,中国政府可以考虑以援助先行,在了解非洲各国政府运行模式的基础上,带动企业对非洲经济基础设施进行直接投资,一起完善非洲经济基础设施,形成非洲经济发展的重要基础与保障。

当前中国对非洲教育、卫生援助更多是与人员相关的援助,在援助培训内容上,应在中国对外援助战略的指导下,对非洲受援人员宣传中国对非洲援助战略,增强非洲人民对中国对非洲援助理念的理解,争取非洲人民对中国的好感度,促进民心相通。在培训的导向上,应以当地人力资源培训及技能培训为导向,由向非洲当地派遣教师转变为培训当地教师,由向非洲派遣医疗团队转变为培训当地医疗专家,让非洲各国人民能够依靠自己的力量实现更长远的发展。

农业援助方面,以农业技术援助与人员培训为主的农业援助模式,并不足以保障非洲农业的长远发展。在技术援助与农业人员培训的同时,

应加强农村基础设施建设,但农业基础设施建设周期长、利润低,企业进行直接投资的动力低,这需要将对非洲农业援助和投资政策相结合,对该领域的直接投资给予政策上扶持,以便对非洲国家减贫形成有效保障。

同时在各类援助的过程中都要注意通过"自我能力和经济建设经验的展示",以显示中国特色社会主义制度和文化的优越性,突出中国特色社会主义的核心价值观,以减少援助实施过程中来自受援国政府和民众因各种因素而产生的负面评价和抵制。

四、充分发挥私人企业及非政府组织(NGO)的作用

鼓励私人企业及非政府组织参与国际援助,适当承担社会责任,一方面可以增加援助的资源数量,另一方面,私人企业或非政府组织在成本管理、技术转移、人才培养和民间交流等方面具备更多优势,在专业领域可以弥补官方援助的不足,通过鼓励其参与"全球疫苗和免疫联盟""与教育有关的快车道行动"等国际项目,有利于私人企业及非政府组织与其他国家相关组织进行交流,积累援助经验,提升中国企业与非政府组织的国际形象,有利于中国作为一个负责任的大国向世界展示中国社会各界全方位的发展。

第八章　对非洲援助协调:国际形势与中国方案①

第一节　新兴援助国与援助协调

继"新殖民主义论""资源掠夺论"之后,西方社会对中国对外援助的一个新职责是中国未加入正式的援助协商安排(formal aid negotiation arrangement),尤其是在对非洲援助中中国与其他援助方的合作较少,降低了援助方对非洲援助的协调程度。② 就援助规模而言,2001 年中国是非洲的第十六大援助方,到 2013 年中国已成为非洲的第六大援助国。③ 中非合作论坛的持续举办和 2013 年"一带一路"倡议的提出都提高了中国在对非洲援助中的地位。董和森(Dong 和 Mori,2017)认为,中国在全球援助框架中地位的上升增加了国际发展援助协调的复杂性,为既有的传统援助国之间的援助协调带来新的挑战。④ 一方面,中国不愿意全面加入现有的国际援助机制,尤其不愿意加入传统援助国主导的国家层面的援助协调(national-wide aid coordination),正在寻求以自己的方式制定

---

①　本章为国家社科基金青年项目"中国对外援助的经济效应和协调机制研究"(批准号 17CGJ013)的阶段性研究成果。

② Nunnenkamp, Peter, Hannes Öhler & Rainer Thiele, "Donor Coordination and Specialization:Did the Paris Declaration Make a Difference?", *Review of World Economics*, Vol.149, No. 3,2013, pp.537–563.

③ Kitano, Naohiro & Yukinori Harada, "Estimating China's Foreign Aid 2001–2013", *Journal of International Development*, Vol.28,2016, pp.1050–1074.

④ Dong, Le & Akihisa Mori, "China and Aid Coordination:Feasibilities of Trilateral Cooperation on Geothermal Financing in Kenya", *Journal of International Development Studies*, Vol.26,2017, pp.83–97.

新规则,其提出的亚洲基础设施投资银行(Asian Infrastructure Investment Bank,AIIB)和"一带一路"倡议已充分说明了这一点。另一方面,中国官方发展融资(Official Development Finance,ODF)的援助方式也对传统援助国的援助方式提出了新的挑战,主要体现在后者交易成本较高导致其援助有效性低于前者。[①]

新兴援助国的出现及其在国际发展援助领域重要性的提高使得援助协调成为国际发展援助领域的一个重要议题。经济合作与发展组织发展援助委员会(Organization for Economic Cooperation and Development — Development Assistance Committee,OECD—DAC)主导的援助机构对新兴援助国参与援助协调的看法不一,有的学者提出经合组织—发展援助委员会主导的援助机构正在寻求与新兴援助国之间更多的协调,传统援助国和新兴援助国双方都想采取一定的行动以提高援助的有效性和可持续性。[②] 相反,另外一些学者指出,新兴援助国不想遵循传统援助国的既定方式,在新兴援助国与受援国商谈援助项目的(融资)条件时,往往独立采取行动,有些受援国会放弃国际货币基金组织(IMF)和世界银行的贷款,转而接受中国的贷款,因为前者要求受援国改革政府(以确保债务的偿还),而后者没有类似要求。[③] 在充分肯定中国融入现有国家层面的援助协调仍有很长的路要走的前提下,董和森(Dong 和 Mori,2017)研究了中国与传统援助国如何协调各自的对外援助以降低交易成本,提高援助效率并最终实现联合国 2030 年可持续发展目标(Sustainable Development

---

① Grimm,Sven,Rachel Rank,Matthew McDonald & Elizabeth Schickerling,*Transparency of Chinese Aid:An Analysis of the Published Information on Chinese External Financial Flows*,London:Centre for Chinese Studies at Stellenbosch University and Publish What You Fund,2011,pp.1–42.

② Berger,Axel,Deborah Brautigam & Philipp Baumgartner,"Why are We so Critical about China's Engagement in Africa?",*The Current Column of 15 August 2011 of German Development Institute*,2011.

③ Kurlantzick,Josh,"Beijing's Safari:China's Move into Africa and Its Implications for Aid, Development and Governance",*Carnegie Endowment for International Peace Policy Outlook*,2006, pp.1–7;Naím,Moisés,"Rogue Aid",*Foreign Policy*,Vol.159,March 2007,pp.95–96;Inada,Juichi, *Evaluating China's"Quaternity"Aid:The Case of Angola*,London,UK:Palgrave Macmillan,2013,pp. 115–116.

Goals，SDGs)。① 相关研究表明，援助协调可以通过减少捆绑援助而降低交易成本，通过减少对受援国当地高质量劳动力的需求而提高援助有效性②；援助协调还有助于减贫。③ 此外，国际发展援助在国家之间的经济奖励与惩罚机制中发挥着重要作用。④

自党的十九大以来，以习近平同志为核心的党中央和国家领导人在多个场合强调合作与协商才是解决当前人类所面临挑战的正确方式，携手合作、互利共赢符合历史规律和各国人民的共同需求。自 2017 年 1 月习近平主席在联合国日内瓦总部首次阐释构建人类命运共同体的中国方案以来，构建人类命运共同体就成为国际社会共同努力的方向。2016 年 1 月 1 日开始实施的联合国可持续发展目标(SDGs)指出了世界各国当前的奋斗方向，国际发展援助是不发达国家实现可持续发展目标的重要资金来源，但因其严重的碎片化现象，并未在帮助受援国减贫和促进经济增长上发挥应有作用，需要各援助国协调其对外援助政策，促进国际发展援助实现自 2011 年《釜山宣言》以来所重视的发展有效性(development effectiveness)。非洲是受援国最集中的大陆，在实现可持续发展目标上面临较多困难，联合国经济与社会事务部预测，2020—2050 年一半以上的全球人口增长将出现在撒哈拉以南非洲国家。⑤ 近年来，非洲引起各方的普遍重视，包括传统援助国和新兴援助国在内的非洲以外的国家都

---

① Dong，Le & Akihisa Mori，" China and Aid Coordination：Feasibilities of Trilateral Cooperation on Geothermal Financing in Kenya"，*Journal of International Development Studies*，Vol.26，2017，pp.83-97.

② Knack，Stephen & Aminur Rahman，"Donor Fragmentation and Bureaucratic Quality in Aid Recipients"，*Journal of Development Economics*，Vol.83，2007，pp.176-197.

③ Bigsten，Arne & Sven Tengstam，"International Coordination and the Effectiveness of Aid"，*World Development*，Vol.69，2015，pp.75-85.

④ Dreher，Axel & Andreas Fuchs，" Rogue Aid? An Empirical Analysis of China's Aid Allocation"，*Canadian Journal of Economics/Revue Canadienne d'économique*，Vol. 48，2015，pp.988-1023.

⑤ UN-DESA，https://population.un.org/wpp/Download/Standard/Population/.

在持续关注非洲问题,非洲内部也开始重视自身的发展。① 本章将以非洲受援国为考察对象,重点分析对非洲援助的碎片化现象及其形成原因,中国与传统援助大国对非洲援助协调的政策基础及其面临的挑战,并在此基础上提出中国参与对非洲援助协调的政策建议。

第二节　国际对非洲援助的碎片化问题

对于援助碎片化(aid fragmentation)当前并没有一个普遍适用的衡量标准,所谓的援助碎片化主要针对大家有目共睹的一个现象,即受援国接受的对外援助来自很多援助国,而每个援助国提供的对外援助规模又很小。援助国众多、援助部门高度重叠是常用的衡量援助分散性的指标,非洲受援国在这两个指标上的表现都不好。援助动机的多重性、援助领域的多样化、援助主体的多元化和援助方式的复杂化是造成非洲援助碎片化的可能原因。

一、对非洲援助碎片化的表现

受援国最为集中的非洲大陆的援助碎片化现象十分普遍,每个受援国都需应对数量众多的援助方,每个援助部门也都有多个援助方提供援助,缺乏必要的协调工作,造成非洲受援国普遍较高的援助分散程度。

(一)援助国数量众多

由于缺乏援助国在受援国层面进行协调的数据,本章利用为每个受援国提供援助的援助方的数量作为代理变量,衡量援助的分散程度,这也是衡量援助分散程度的常用指标。向单个受援国提供援助的援助方数量越多,援助方之间的援助协调将越困难。经合组织—发展援助委员会(OECD—DAC)提供了30个发展援助委员会成员、20(多)个非经合组织—发展援助委员会援助国、40多个(44个)国际组织和近30个(26个)

---

① 近年来,非洲国家及非盟先后出台了多个发展战略促进非洲国家的发展,包括《加速非洲工业化发展行动计划》《非洲基础设施发展规划宣言》《2063年愿景》、除厄立特里亚外的54个非盟成员签署非洲自贸区协议(截至2019年7月7日)等。

私人援助方的对非洲援助数据。本章只对其中的双边和多边援助机构对非洲的官方发展援助（Official Development Assistance，ODA）数据进行统计，2017 年①向非洲国家提供官方发展援助的官方和半官方援助机构众多。2017 年分别有 57 个和 58 个官方和半官方援助机构向肯尼亚和埃塞俄比亚提供了援助，援助方数量最少的塞舌尔也有 21 个。

（二）援助部门重叠严重

学者通常利用案例研究来考察对外援助部门的重叠现象。努内坎普等（Nunnenkamp 等，2016）对乌干达的研究发现，1996—2013 年，援助国对乌干达的援助存在严重的部门重叠现象（sector duplication）（见表 8-1）。② 通过对乌干达接受援助最多的 10 个受援部门的分析发现，短期样本（2006—2013 年）中有 6 个受援部门的援助国数量不低于长期样本（1996—2013 年），近期样本（2010—2013 年）中有 8 个受援国部门的援助国数量不低于远期样本（2006—2009 年），这说明部门层面的援助重叠是最近才出现的现象。

表 8-1　1996—2013 年对乌干达提供援助的援助国数量：部门层面的数据

年份	1996—2013	2006—2013	2006—2009	2010—2013
责任	6	5	2	4
农业	4	4	2	4
教育	3	3	3	2
能源矿产发展	4	3	0	3
健康	7	7	7	2
司法、法律和秩序	2	2	2	2
公共部门管理	4	3	1	2
社会发展	6	6	3	5
水资源与环境	6	6	5	5
工人与交通	5	4	3	4

资料来源：转引自 Nunnenkamp, Peter, Michaela Rank & Rainer Thiele, *Aid Fragmentation and Donor Coordination in Uganda：A District-Level Analysis*, London：Palgrave Macmillan, 2016, p.160。

---

① Bulgaria、Cyprus、Latvia、Timor-Leste、International Monetary Fund 为 2015 年的数据。

② Nunnenkamp, Peter, Michaela Rank & Rainer Thiele, *Aid Fragmentation and Donor Coordination in Uganda：A District-Level Analysis*, London, UK：Palgrave Macmillan, 2016, p.160.

援助机构在受援国往往各自为政地开展项目。对马里的分析发现，2008 年马里存在 60 个执行农村发展项目的机构，2009 年只有 15% 的农村发展项目和计划是由联合项目提供的援助资金，2010 年的目标是将这一比例提高到 66%。但是，由于并不存在援助国共同干预的篮子，也没有援助国的联合代表团，很多援助机构都是单独成立其在受援国的当地执行机构。只有极少数量的援助项目是由几个援助方共同提供援助资金的，2009 年这样的项目只有 22 个，占所有援助项目的 20%。[1]

(三)援助分散程度普遍较高

与其他受援国横向对比，非洲国家的援助分散程度最为严重。巴斯卡力和加格(Buscaglia 和 Garg,2016)构建了包括三大类八个指标[2]的综合指数衡量援助的分散程度，将其命名为援助分散指数(Aid Fragmentation Index,AFI)，并计算了 81 个低收入(low-income countries,LIC)和中低收入(low and middle-income countries,LMIC)受援国的援助分散指数(AFI)，援助方包括发展援助委员会成员国、非发展援助委员会成员国和多边援助机构。[3] 根据他们的分析，在 2009—2013 年援助分散指数较高的国家中，非洲国家占了大多数(见表 8-2)。

---

[1]　Bourguignon,Franois & Jean-Philippe Platteau,"The Hard Challenge of Aid Coordination", *World Development*,Vol.69,2015,pp.86—97.

[2]　三大类指标(pillars)包括援助国缺乏承诺(lack of donor commitment)、援助国缺乏协调(lack of donor coordination)和受援国缺乏韧性(lack of recipient resilience);其中，援助国缺乏承诺用三个指标衡量，即单个援助国的援助项目数(number of projects per donor)、援助国对某一受援国的援助占该受援国得到援助总额的比重(proportion of aid coming from each donor)和受援国接受的来自某一援助国援助占该援助国对外援助总额的比重(global proportion);援助国缺乏协调用三个指标衡量，即某一援助国对 OECD 划分的九个区域提供的援助占该援助国对外援助总额的比重(regional expertise)、援助国向受援国提供援助的部门数量(sectors per donor)和向某一受援国提供援助的援助国数量(number of donors);受援国缺乏韧性用两个指标衡量，即受援国人均 GNI[Gross National Income(GNI)per capita]和受援国接受的来自某一援助国的对外援助的人均值(total amount of funds that a donor disburses per capita to the recipient country)。OECD 划分的九个区域包括欧洲(Europe)、撒哈拉以北非洲(Africa North of Sahara)、撒哈拉以南非洲(Africa South of Sahara)、中北美洲(North & Central America)、南美洲(South America)、东亚(Far East Asia)、中南亚(South & Central Asia)、中东(Middle East)和大洋洲(Oceania)。

[3]　Buscaglia,Daniela & Anjula Garg,*A Composite Index of Aid Fragmentation*,London,UK:Palgrave Macmillan,2016,p.58.

表 8-2 2009—2013 年援助分散指数(AFI)排名前十的国家

排名 \ 年份	2009	2010	2011	2012	2013
1	肯尼亚	埃塞俄比亚	埃塞俄比亚	埃塞俄比亚	埃塞俄比亚
2	坦桑尼亚	巴基斯坦	肯尼亚	肯尼亚	坦桑尼亚
3	莫桑比克	肯尼亚	坦桑尼亚	坦桑尼亚	莫桑比克
4	印度	莫桑比克	乌干达	莫桑比克	孟加拉国
5	乌干达	乌干达	莫桑比克	刚果共和国	肯尼亚
6	孟加拉国	坦桑尼亚	孟加拉国	乌干达	尼泊尔
7	埃塞俄比亚	越南	巴基斯坦	尼泊尔	乌干达
8	越南	刚果共和国	尼泊尔	孟加拉国	刚果共和国
9	尼泊尔	印度	越南	巴基斯坦	布基纳法索
10	布基纳法索	尼泊尔	印度	越南	马里
非洲国家(个)	6	6	5	6	8

资料来源:转引自 Buscaglia, Daniela & Anjula Garg, *A Composite Index of Aid Fragmentation*, London: Palgrave Macmillan, 2016, p. 58。

二、对非洲援助碎片化的可能原因

导致援助碎片化的原因很多,本章主要从援助动机、援助领域、援助主体和援助方式四个视角展开分析。

(一)援助动机多重性

援助动机的多重性可以从两个方面理解:一是当前国际发展的目标已从千年发展目标转变为可持续发展目标,援助从单纯的减贫和经济增长动机转为经济、社会和环境的协调发展;二是每个援助方的援助动机具有多样性,纵向来看,同一援助国在不同历史时期的援助动机各不相同,横向比较,不同援助国在同一时期的援助动机也不相同。援助动机的多重性就成为对非洲援助碎片化的一个重要原因。与千年发展目标相比,联合国 2030 年可持续发展议程为援助国的对外援助构建了更为宏大的叙事框架,其相对完整的目标—具体目标—指标体系(Goals-Targets-Indicators, GTI)为本来就十分稀缺的对外援助资金的分配提出了新的挑战。西方各援助国虽然均标榜其对非洲援助的主要目的是帮助非洲受援国摆脱贫困和促进其经济社会发展,但历史和现实表明,对外援助能否为援助国带来潜在的政治、经济和安全利益也确确实实在影响西方援助国对外援助的受援国地区、国家和部门选择。新兴援助国也因自身经济实力、在国际舞台上的地位、与非洲受援国的经贸与外交关系等原因,在对非洲援助的分配上呈现出不同的特点。

(二)援助领域多样化

近年来,环境污染、生态失衡、资源短缺、恐怖主义等可持续发展问题已超越单纯的贫困问题成为困扰人类发展的重要因素,联合国 2030 年可持续发展目标包含 17 项目标(goals)、169 项具体目标(targets)和 232 项指标(indicators),全面覆盖了消除饥饿、阻止地球退化、共享繁荣生活、创建和平公正包容社会和建立新型全球伙伴关系等方面以确保一个都不落下。非洲国家是全球发展最落后的国家,贫困和饥饿、健康和教育、工业和创新能力等问题突出,在可持续发展目标(Sustainable Development Goals,SDGs)各指标上的表现不佳(见表 8-3)。

表 8-3　可持续发展目标的全球进展及非洲表现

	目标	非洲	全球进展
1	无贫穷	2015 年撒哈拉以南非洲有 4.13 亿人处于极端贫困状态,占比 56.1%;2018 年撒哈拉以南非洲有 38% 的劳动人口的日生活费低于 1.90 美元	2015 年全球有 7.36 亿人处于极端贫困;全球有 8% 的劳动人口的日生活费低于 1.90 美元
2	零饥饿	2017 年撒哈拉以南非洲有 2.37 亿人营养不良;饥饿发生率从 2014 年的 20.7% 上升到 2017 年的 23.2%	2017 年全球有 8.21 亿人营养不良;2017 年全球的饥饿发生率是 10.9%
3	良好健康与福祉	与 2010 年相比,2017 年撒哈拉以南非洲 15—49 岁成人的艾滋病发病率下降了 37%;世界上 2/3 的产妇死亡发生在撒哈拉以南非洲;非洲 10 个受影响最严重国家上报的疟疾病例增加了大约 350 万例	与 2010 年相比,2017 年全球 15—49 岁成人的艾滋病发病率下降了 22%

续表

目标		非洲	全球进展
4	优质教育	2015年撒哈拉以南非洲儿童和青少年在阅读和数学方面未达到最低熟练水平的占比分别是88%和84% 超过一半的撒哈拉以南非洲的学校无法获得基本饮用水、洗手设施、互联网和电脑	2015年全球儿童和青少年在阅读和数学方面未达到最低熟练水平的占比分别是58%和56%
5	性别平等	至少2亿女童和女性遭受了割礼,至少一半在西非	—
6	清洁饮水和卫生设施	2018年撒哈拉以南非洲综合水资源管理的平均实施率为40%	2018年全球综合水资源管理的平均实施率为49%
7	经济适用的清洁能源	2017年撒哈拉以南非洲的用电人口比例为44%;撒哈拉以南非洲清洁燃料和高燃效炉灶的推广赶不上人口增长	2017年全球用电人口比例为89%
8	体面工作和经济增长	2018年撒哈拉以南非洲的失业率为5.9%	2018年全球的失业率为5.0%
9	工业、创新和基础设施	2016年撒哈拉以南非洲中高和高科技占全球制造业的增加值仅15%;2016年撒哈拉以南非洲研发占国内生产总值的比重为0.42%	2016年中高和高科技占全球制造业的增加值45%;2016年全球研发占国内生产总值的比重为1.68%
10	减少不平等	2017年,撒哈拉以南非洲劳动收入占国内生产总值的比重为52.5%,2004年这一数据为51.5%(这一指标表明非洲的不平等状况有所改善)	2017年,全球劳动收入占国内生产总值的比重为51.4%,2004年这一数据为53.2%
11	可持续城市和社区	2018年撒哈拉以南生活在贫民窟或临时住所的城市人口有2.38亿人;2018年撒哈拉以南可以便利使用公共交通的人口比例为18%	2018年全球生活在贫民窟或临时住所的城市人口有10.33亿人;2018年全球可以便利使用公共交通的人口比例为53%
12	负责任消费和生产	2017年撒哈拉以南非洲每单位国内生产总值的国内材料消耗是2.5千克/美元	2017年全球每单位国内生产总值的国内材料消耗是1.16千克/美元
13	气候行动	—	—
14	水下生物	赤道非洲水质面临严峻挑战	—

续表

	目标	非洲	全球进展
15	陆地生物	2017 年撒哈拉以南非洲的山区绿化覆盖率是 90%（这一指标表现优于全球水平）	2017 年全球山区绿化覆盖率是 76%
16	和平、正义和强大机构	46%的撒哈拉以南非洲 5 岁以下的儿童进行了出生登记	73%的全球 5 岁以下的儿童进行了出生登记
17	促进目标实现的伙伴关系	2018 年对非洲的援助减少了 4%	2018 年净官方发展援助比 2017 年下降了 2.7%

资料来源：United Nations,"Global Sustainable Development Report 2019",2019。

（三）援助主体多元化

在对外援助的具体管理上,援助主体往往要求受援国定期或不定期地向其汇报援助资金的使用、援助项目的进展、援助效果的评估等情况,而且不同援助主体的要求存在很大差异。受援国的很多较高层次的政府官员被迫投入大量时间和精力为援助主体提供相应报告,援助主体的多元化进一步恶化了援助的碎片化现象。近年来,多边援助机构的数量不断增多且相互之间缺乏协调,欧盟扩员带来的援助国数量的被动增加,新兴援助国的复兴和私人援助机构的涌现使得国际发展援助体系更加复杂。

首先,多边援助机构的数量众多且相互之间缺乏协调。2008 年年底向经合组织—发展援助委员会汇报的多边援助机构数量就已经达到 263 个,这些多边援助机构存在职能重叠、融资安排复杂、会计和报告系统的需求相互冲突等问题,处于一种"无体系"（non-system）状态。[①] 这些多边援助机构自成立起就存在于对外援助市场中,没有因为关闭或合并等退出援助市场,因此它们在很多援助领域是相互重叠的。此外,自 2000 年以来,新成立了多个专注于某一主题的国际组织,如全球艾滋病、结核病和疟疾基金（Global Fund for AIDS,Tuberculosis and Malaria,GFTAM）、全球疫苗和免疫联盟（the Global Alliance for Vaccines and Immunization,

---

① Reisen,Helmut,"The Multilateral Donor Non-System:Towards Accountability and Efficient Role Assignment",*Economics—The Open-Access*,*Open-Assessment E-Journal*,Vol.4,2010,pp.1−16.

GAVI)等。这些新的国际组织与原有的国际组织多有不同,它们是专注于某一部门的金融中介,业务范围很窄,却获得了很大比例的官方发展援助预算。与此同时,还有一些新的融资机制被创造出来,如绿色债券(Green Bonds)、预先市场承诺计划(Advance Market Commitment,AMC)、国际免疫融资机制(International Finance Facility for Immunization,IFFIm)等,它们拓展了传统的援助方信托基金的范围,为全球公共产品投资提供了新的方式。

其次,欧盟扩员带来了援助国数量的增加。2004 年欧盟进行了规模最大的一次扩员,捷克、爱沙尼亚、塞浦路斯、拉脱维亚、立陶宛、匈牙利、马耳他、波兰、斯洛文尼亚、斯洛伐克十个国家加入欧盟,2007 年保加利亚和罗马尼亚加入欧盟,2013 年克罗地亚加入欧盟。这其中捷克(2013 年 5 月 14 日)、波兰(2013 年 10 月 22 日)、斯洛伐克(2013 年 9 月 17 日)、斯洛文尼亚(2013 年 12 月 3 日)和匈牙利(2016 年 12 月 6 日)相继成为经合组织—发展援助委员会成员国。根据 2009 年年底生效的《里斯本条约》,发展援助是欧盟整体对外行动的一部分,各成员国均需根据欧盟的发展援助政策对外提供双边援助,同时还需要为欧盟作为国际法主体的对外援助提供资金支持。欧盟扩员对援助国体系造成的影响体现在:一些欧盟新成员国重新成为援助国,如捷克、匈牙利、波兰和斯洛伐克等国在冷战前就是援助国,其援助主要流向前社会主义阵营,而在冷战期间它们均成为受援国,大部分援助资金来源于欧盟;一些新成员国则完全是新的援助国,如塞浦路斯和马耳他。

再次,新兴援助国的出现增加了国际援助协调的难度。作为区别于传统经合组织—发展援助委员会成员国而提出的概念,新兴援助国(New donors)包含所有非发展援助委员会国,有 30 多个。以中国、印度和巴西为代表的新兴援助国遵循南南合作的援助理念,其对外援助的原则和做法与发展援助委员会等传统援助国明显不同,增加了国际发展援助协调的难度。而经合组织和欧盟中的非发展援助委员会成员国往往具有发展援助委员会观察员的身份,遵循发展援助委员会的对外援助原则和标准,并向发展援助委员会报告其官方发展援助数据,如匈牙利、墨西哥、土耳其等。虽然被称为新兴援助国,这些国家提供对外援助的历史往往可以追溯到第二次世界大战后,比较典型的是中国和俄罗斯,而巴西和南非在20世纪60年代也开始了对外援助。

最后,私人援助机构的力量在增强。向经合组织—发展援助委员会报告的私人援助机构有26个(截至2019年11月),有些私人援助机构的援助规模甚至超过援助国,如2017年最大的私人援助机构比尔和梅琳达·盖茨基金会(Bill & Melinda Gates Foundation)的援助规模是33.4亿美元,超过20个发展援助委员会成员国的援助规模(见表8-4)。此外,还有众多私人援助机构未向经合组织—发展援助委员会汇报。1977—2014年,仅在尼泊尔境内就有189个国际非政府组织开展活动,涉及健康、农业、减贫和政府治理等多个领域。

表8-4　2017年主要援助方的对外援助规模

援助方	规模(百万美元)	援助方	规模(百万美元)
比尔和梅琳达·盖茨基金会	3336.17	意大利	2977.01
澳大利亚	2412.29	韩国	1615.02
奥地利	600.41	卢森堡	304.02
比利时	1295.21	新西兰	370.57
加拿大	3126.90	挪威	3127.04
捷克	80.54	波兰	222.11
丹麦	1720.94	葡萄牙	114.53
芬兰	597.95	斯洛伐克	35.41
希腊	36.72	斯洛文尼亚	24.92
匈牙利	39.38	西班牙	683.66
冰岛	54.14	瑞士	2330.33
爱尔兰	492.63		

资料来源:OECD, Aid (ODA) Disbursements to Countries and Regions (DAC2a), https://stats.oecd.org/Index.aspx? ThemeTreeId=3。

(四)援助方式复杂化

近年来,经合组织—发展援助委员会对官方发展援助的界定受到来自多方面的挑战。一方面，从援助主体看，以中国为代表的新兴援助国提供对外援助的方式与传统援助国存在较大差异，新兴援助国大多不使用经合组织—发展援助委员会对官方发展援助的定义，而越来越多的私人援助机构进入国际发展援助领域，对其贡献的衡量也需要改革经合组织—发展援助委员会的统计体系。实际上，自2018年开始，经合组织—发展援助委员会已改变了其对所有受援国都采用10%的折现率以及25%赠与成分的规定，对不同收入水平的受援国采取不同的折现率和赠与成分的规定（见表8-5）。但大多数新兴援助国对对外援助的理解仍与经合组织—发展援助委员会存在较大差异，中国学者就从不同视角对中国对外援助进行了界定，如"新南南合作"[1]、"中国特色的官方开发金融"[2]等。塞韦里诺和雷（Severino和Ray，2009）也提出"全球政策融资"（global policy finance）的概念，融合公共部门和私人部门的资金，支持发展中国家的经济发展，提供基本福利，并为全球公共产品提供资金。[3]

表8-5　经合组织—发展援助委员会关于官方发展援助赠与成分的规定

受援方类型	赠与成分占比（%）	折现率（%）
最不发达国家	45	9
低收入国家	15	7
中高收入国家	10	6
多边发展机构	10	5/6*

注：*全球机构和多边开发银行按5%的贴现率计算，包括次区域组织在内的其他组织按6%的贴现率计算。

资料来源：OECD-DAC,"What is ODA?", http://www.oecd.org/dac/financing-sustainable-development/development-finance-standards/What-is-ODA.pdf。

① 李小云、肖瑾：《新南南合作的兴起：中国作为路径》，《华中农业大学学报（社会科学版）》2017年第5期。

② 程诚：《中国特色的官方开发金融：中非发展合作的新模式》，《复旦国际关系评论》2016年第2期。

③ Severino, Jean M. & Olivier Ray, "The End of ODA: Death and Rebirth of a Global Public Policy", CGD Working Paper, Washington, D.C.: Center for Global Development, 2009.

另一方面,从援助渠道看,专项援助①的出现向传统的双边援助和多边援助的二元划分提出了挑战。理论上,双边援助是由援助国直接向受援国政府提供或者通过非政府组织(NGO)等中介机构提供的援助,完全由援助国控制和管理,直接体现了援助国的偏好;多边援助是指多边机构利用援助国提供的无偿赠与资金向受援国提供援助,援助资金的使用完全由多边援助机构控制和管理。本质上,专项援助仍是双边援助,因其资金来源于双边援助机构,且具体用途是确定的;形式上,专项援助由多边机构进行投资和资源分配。因此专项援助既不同于传统的多边援助,也不同于传统的双边援助。自20世纪90年代以来,专项援助快速发展,成为国际发展援助的重要资金来源。专项援助往往以信托基金(trust funds)的形式设立,大多数专项援助以公私合作伙伴关系(Public-Private Partnership,PPP)模式进行运作,可以充分利用政府部门和私人部门的优势。因其设立之初就针对特定主题,能够对新出现的议题作出快速、灵活反应。②

第三节　中国参与对非洲援助协调的现状

国际发展援助界常将援助国划分为传统援助国和新兴援助国,中国是新兴援助国的典型代表,与传统援助方在发展历史(是否曾经为受援国)、援助理念、援助机构设置等多个领域存在显著差异,中国与传统援助国在对非洲援助协调上的做法在一定程度上反映了两类援助国对非洲援助协调的基本特征。虽然新兴援助国的对非洲援助各有特点,限于篇幅本章只讨论了中国与传统援助国对非洲援助协调的政策基础、面临的

---

① Eichenauer 和 Reinsberg(2017)指出,以下几个英文所对应的含义是一致的,包括专项援助(earmarked aid)、多双边援助(multi-bi aid)、限制性援助(restricted aid)和非核心援助(non-core aid)。See Eichenauer, Vera Z.& Bernhard Reinsberg, "What Determines Earmarked Funding to International Development Organizations? Evidence from the New Multi-Bi Aid Data", *The Review of International Organizations*, Vol.12, 2017, pp.171–197.

② Thalwitz, Margret, *Fragmenting Aid or a Platform for Pluralism? The Case of "Vertical Funds"*, London, UK: Palgrave Macmillan, 2016, pp.93–106.

挑战等问题。席伦(Schiere,2010)从国家、区域和全球三个层面分析了中国与传统援助国对非洲援助中的互补性,并认为这将提高发展有效性、改善援助效果并实现非洲国家、中国和传统援助方的共赢。[①] 实际上,近年来中国一直在加强与多边援助机构和传统援助国在对外援助上的接触与沟通,积极参与联合国有关机构、世界银行、经合组织等国际组织的合作与对话,与美国、法国、澳大利亚、新西兰等发展援助委员会成员国在多个层面开展与对外援助有关的交流活动。通过与传统援助方的持续、深入沟通,中国已建立起与传统援助方在对非洲援助协调上的政策基础,当然,由于援助理念和援助机构的差异,中国与传统援助方在对非洲援助协调上仍面临挑战。

一、中国参与对非洲援助协调的政策基础

中国与传统援助方在对非洲援助协调上的政策基础主要体现在反映双边关系的一些文件中,自 2005 年以来,中国已与主要大国就非洲事务进行了磋商(见表8-6)。大量磋商为中国与其他国家交流对非洲政策和涉非洲三方合作奠定了政策基础。

表 8-6 2005—2019 年中国与主要大国的非洲事务磋商

对象国	起始年份	已举行轮次
美国	2005	共 7 轮 2005—2008 年 3 轮 2009—2013 年 2 轮 2014—2016 年 2 轮
欧盟	2005	共 11 轮 2005—2008 年 4 轮 2009—2013 年 4 轮 2014—2016 年 1 轮 2017—2019 年 2 轮

---

① Schiere, Richard, "Building Complementarities in Africa between Different Development Cooperation Modalities of Traditional Development Partners and China", *African Development Review*, Vol.22, No.1, 2010, pp.615−628.

对象国	起始年份	已举行轮次
法国	2006	共 13 轮 2005—2008 年 3 轮 2009—2013 年 5 轮 2014—2016 年 3 轮 2017—2019 年 2 轮
日本、韩国	2008	共 5 轮 2005—2008 年 1 轮 2009—2013 年 3 轮 2014—2016 年 1 轮
英国	2008	共 10 轮 2005—2008 年 2 轮 2009—2013 年 4 轮 2014—2016 年 2 轮 2017—2019 年 2 轮
印度	2012	共 1 轮
俄罗斯	2018	共 2 轮 2017—2019 年 2 轮
德国	2016	共 1 轮

资料来源:张春:《涉非三方合作:中国何以作为?》,《西亚非洲》2017 年第 3 期(笔者根据外交部非洲司网站信息进行了更新,截至 2020 年 1 月 10 日)。

本部分详细阐述了中国与欧盟、中国与美国、中国与日本等传统援助方对非洲援助协调的政策基础。

(一)中国与欧盟

欧盟和中国在非洲发展问题上的对话和合作可以作为欧盟—中国战略伙伴关系(strategic partnership)的"试剂盒"(test-case),可以实现欧盟通过有效多边主义(effective multilateralism)促进全球安全和全球治理的战略,可以实现中国负责任的发展中大国的愿景,可以促进非洲的发展并提高其国际地位。[①] 2006 年第九届中国—欧盟峰会期间,中国同意加强与欧盟在非洲安全、稳定和可持续发展问题上的对话[②],这是中欧峰会第

[①] Wissenbach, Uwe, "The EU, China and Africa: Global Governance through Functional Multilateralism", *Studia Diplomatica*, 2008, pp.69–89.

[②] Council of the European Union, Joint Statement of the 9th EU-China Summit, Brussels 11 December 2006.

一次将非洲问题写入声明文件,双方表示将在援助有效性及千年发展目标等问题上寻求切实合作。中欧高级别战略对话、中欧外交政策磋商和地区事务对话等进一步丰富了中国与欧盟在对非洲援助协调上的对话机制。中国和欧盟都倡导多边主义,2018 年中国外交部《中国对欧盟政策文件》①提出中欧要在二十国集团框架内开展合作,支持多边主义,加强宏观经济政策协调。此外,欧盟逐渐弱化了其在对非洲援助中一直坚持的良治标准,将"惩罚性"手段变为激励手段,通过设立良政激励基金引导非洲受援国采取更符合自身国情的改革措施,与中国倡导的"内部驱动和循序渐进"的改革主张相一致。2016 年中国加入欧洲复兴开发银行(European Bank for Reconstruction and Development,EBRD)②,进一步加强了与欧洲在对非洲援助领域的对话。

(二)中国与美国

美国是非洲现有政治秩序的主要参加者和维护者之一,也是非洲最大的投资国和最重要的军事合作方。在对非洲问题上,中美两国的冲突主要体现在意识形态上的斗争和认知上的战略冲突,非洲的安全稳定与经济发展、政治上的支持、利用非洲自然资源并增加对非洲出口是两国的共同利益诉求,中美在非洲的政策一定程度上践行了"不冲突,不对抗,相互尊重,合作共赢"的新型大国关系。具体到对非洲援助,虽然中美两国有许多不同见解,但最基本的共同点都是共同发展。中美需要在对外援助上进一步合作与协调。2019 年 8 月 1 日中美举行首次司局级非洲事务磋商,就双方各自对非洲合作、非洲热点问题等深入交换了意见。

(三)中国与日本

日本的国际发展合作是投资、贸易和援助"三位一体"的典型,中国对非洲经贸合作也强调投资、贸易和援助的有机结合。在对非洲援助领域,中国和日本都重视对非洲的基础设施建设,中国、欧盟和日本是支持

---

① 外交部:《中国对欧盟政策文件》,https://www.fmprc.gov.cn/web/ziliao_674904/tytj_674911/zcwj_674915/t1622886.shtml。
② 欧洲复兴开发银行(EBRD)成立于1991年,由69个国家以及欧洲联盟和欧洲投资银行所有。

非洲基础设施建设最多的国家。日本通过东京非洲发展国际会议(简称东京会议)加强日本与非洲的联系,中国通过中非合作论坛加强中非经贸合作关系,从东京会议的时间安排和议题来看,日本在对非洲外交领域客观上形成了与中国的竞争态势,且竞争领域逐渐拓展。① 中非合作论坛起始于 2000 年,参与方包括与中国建交的 50 个非洲国家和非洲联盟委员会,成员固定,每三年在中国北京和非洲国家轮流举办。东京会议自 1993 年 10 月起每隔 5 年在东京召开,自 2016 年第六届东京会议改为每三年一届,并将会议地点转移至非洲,以后将轮流在日本和非洲国家召开,这与中非合作论坛每三年一届的部长级会议及中非轮流举办的安排一致。东京会议的参与方不确定,非洲国家、非洲区域机构和国际机构都会参加。历次中非合作论坛和东京会议都会宣布对非洲援助措施,如 2018 年中非合作论坛北京峰会承诺向非洲国家提供 150 亿美元的无偿援助、无息贷款和优惠贷款②,2019 年第七届东京会议期间,日本政府和非洲发展银行宣布为非洲提供 3000 亿日元援助资金,支援非洲基础设施开发和民营企业发展。③

二、当前中国参与对非洲援助协调面临的挑战

当前国际形势下,中国参与对非洲援助协调仍面临诸多挑战,不同援助国对外援助协调的理念存在较大差异,各国援助机构的异质性进一步增加了援助协调的不确定性。

(一)援助方援助协调理念的差异

为了更好地反映不同援助国对外援助协调的差异,我们这里以"南南合作"与"南北援助"的援助理念差异将所有援助国划分为两类,其中遵循"南南合作"理念的援助国主要是新兴援助国,包括金砖国家、阿拉

---

① 张永蓬:《日本对非洲外交:从实用主义平衡到战略重视》,《西亚非洲》2018 年第 5 期。

② 《习近平在 2018 年中非合作论坛北京峰会开幕式上的主旨讲话》,http://www.xinhuanet.com/world/2018-09/03/c_1123373881.htm。

③ 中华人民共和国商务部第七届东京非洲发展国际会议在日本横滨开幕,http://www.mofcom.gov.cn/article/i/jyjl/k/201909/20190902896236.shtml。

伯援助者;遵循"南北援助"理念的援助国包括发展援助委员会成员国、经合组织和欧盟中非发展援助委员会成员国。

"南南合作"是由发展中国家为了实现共同的发展而建立和发展起来的,是建立在平等互利基础上的新型经济合作关系。遵循"南南合作"理念的新兴援助国在对受援国提供援助时不附加任何的政治条件,尊重受援国的主权和政治独立,不干涉受援国家的内政,两者之间是一种平等互利、共同发展的关系。遵循"南北援助"理念的援助国在提供援助时往往要求受援国进行民主制改革,并就受援国的人权、良治等方面提出各种条件,传统的发展援助委员会成员国常常通过此类条件插手受援国国内事务,经合组织和欧盟中非发展援助委员会成员国虽然不是发展援助委员会成员国,但它们中有些具有发展援助委员会观察员的身份,例如墨西哥、土耳其就是发展援助委员会的经常性观察员,有权参加发展援助委员会的会议,努力向发展援助委员会标准看齐,并争取像韩国、捷克、波兰、斯洛伐克、冰岛、斯洛文尼亚、匈牙利一样能够加入发展援助委员会。

两类国家在基本理念上的差异增加了对非洲援助协调的难度,尤其是西方政客、媒体为博取关注时常发表曲解中国对非洲援助的观点,如2006年欧盟就开始指责中国对非洲政策,2008年4月欧洲议会出台了《关于中国非洲政策决议》,依据其自身理念对中国对非洲援助加以指责,用资源掠夺论、债务恶化论、良治破坏论等抹黑中国对非洲援助。同时我们还应注意到,即使遵循同一理念的援助集团内部也对援助协调有不同看法。虽然所有欧盟援助国都支持《巴黎宣言》议程,但他们对援助协调的认识并不完全一致,有些欧盟国家(丹麦、瑞典和荷兰)和一些非欧盟国家(如加拿大)对援助协调十分重视,而其他援助国并不重视援助协调。[1] 欧盟国家内部在援助协调上的主要分歧在于对"共同预算支持"(General Budget Support,GBS)战略的态度,德国、法国和比利时更加支持该战略,而丹麦、瑞典和荷兰不是十分支持该战略,这反映出不同国家对

① Bourguignon,Franois & Jean-Philippe Platteau,"The Hard Challenge of Aid Coordination", *World Development*,Vol.69,2015,pp.86-97.

援助条件是否有用存在不同看法。

（二）援助管理机构的差异

援助管理机构是援助国对外援助政策的具体执行部门,援助机构本身的质量、援助机构的对外援助实践、援助方派往受援国代表团的水平等因素都会影响援助协调的效果。虽然当前建立了很多的制度和机制促进对非洲援助协调,但援助协调体系本身仍存在很多问题,主要体现在以下几个方面:第一,受援国政府的犹豫不决和缺乏领导力削弱了现有的援助协调机制的作用。第二,援助管理上的责任缺失和结构重复依然严重。第三,一些援助机构拒绝采用新机制,而新兴援助方不愿意进行援助协调,因为他们的主要精力都放在了援助项目上。此外,在评估援助效果时,不同的援助机构也采取了不同的方法。对外援助机构所采用的监督和评估机制反映了援助机构评估其对外援助已取得的目标的努力程度和学习以前经验的意愿。欧盟在马里的代表团相对来说比较严格,当援助的产出指标不好时,他们会立即停止为受援国的预算支持提供援助资金。在受援国的产出指标得到改善或者受援国政府采取措施改善这些指标之前,很多援助资金并没有提供给受援国。然而,并不是所有援助国都同意这一做法,有些援助国认为欧盟的这一做法太严苛了,不赞同欧盟使用的衡量指标和对这些指标的解释与测量方法。由于援助支付的决定是由单个援助方作出的,是否实际为受援国提供援助资金取决于每个援助方的偏好。在对受援国是否满足某些条件的判断上,援助机构之间往往缺乏沟通,成为有效援助协调的主要障碍。

第四节　中国参与非洲援助协调的政策建议

虽然包括中国在内的新兴援助国和传统援助国在对外援助的理念和动机方面有所不同,但其对外援助的目标有很多相似之处,尤其是在对非洲援助上,帮助非洲实现经济增长和减贫是各援助国的共同目标,这也构成了各援助国对非洲援助协调的现实基础。援助协调至少应包含三个方面的问题,即首先需要对外援助的各参与方交换信息,以知晓其他参与方对相关问题的看法，获得更广泛的信息；其次，各方就对外援助政策和援外项目的目的和优先级达成一致意见；最后，协调共同支持的援助计划或项目的执行工作。① 克林格比尔等（Klingebiel 等，2017）也指出援助协调应包含三个层次的问题，第一层是政策层（policy level），各方应就官方发展援助的原则和标准、决策程序和分配方式达成一致；第二层是计划层（programming level），是指各方在援助计划制订阶段就针对特定受援国的援助方法和战略达成一致；第三层是执行层（implementation level），是指在援助资源的提供阶段展开协调，并形成共同的或特定的援助执行安排。② 本节从融入对非洲援助协调信息沟通平台、促进构建对非洲援助国际协调平台、加强与传统援助国的三方合作和促进执行层面对非洲援助国际合作四个方面提出了中国参与对非洲援助协调的政策建议。

一、融入对非洲援助协调的信息沟通平台

信息在国际发展援助中具有十分重要的作用③，援助机构应加强对援助信息的利用，以提高援助效率。此外，项目执行阶段的援助协调并不能提高项目的成功率。④ 因此，有效地对非洲援助协调应首先达成政策上的一致。21 世纪以来，国际社会对援助有效性的关注急剧上升，一系列提高援助有效性的会议为对非洲援助协调国际层面的信息沟通提供了重要平台。国际层面上，中国积极参加 2003 年《援助协调罗马宣言》、2005 年《援助有效性巴黎宣言》、2008 年《阿克拉行动议程》、2011 年《有

---

① Ross, David J., "Aid Co-ordination", *Public Administration and Development*, Vol.10, 1990, pp.331-342.

② Klingebiel, Stephan, Mario Negre & Pedro Morazán, "Costs, Benefits and the Political Economy of Aid Coordination: The Case of the European Union", *The European Journal of Development Research*, Vol.29, 2017, pp.144-159.

③ Linders, Dennis, "Towards Open Development: Leveraging Open Data to Improve the Planning and Coordination of International Aid", *Government Information Quarterly*, Vol.30, 2013, pp.426-434.

④ Kadirova, Diloro, "Implementation of Post-Conflict Reconstruction and Development Aid Initiatives: Evidence from Afghanistan", *Journal of International Development*, Vol.26, No.6, 2014, pp.887-914.

效发展合作伙伴关系釜山宣言》等重要多边活动,积极与传统援助国、其他新兴援助国和受援国一道,为提高援助有效性加强沟通。地区层面上,当前非洲已与世界主要国家建立多个区域合作机制,中非合作论坛、东京非洲发展国际会议、欧非峰会、印度—非洲峰会①、韩国—非洲论坛②、欧盟—南部非洲发展共同体协议③、欧盟—东部非洲共同体协议④、土耳其—非洲峰会⑤等"对非峰会外交",一方面构成了中国对非洲合作的机制性挑战⑥,中非合作的政策空间受到挤压,另一方面也为中国提供了与其他国家进行对非洲援助协调的制度路径。此外,非洲当地还有多个本地区的论坛与机构,如非洲联盟、非洲开发银行、南部非洲发展共同体、东非共同体、西非国家共同体、非洲发展新伙伴计划,以及非洲各类型的民间机构、学术团体、智库等也在主持非洲发展援助项目方面扮演着十分重要的角色。

从中方角度看,在构建国际发展援助协调信息沟通机制的具体做法上,应制定全方位的对外援助政策,由官方公布中国对外援助的历史和现实、理念和原则、目标和实践,其他援助国更加深入地理解中国的对外援助,认清中国对外援助的竞争优势。2018 年 4 月中国国家国际发展合作署的成立为中国与其他援助国之间充分的信息沟通提供了平台。

二、充分利用现有对非洲援助国际协调平台

在对非洲援助上,中国遵守国际协定,努力提高中国对非洲援助实效,一直以来中国都与联合国系统和多边发展机构保持紧密联系,并充分

① 2008 年 4 月在印度新德里召开首届印度—非洲峰会,之后每三年举办一次,2011 年、2015 年、2018 年。
② 截至 2010 年 1 月 8 日,共举办了四届韩国—非洲论坛,分布是 2006 年 11 月 5—7 日(韩国首尔)、2009 年 11 月 23—25 日(韩国首尔)、2012 年 10 月(韩国首尔)、2016 年 12 月 6—7 日(埃塞俄比亚的斯亚贝巴)。
③ 2016 年 6 月 10 日,欧盟与南部非洲发展共同体签署经济伙伴关系协定。
④ 2016 年 6 月 10 日,欧盟与东部非洲共同体签署经济伙伴关系协定。
⑤ 2008 年在土耳其最大城市伊斯坦布尔举行第一届土非峰会,2014 年在赤道几内亚首都马拉博召开第二届土非峰会。
⑥ 张春:《涉非三方合作:中国何以作为?》,《西亚非洲》2017 年第 3 期。

利用二十国集团峰会等平台实践对非洲援助协调的中国方案。

(一)联合国系统

联合国系统存在众多的对非洲援助机构,其自身的碎片化现象就很严重,亟须构建合理的协调机制。为此,2003 年,联合国成立非洲问题特别顾问办公室,旨在加强国际层面对非洲发展和安全的支持,协调联合国系统对非洲的工作,促进全球层面对非洲问题的政府间审议。[1] 为促进国际社会对非洲的援助,帮助其实现 2030 年可持续发展目标,2017 年 12 月,联合国经济和社会事务部(Department of Economic and Social Affairs, DESA)与经济和社会事务执行委员会(Executive Committee on Economic and Social Affairs)其他部门、联合国公约(UN Conventions)秘书处及研究机构共同发起对 2030 年议程和可持续发展目标执行情况的调查,并通过"联合国系统可持续发展目标行动在线数据库"(UN System SDGs Action Online Database)为联合国秘书长报告、联合国大会、联合国经济及社会理事会和联合国可持续发展高级别政治论坛(High-Level Political Forum on Sustainable Development, HLPF)提供相应数据。[2] 中国坚持多边主义,坚持在联合国框架下解决人类发展所面临的共同问题。近年来,中国国家主席习近平提出的推动构建人类命运共同体理念已成为中国特色大国外交的旗帜,同时也是中国协调与其他援助方共同推动非洲国家发展的重要思想指引,该理念首次被写入联合国决议就是 2017 年 2 月 10 日联合国社会发展委员会第 55 届会议通过的"非洲发展新伙伴关系的社会层面"决议。[3]

(二)二十国集团

二十国集团(G20)成立之初就是为了将新兴国家纳入全球治理体系中来,解决以七/八国集团为核心的西方"富人俱乐部"在全球治理中日

---

① 联合国非洲问题特别顾问办公室,United Nations Office of Special Adviser on Africa, UN-OSAA,https://www.un.org/en/africa/osaa/。

② The UN System SDGs action online database, https://sustainabledevelopment.un.org/content/unsurvey/index.html,2019-12-25.

③ 陈须隆:《推动构建人类命运共同体成全球共识》,《人民日报》(海外版)海外网, http://news.haiwainet.cn/n/2017/1228/c3541523-31219910.html,2017-12-28/20190103。

渐势弱的趋势,因此二十国集团就成为传统援助国和新兴援助国协调援助政策、计划和行动的天然平台。作为协调各国宏观经济政策的重要平台,自2011年以来二十国集团每年召开一次峰会,发展问题都是二十国集团峰会的重要议题,尤其是在环境保护、减贫和经济增长等方面。近年来,在对外援助协调尤其是对非洲援助协调上,二十国集团也制定了相应的政策。

2015年二十国集团安塔利亚峰会将2030年可持续发展目标和《亚的斯亚贝巴行动议程》纳入峰会公报,2016年二十国集团杭州峰会第一次将发展问题纳入二十国集团全球宏观政策框架,以促进各成员国发展政策的协调。习近平主席提出"全球经济治理应该以平等为基础、以开放为导向、以合作为动力、以共享为目标,建设创新型、开放型、联动型、包容型世界经济",全面阐释了中国的全球经济治理观。[①] 二十国集团成员共同起草了集体行动计划,同意为实施联合国2030年可持续发展目标提供政治推动力。此次峰会也首次讨论了支持非洲国家和最不发达国家实现工业化议题,对发展中国家尤其是非洲国家的需求作出积极回应。2018年二十国集团布宜诺斯艾利斯峰会以"为公平与可持续发展凝聚共识"为主题,中国国家主席习近平提出"坚持伙伴精神,加强宏观政策协调"的倡议。利用二十国集团平台进行援助协调,还可以提高二十国集团作为国际机制的合法性[②],有利于其转型成为长期综合治理平台并系统化其发展议程,提高各国提供对外援助的效率和效果。与此同时,二十国集团中的新兴援助国如南非、俄罗斯、墨西哥、印度、中国、印度尼西亚等相继成立了专门的发展援助机构(见表8-7),为各国提供了对外援助领域的对话机构,进一步提高了各国协调对外援助事务的能力。

---

① 习近平:《建设创新、开放、联动、包容的世界经济》,中国新闻网,http://www.chinanews.com/gn/2016/09-03/7993229.shtml,20160903/20191225。

② 国际机制的合法性与其全球政治经济治理的成效紧密相关,并在很大程度上取决于非主导国家或贫弱国家在国际机制的共同利益分配过程中所能获得的份额。转引自黄梅波、胡建梅:《八国集团对非援助效果及对策——基于遵约率角度的分析》,《世界经济与政治论坛》2010年第4期。

表8-7　二十国集团中的新兴援助国的对外援助管理机构

国家	名称	成立时间
巴西	巴西发展署	1987 年
中国	中国国家国际发展合作署	2018 年
印度	印度外交部发展伙伴关系管理局	2012 年
印度尼西亚	印度尼西亚国际发展机构	2019 年
墨西哥	墨西哥国际发展合作署	2011 年
俄罗斯	俄联邦国际发展署	2011 年
南非	南非发展援助署*	2011 年
土耳其	土耳其国际合作与协调署	1992 年

注：*2011 年以前南非的对外援助由南非国际关系与合作部下的非洲复兴基金负责。
资料来源：各国援助机构官方网站。

三、加强与传统援助国的三方合作

中国与传统援助国的援助协调采用的是一种十分重要的方式，即三方合作。三方合作（trilateral cooperation/triangular cooperation）是连接新兴援助国和传统援助国的桥梁[1]，能够提高援助效率[2]，可以更好地发挥发展援助委员会成员国和新兴援助国的比较优势、促进受援国的发展[3]，以各自比较优势为基础的三方合作为中国与传统援助国之间的援助协调提供了可行框架。[4]

---

[1] Piefer, Nadine, " Triangular Cooperation：Bridging South-South and North-South Cooperation?"Workshop on South-South Development Cooperation, University of Heidelberg, 2014.

[2] McEwan, Cheryl & Emma Mawdsley, " Trilateral Development Cooperation：Power and Politics in Emerging Aid Relationships ", *Development and Change*, Vol. 43, No. 6, 2012, pp.1185−1209.

[3] Fordelone, Talita Yamashiro, "Triangular Cooperation and Aid Effectiveness：Can Triangular Cooperation Make Aid More Effective?"OECD Papers, 2009.

[4] Dong, Le & Akihisa Mori, " China and Aid Coordination：Feasibilities of Trilateral Cooperation on Geothermal Financing in Kenya ", *Journal of International Development Studies*, Vol.26, 2017, pp. 83−97.

2011 年,在韩国釜山召开的第四次发展有效性高级别论坛提出的全球合作伙伴关系指出,应在承认参与方各具优势的前提下实现管理多样性,进一步强化了三方合作在对外援助协调中的作用。一些发展援助委员会成员国,如日本和西班牙已将三方合作纳入本国发展合作政策①,相对而言,中国发起的三方合作项目并不多(见图 8-1)。2019 年 3 月 21—24 日在阿根廷布宜诺斯艾利斯召开的第二次联合国南南合作高级别会议(BAPA+40)重申了加强"南南合作"在实现 2030 年可持续发展议程中的作用,呼吁加强三方合作。

三方合作是与实现 2030 年可持续发展目标高度相关的机制。根据经合组织的统计,截至 2019 年 10 月 21 日,共有 186 个国家参与了三方合作,其中有 58 个国家是三方合作的发起人,其他 128 个国家参与了至少一项三方合作项目。自 2000 年以来,经合组织共得到 838 个三方合作项目的报告,中国作为发起人(Respondent)的项目有 16 个(见图 8-1),全部都是与联合国开发计划署(United Nations Development Programme,UNDP)联合发起的项目。中国参与的三方合作项目有 41 个,其中 20 个项目与非洲有关②,这些项目涉及农业与食品安全(5 项)、能源(4 项)、健康(3 项)、灾害风险管理(2 项)、教育与培训(2 项)、商业和其他服务(1 项)、环境保护(1 项)、社会基础设施与服务(1 项)和政府与公民社会(1 项)(见附表 8-1)。

经合组织认为三方合作在水平视角连接起"南南合作"和"南北合作",追求共同发展目标的各国政府、国际组织、公民社会组织、私人部门、慈善机构、次国家部门和学术团体都是三方倡议的参与方。经合组织是有效三方合作全球伙伴关系(Global Partnership on Effective Triangular Cooperation)的核心成员,通过一系列对话和深入研究促进三方合作的进一步发展,截至 2019 年 10 月 17 日,经合组织举办了 25 次三方合作会议(见附表 8-2)。

---

① Fordelone,Talita Yamashiro,"Triangular Cooperation and Aid Effectiveness:Can Triangular Cooperation Make Aid More Effective?",2009,pp.4,21-24.

② See http://www.oecd.org/dac/dac-global-relations/triangular-co-operation-repository.htm.

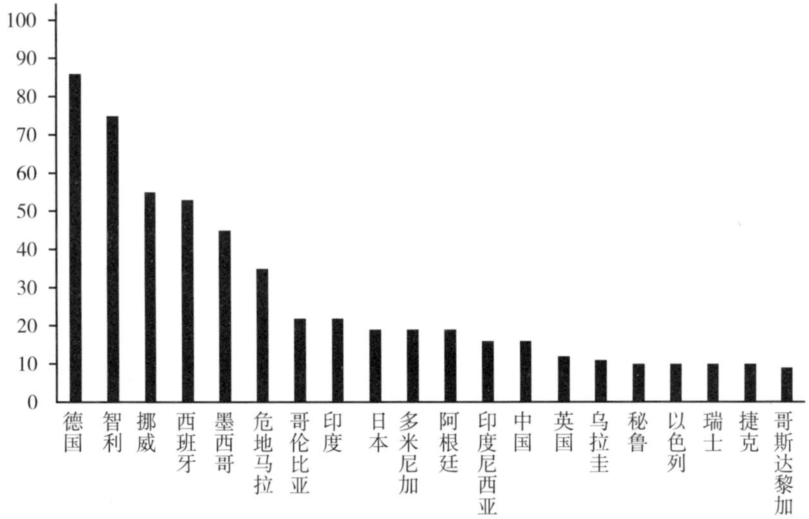

图 8-1 2000—2019 年 11 月 10 日向经合组织报告的三方合作的发起方排名

资料来源:根据 OECD—DAC 三方合作项目数据库整理, http://www.oecd.org/dac/dac.global. relations/triangular-Cooperation-repository.htm。

2018 年中非合作论坛北京峰会的成果文件表明,中国在尊重非洲国家意愿的基础上,与第三方开展对非洲能源领域的合作,发挥各自优势,为非洲能源发展提供政策建议。① 在对非洲援助协调上,还应扩大三方合作的范围和力度,中国应积极建立与其他传统援助方和新兴援助国的三方合作,倡导建立更为合理的涉非洲多边合作机制,推动人类命运共同体的构建。此外,还应注意到,中国当前发起的三方合作项目多是与联合国下属机构联合开展的,中国与传统援助国联合发起的三方合作项目较少,而且主要集中在健康、教育和农业与食品安全领域,将来的三方合作,中国应相应增加合作伙伴和合作领域。

四、促进执行层面对非洲援助国际合作

肯尼亚的案例为我们提供了单个受援国层面中国与发展援助委员会

---

① 外交部:《中非合作论坛——北京行动计划(2019—2021 年)》,https://www.fmprc.gov.cn/web/ziliao_674904/tytj_674911/zcwj_674915/t1592067.shtml,2018-09-05。

成员国之间的协调机制。自 2004 年起,加拿大、德国、芬兰、法国、德国、意大利、日本、荷兰、挪威、瑞典、西班牙、英国、美国、非洲开发银行、欧洲委员会、联合国、世界银行 17 个援助方在肯尼亚成立了专门的援助协调机构,即援助有效性小组(Aid Effectiveness Group,AEG),2016 年中国作为观察员加入 AEG,但中国未加入援助方协调小组(Donor Coordination Group,DCG),而是直接与肯尼亚政府协商。

中国对非洲援助以项目援助为主,国内援外企业是对外援助项目的主要执行主体,企业层面的对非洲援助合作应是操作层面对非洲援助协调的有机组成部分,可以有效提高对非洲援助效果。澳柯玛公司与比尔·盖茨投资基金的 Global Good 达成合作协议,为该基金支持发明的疫苗储存技术进行生产和销售,专门为电力短缺、交通不便的非洲运输疫苗。加纳布维水电站项目①由法国咨询公司提供可行性研究工作,英国咨询公司伊尔姆提供环境评估工作,中水电承担项目的执行工作,是三方合作的典型案例。2019 年 11 月 25 日,中国企业阿里巴巴与埃塞俄比亚签约共建 eWTP(世界电子贸易平台),马云宣布马云公益基金会将把非洲创业基金规模从 1000 万美元提升至 1 亿美元,用来培养非洲企业家,助力非洲经济可持续发展。② 埃塞俄比亚成为继卢旺达之后第二个 eWTP 落地的非洲国家。

在公共卫生等纯公共产品领域,中国开始与欧美大国、世界卫生组织、全球疫苗免疫联盟、盖茨基金会等国际供给方合作,从单纯地派遣医疗队到积极参与抗击埃博拉的国际合作,积极参与到以世界卫生组织和联合国为核心的国际公共卫生多边治理体系,实现了中国与西方大国在对非洲援助中的良性互动。有报道称,中国已与世界银行就更好地协调向非洲国家提供的贷款进行了对话。③

---

① 2007 年 8 月正式开工建设,2013 年 3 月建设完成,2013 年 4 月投产发电,是加纳第二大水电站。

② 阿里巴巴首倡的 eWTP 先后在马来西亚、卢旺达和比利时落地,参见 http://cn.chinagate.cn/news/2019-12/25/content_75547078.htm。

③ Inada,Juichi,*Evaluating China's"Quaternity"Aid:The Case of Angola*,London,UK:Palgrave Macmillan,2013,pp.115-116.

中国还积极利用"一带一路"倡议与非洲现有战略进行对接,实现对非洲援助协调的组织机制建设。联合国已将共建"一带一路"倡议与共商共建共享原则写入其成果文件,"一带一路"倡议与联合国《2030 年可持续发展议程》、非洲国家发展战略的有效对接将提高对非援助的效率和效果。当前,"一带一路"倡议与非洲的对接应在三个层面进行推进,即"一带一路"建设与联合国《2030 年可持续发展议程》、非盟《2063 年愿景》和非洲各国发展战略。习近平主席在多个论坛峰会,访问美国、英国等发达国家、访问非洲发展中国家所发表的演讲和文章的一个重要话题就是介绍和共商推进"一带一路"建设,为全球领导人达成合作和协商共识贡献了力量,积极推动构建人类命运共同体。

附表 8-1 中国参与的非洲三方合作项目

发起人	非洲参与方	项目名称	项目目标	领域	预算规模*	成本分担	持续时间
UNDP—中国	赞比亚、加纳	中国—赞比亚—UNDP 可再生能源项目	可再生能源领域的技术转移	能源	1—5	—	2014—2018 年
UNDP—中国	坦桑尼亚	中国—英国—坦桑尼亚疟疾控制试点项目	探索可持续的非洲疟疾控制战略和工作机制,减少控疟负担,加速消除疟疾	健康	1—5	—	2015—2017 年
UNDP—中国	马里、马拉维、塞拉利昂、塞内加尔、利比里亚、乌干达、埃塞俄比亚、纳米比亚、刚果共和国	农业与食品安全三方协议	在中国—FAO 信托基金的支持下,加强三方农业与食品安全领域的能力建设和技术合作	农业与食品安全	> 10	是	—
UNDP—中国	马拉维、乌干达	加速对低收入国家的农业技术转让(AgriTT)	知识共享和技术转让以提高马拉维和乌干达的农业生产率和粮食安全	农业与食品安全	> 10	—	2012—2016 年
UNDP—中国	马拉维	中国—马拉维—UNDP 灾害管理	灾害风险管理上的知识共享和专业技术	灾害风险管理	0.5—1	是	2016—2017 年

续表

发起人	非洲参与方	项目名称	项目目标	领域	预算规模*	成本分担	持续时间
UNDP—中国	科特迪瓦、埃塞俄比亚、纳米比亚、利比里亚、刚果民主共和国、刚果共和国、坦桑尼亚、乌干达	UNESCO—中国信托基金（CFIT）项目"加强教师教育，缩小非洲教育质量差距"	通过能力建设，商品和物质、知识共享，加强非洲八国的教师教育和专业发展	教育与培训	5—10	是	2012—2016年
UNDP—中国	加纳	中国—加纳—UNDP可再生能源项目	可再生能源领域的技术转让	能源	1—5	—	2014—2018年
UNDP—中国	非洲	UNESCO—中非大学合作三方倡议※	促进大学伙伴关系，促进知识共享	教育与培训	—	—	2011年至今
UNDP—中国	埃塞俄比亚	中英全球卫生支持项目埃塞俄比亚和缅甸妇幼卫生试点项目	构建能力，分享知识和物质，提供服务，提高试点地区的服务能力	健康	1—5	—	2015—2017年
丹麦	加纳、赞比亚	可再生能源技术转让	加强中国对加纳和赞比亚可再生能源技术转让的南南合作	能源	1—5	—	2014—2018年
FAO	贝宁、科特迪瓦、埃塞俄比亚、加纳、肯尼亚、马达加斯加、尼日利亚、塞内加尔、乌干达	农业统计和粮食安排	通过南南合作，加强九个目标国家在23个非洲稻米发展联盟（CARD）国家的农业统计和粮食安全信息	农业与食品安全	—	—	
GEF	塞舌尔、毛里塔尼亚	基于生态系统的适应性	基于生态系统的适应性	环境保护	> 10	是	2013—2017年
ILO	突尼斯、苏丹、南苏丹	知识管理工具	通过国际劳工组织（ILO）的青年就业计划，提供关于青年、就业和移民（YEM）的专题窗口	社会基础设施与服务	—	—	
荷兰	埃塞俄比亚、肯尼亚、乌干达	开发竹材资源，扶贫济困	—	商业和其他服务	—	—	

发起人	非洲参与方	项目名称	项目目标	领域	预算规模*	成本分担	持续时间
英国	乌干达	对低收入国家的农业技术转让(AgriTT)	利用中英的最佳实践方法促进非洲和亚洲贫穷国家的粮食生产,包括三方面的工作:(1)改进农业生产和增值方法,提高贫穷农民收入;(2)在贫穷的发展中国家开展大规模农业创新联合研究;(3)与决策者和贫困农民分享应对粮食安全挑战的新的切实可行的解决方案	农业与食品安全	> 10	—	2012—2016 年
英国	坦桑尼亚	中英全球卫生支持项目	旨在根据国际最佳实践,提高中国对全球卫生政策和成果贡献的有效性。英国正在为贫穷的发展中国家建设能力,使它们能够从中国在降低儿童和孕产妇死亡率方面取得的显著成功中吸取教训,并从中国极为成功的卫生部门改革方案中吸取教训。新的第三国试点已经在准备中,包括坦桑尼亚的疟疾和缅甸的卫生系统	健康	> 10	—	2012—2017 年
英国	加纳、马拉维、赞比亚	提高灾害风险管理支持	—	灾害风险管理	—	—	—
UNIDO	埃塞俄比亚、尼日利亚	在选定的国家开展高端小水电开发,为包容性和可持续的工业发展(ISID)作出贡献	通过在选定的国家扩大生产用途的高端小水电开发,增加能源供应	能源	—	—	—

续表

发起人	非洲参与方	项目名称	项目目标	领域	预算规模*	成本分担	持续时间
UNOSSC	坦桑尼亚、尼日利亚、布基纳法索、刚果共和国	通过教育、科学和技术方面的"南南合作"和三方合作建立能力开发设施	学习韩国机构的经验,提高基于减贫目的的教育、科学和技术方面能力开发	政府与公民社会	5—10	—	2011—2015 年
WFP	贝宁、布隆迪、喀麦隆、刚果共和国、科特迪瓦、埃及、埃塞俄比亚、冈比亚、加纳、几内亚比绍、几内亚、莱索托、马拉维、马里、毛里塔尼亚、莫桑比克、尼日尔、尼日利亚、卢旺达、塞内加尔、南非、苏丹、赞比亚、刚果民主共和国、突尼斯、赞比亚、津巴布韦	粮食计划署巴西反饥饿英才中心	该中心已与包括中国在内的 40 多个国家开展南南合作,帮助 35 个发展中国家改进了政策和方案以减少饥饿和贫困	农业与食品安全	—	—	2011—2015 年

注:UNDP:United Nations Development Programme,联合国开发计划署;UNESCO:United Nations Educational,Scientific and Cultural Organization,联合国教科文组织;FAO:Food and Agriculture Organization,联合国粮农组织;GEF:Global Environment Fund,全球环境基金;ILO:International Labor Organization,国际劳工组织;UNIDO:United Nations Industrial Development Organization,联合国工业发展组织;UNOSSC:United Nations Office for South-South Cooperation,联合国南南合作办公室;WFP:World Food Programme,世界粮食计划署。

*:预算规模单位是百万美元.

※:中非高校 20+20 合作计划。

资料来源:根据 OECD—DAC 三方合作项目数据库整理,http://www.oecd.org/dac/dac-global-relations/triangular-cooperation-repository.htm。

附表 8-2 国际发展议程中的三方合作

时间	地点	会议名称	议题
2019 年 10 月 17 日	葡萄牙里斯本	三方合作第五次国际会议	实施 BAPA+40：下一步的三方合作是什么？
2019 年 3 月 20 日	阿根廷布宜诺斯艾利斯	第二届联合国南南合作高水平论坛	GPI 层面的事务（GPI Side Event）
2019 年 2 月 21 日	法国巴黎	第二届 LAC—DAC 发展合作对话	三方合作议题
2019 年 1 月 28 日	葡萄牙里斯本	慈善机构在实现可持续发展目标进程中参与三方合作所面临的挑战和机遇	—
2019 年 1 月 16 日	法国巴黎	可持续发展私人融资周	从私人部门进入南南合作和三方合作中学习经验
2018 年 11 月 28—30 日	美国纽约	UNOSSC 全球南南合作展览会	GPI 层面的事件
2018 年 4 月 17—18 日	葡萄牙里斯本	三方合作国际会议：充分利用三方合作的附加值	—
2017 年 12 月 6—8 日	巴西巴西利亚	"三方合作：经验和挑战"国际研讨会	在巴西—OECD 联合工作框架下由巴西合作署（ABC）和 OECD 共同组织
2017 年 11 月 29 日	土耳其安塔基亚	全球三方合作展览会	GPI 层面的事件
2017 年 9 月 5—6 日	—	开发合作论坛：阿根廷南南合作和三方合作高级别座谈会	—
2017 年 6 月 17 日	法国巴黎	有效三方合作全球伙伴关系倡议简报	—
2016 年 11 月 28 日—12 月 6 日	—	有效发展合作全球伙伴关系第二次高级别会议	—
2016 年 11 月 28 日—12 月 6 日	肯尼亚内罗毕	有效发展合作全球伙伴关系第二次高级别会议	为实现 SDGs 加强三方合作 面向未来的内生发展合作伙伴关系
2016 年 5 月 19 日	葡萄牙里斯本	三方合作国际会议	—
2015 年 10 月 21 日	—	2030 年可持续发展议程和可持续发展目标	

续表

时间	地点	会议名称	议题
2015 年 7 月 13—16 日	—	发展融资第三次国际会议	《亚的斯亚贝巴行动议程》
2014 年 4 月 15—16 日	—	有效发展合作全球伙伴关系第一次高级别会议	—
2014 年 4 与 14—15 日	墨西哥墨西哥城	有效发展合作全球伙伴关系第一次高级别会议	促进更好的三方合作专题会议
2013 年 5 月 16—17 日	葡萄牙里斯本	三方合作政策对话	—
2012 年 9 月 13—14 日	葡萄牙里斯本	三方合作头脑风暴会议	—
2011 年 11 月 29 日—12 月 1 日	韩国釜山	援助有效性第四次高级别论坛	《釜山宣言》
2009 年 12 月 1—3 日	肯尼亚内罗毕	联合国南南合作高级别会议	—
2009 年 9 月 20 日	墨西哥墨西哥城	三方合作政策对话	—
2008 年 9 月 2—4 日	加纳阿克拉	第三次援助有效性高级别论坛	《阿克拉行动议程》
1978 年 9 月 12 日	阿根廷布宜诺斯艾利斯	联合国发展中国家技术合作会议	《布宜诺斯艾利斯行动议程》

资料来源:http://www.oecd.org/dac/dac-global-relations/triangular-cooperation.htm。

第九章 21世纪国际发展援助的
减贫效果研究[①]

第一节 国际发展援助与减贫

广大发展中国家的减贫问题一直是国际社会关注的焦点。国际社会长期向发展中国家提供援助以促进当地减少贫困。从世界银行的数据看,发展中国家1981年接受的官方发展援助(ODA)占受援国国民总收入(GNI)的0.288%,到2000年下降至0.178%,这一数据2015年为0.204%。经过受援国与国际社会的共同努力,世界范围内贫困率大大下降。根据世界银行的数据,世界贫困率从1981年的42.1%下降至2015年的10%。从1981—2015年,全球的贫困率与受援助规模变化趋势见图9-1。从图9-1可知,全球范围的贫困率有一个明显的下降趋势。而受援国接受的援助规模从1981年至世纪之交有一个下降趋势,不过自21世纪以来,受援国接受的援助规模变化并不太大,呈现水平波动状态。

国际发展援助对受援国的减贫究竟起到什么作用,值得开展深入研究。学术界也长期关注国际发展援助在帮助受援国减贫方面的效果问题,研究结论还存在较大争议。

一方面,部分研究认为援助能够减少贫困。例如,穆森等(Mohsen等,2009)[②]、阿尔维和森贝塔(Alvi和Senbeta,2012)[③]的研究发现,援助

---

① 本章为国家社会科学基金项目"援助波动对受援国减贫影响及其对我国援外政策的启示研究"(项目编号:18BJL103)阶段性成果。

② Mohsen, B. O. et al., "Poverty Reduction and Aid: Cross-country Evidence", *The International Journal of Sociology and Social Policy*, Vol.29, No.5/6, 2009, pp.264-273.

③ Alvi, E. & A. Senbeta, "Does Foreign Aid Reduce Poverty", *Journal of International Development*, Vol.24, No.8, 2012, pp.955-976.

能够减少贫困。张原(2018)认为,中国的对外援助与投资对"一带一路"沿线国家的减贫有积极作用。[1]

另一方面,部分研究者认为援助对减贫作用不大。例如,布恩(Boone,1996)利用不同贫困指标,研究发现援助对贫困没有显著影响。[2]拉詹和苏布兰马尼安(Rajan 和 Subramanian,2009)认为,援助长期会导致受援国经济竞争力下降,从而不利于当地减贫。[3] 熊青龙等(2018)利用撒哈拉以南非洲国家的面板数据,发现西方国家主导的援助对该地区受援国减贫没有显著影响。[4]

有的研究者认为,国际援助的减贫效果取决于受援国的制度质量,认为受援国好的制度质量有利于发挥援助的减贫作用。[5] 例如,科利尔和多拉尔(Collier 和 Dollar,2001)实证研究发现援助能够减少具有良好政策和制度国家的绝对贫困和累计贫困水平。[6] 总之,关于援助的减贫效果的研究至今没有达成统一的认识。

由于非洲一直是接受援助的重点地区,加之 21 世纪以来广大中东地区政局不稳,贫困问题恶化,国际社会也提供了不少援助,因此本章尝试对非洲中东地区 21 世纪以来国际发展援助减贫的影响进行深入研究,以揭示以西方发达国家为主导的援助在该地区的减贫表现。

本章尝试收集最新的中东和非洲的面板数据,实证检验国际发展援

---

[1] 张原:《中国对"一带一路"援助及投资的减贫效应——"授人以鱼"还是"授人以渔"》,《财贸经济》2018 年第 12 期。

[2] Boone,P.,"Politics and the Effectiveness of Foreign Aid", *European Economic Review*, Vol.40,No.8,1996,pp.289–329.

[3] Rajan,R.G. & A.Subramanian,"Aid,Dutch Disease,and Manufacturing Growth", *Journal of Development Economics*,Vol.94,No.1,2009,pp.106–118.

[4] 熊青龙、郑欣、李凤娇:《发展援助对撒哈拉以南非洲减贫影响的实证分析》,《国际商务研究》2018 年第 6 期。

[5] Burnside,C. & D.Dollar,"Aid,Policies,and Growth", *The American Economic Review*, Vol.90,No.2,2000;Chong,A.et al.,"Can Foreign Aid Reduce Income Inequality and Poverty?", *Public Choice*,Vol.140,2009,pp.59–84;Matteis,A.D.,"Relevance of Poverty and Governance for Aid Allocation", *Review of Development Finance*,Vol.3,No.2,2013,pp.51–60.

[6] Collier,P. & D.Dollar,"Can the World Cut Poverty in Half? How Policy Reform and Effective Aid Can Meet International Development Goals", *World Development*,Vol.29,No.11,2001, pp.1787–1802.

助对这些地方减贫的影响。

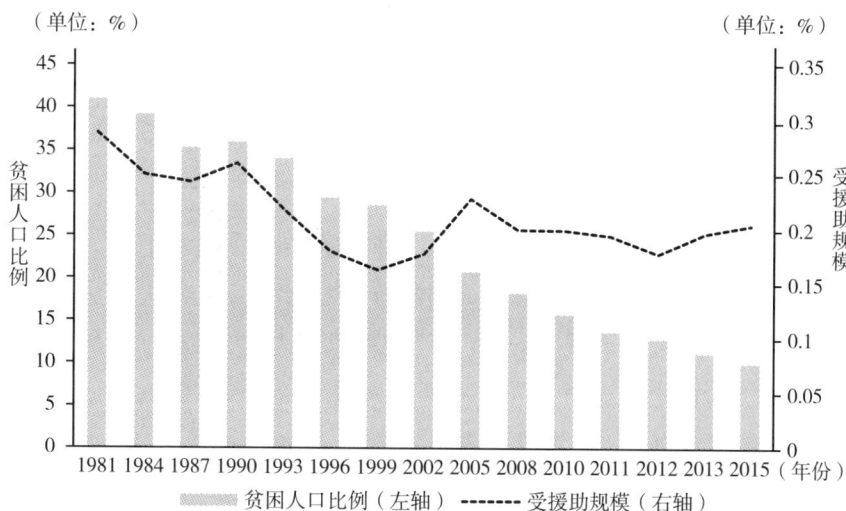

图 9-1　1981—2015 年世界受援助规模与贫困人口比例

资料来源:世界银行数据库,http://data.worldbank.org/。

第二节　模型设定与变量描述统计

一、模型设定

本章重点关注援助的减贫效果,因此以受援国接受的援助(Aid)为核心解释变量,同时考虑到援助要发挥减贫影响会有时滞,因此本章将援助的滞后项也作为核心解释变量。用 P 代表贫困(在后文中贫困指标分别用贫困率、贫困差距和贫困强度三个指标来衡量),众多研究表明贫困存在较大的惯性(Hoynes 等,2006[1];Chong 等,2009[2];Alvi 和 Senbeth,2012),因此贫困的滞后项也作为解释变量进入模型,则可建立一个基础

---

[1]　Hoynes,H.W. et al.,"Poverty in America:Trends and Explanations", *Journal of Economic Perspectives*,Vol.20,No. 1,2006,pp.47-68.

[2]　Chong, A. et al., "Can Foreign Aid Reduce Income Inequality and Poverty?", *Public Choice*,Vol.140,2009,pp.59-84.

模型：

$$P_{it} = b_1 P_{i,t-1} + b_2 Aid_{i,t-1} + b_3 Aid_{it} + v_i + \varepsilon_{it} \tag{9-1}$$

其中，i 和 t 分别代表国家和年份，P_{it} 代表 i 国家 t 时期的贫困水平，$P_{i,t-1}$ 代表 i 国家 $t-1$ 期的贫困水平，Aid_{it} 代表 i 国家 t 期所接受的援助水平，$Aid_{i,t-1}$ 代表 i 国家 $t-1$ 期所接受的援助水平，v_i 是个体异质项，ε_{it} 是随机扰动项，b 是回归系数。

本章在模型中加入其他控制变量，将反映经济发展水平的人均 GNI 指标作为一个控制变量，用 GNIpercapita 代表。此外，研究认为受援国制度因素也会影响援助的减贫效果，参考已有研究并考虑数据的可得性，本章选用受援国社会清廉质量的腐败指数为控制变量。

参照邹等（2009）、阿尔维和森贝塔（2012）的计量模型，其他的控制变量包括通胀水平（Inflation）、出口（Exports）、进口（Imports）、金融发展水平（Finance）、养老抚养比例（Agedependency ratio）、工业发展水平（Industry）和农业发展水平（Agricultural），建立以下回归模型。

$$P_{it} = b_1 P_{i,t-1} + b_2 Aid_{i,t} + b_3 Aid_{i,t-1} + b_4 GNIpercapita_{it} + b_5 Inflation_{it} + b_6 Exports_{it} + b_7 Imports_{it} + b_8 Finance_{it} + b_9 Agedependencyratio_{it} + b_{10} Industry_{it} + b_{11} Agricultural_{it} + v_i + \varepsilon_{it} \tag{9-2}$$

式（9-2）中，b_2 和 b_3 分别表示援助对贫困的当期和滞后期影响系数，也是重点关注的参数。v_i 和 ε_{it} 的含义与式（9-1）相同。

二、数据说明

本章首先收集了全部非洲和中东国家 1989—2015 年的贫困和受援助数据，将被解释变量（贫困水平）与解释变量（援助水平）和控制变量（主要发展指标）匹配后，删除缺省数据的国家后，整理出 45 个受援国 2002—2015 年的数据。由于世界银行的贫困数据并不是每年都发布，为了尽可能获得最多数据，本章将 2002 年以来最近全部 8 期数据作为考察对象。

本章用收入贫困指标来衡量受援国的贫困状况，并用贫困率、贫困差距和贫困强度三个不同的子指标来衡量其贫困水平。各变量说明及其数据来源见表 9-1。

表 9-1　主要变量说明

变量	说明	数据来源
Aid：援助	受援国接受的净官方发展援助额占该国国民总收入的百分比	世界银行：WDI
lnGNIpercapita：人均国民收入	人均 GNI（2010 年不变价美元），取自然对数	世界银行：WDI
Inflation：通胀水平	按消费者价格指数衡量的通货膨胀（年通胀率）	世界银行：WDI
Exports：出口水平	出口总额占国内生产总值的比重，并取自然对数	世界银行：WDI
Imports：进口水平	进口总额占国内生产总值的比重，并取自然对数	世界银行：WDI
Age_dependency ratio：老年抚养比	老年抚养比：被抚养老年人口与工作年龄人口之比，比例越高说明养老负担越重	世界银行：WDI
Industry：工业发展水平	工业增加值占国内生产总值的比重	世界银行：WDI
Agricultural：农业发展水平	农业增加值占国内生产总值的比重	世界银行：WDI
Corruption：腐败水平	腐败指数	透明国际（Transparency Intemnational）
Finance：金融发展水平	银行部门提供的国内信贷总额占国内生产总值的比重	世界银行：WDI
Poverty rate：贫困率	贫困率：生活在贫困线（每天 1.9 美元）以下人口的比重	世界银行：PovcalNet
Poverty gap：贫困差距	贫困差距指数：贫困线以下人群平均收入与贫困线差距占贫困线的比重	世界银行：PovcalNet
Squared poverty gap：贫困强度	贫困强度指数：贫困差距取平方值后的平均值，更多赋予最穷人群的权重	世界银行：PovcalNet

三、变量统计描述

表 9-2 是全部 45 个受援国主要变量的统计特征。从表 9-2 可知，受援国接受援助水平的差异很大，所接受的净官方发展援助占其国民总收入的比重的分布范围从 2%—18110%。同样，受援国的贫困水平差异较大，贫困率指标从 0—81%，贫困差距指标在 0% 到 46% 之间，贫困强度指标在

0—31%。受援国人均国民总收入指标差距也很大,取对数后的值从 5.37—9.15 不等,反映出受援国之间也存在较大的贫富差距。

表9-2　主要变量的统计特征

	样本	均值	标准差	最小值	最大值
Poverty rate:贫困率	360	0.35	0.25	0	0.81
Poverty gap:贫困差距	360	0.14	0.12	0	0.46
Squared poverty gap:贫困强度	360	0.07	0.07	0	0.31
Aid:援助	360	9.02	14.01	0.02	181.10
Finance:金融发展水平	360	0.33	0.38	−0.29	1.88
lnGNIpercapita:人均国民收入	360	7.07	1.01	5.37	9.15
Inflation:通胀水平	360	1.66	0.99	−3.31	3.67
Exports:出口水平	360	3.33	0.51	1.54	4.47
Imports:进口水平	360	3.69	0.44	2.37	5.35
Age_dependency ratio:老年抚养比	360	1.80	0.22	1.48	2.65
Industry:工业发展水平	360	3.12	0.52	0.73	4.35
Agricultural:农业发展水平	360	2.82	0.87	0.60	4.37
Incorruption:腐败水平	360	1.09	0.34	0.10	2.08

表9-3是全部45个受援国主要变量间的相关系数,从表9-3可知,一国贫困水平与其人均国民收入、清廉水平、出口水平、进口水平、金融发展水平、老年抚养比、工业发展水平负相关。从统计角度看,这说明一国人均收入水平、清廉水平、进出口水平、金融发展水平和工业化水平越高越有利于其减少贫困。其中,老年抚养比例与贫困水平负相关,可能说明那些贫困程度越高的国家人均寿命越低,反映到老年人口比例越低,而不是说老年抚养比例越高越能够减少贫困。而贫困与援助、通胀率、农业发展水平正相关,说明通货膨胀和农业增加值比重越高越不利于减贫。而援助与贫困的正相关可能说明越贫困的国家接受的援助越多,而不是说援助提高了贫困水平,因此贫困与援助可能存在双向因果关系,后文的计量模型也考虑到了这一点,将援助(Aid)视为内生变量,以降低内生性负面影响。

表9-3　主要变量相关系数

变量	Poverty rate:贫困率	Poverty gap:贫困差距	Squared poverty gap:贫困强度	Aid:援助	lnGNIpercapita:人均国民收入	Incorruption:清廉水平	Exports:出口水平	Imports:进口水平	Industry:工业发展水平	Agricultural:农业发展水平	Finance:金融发展水平	Inflation:通胀水平	Age_dependency ratio:老年抚养比
Poverty rate:贫困率	1.00												
Poverty gap:贫困差距	0.97	1.00											
Squared poverty gap:贫困强度	0.93	0.99	1.00										
Aid:援助	0.36	0.34	0.31	1.00									
lnGNIpercapita:人均国民收入	-0.71	-0.65	-0.60	-0.47	1.00								
Incorruption:清廉水平	-0.31	-0.29	-0.27	0.10	0.52	1.00							
Exports:出口水平	-0.38	-0.35	-0.33	-0.19	0.55	0.32	1.00						
Imports:进口水平	-0.05	-0.04	-0.03	0.38	0.04	0.31	0.48	1.00					
Industry:工业发展水平	-0.43	-0.39	-0.36	-0.34	0.55	0.06	0.60	-0.03	1.00				
Agricultural:农业发展水平	0.59	0.53	0.48	0.43	-0.78	-0.49	-0.50	-0.07	-0.67	1.00			
Finance:金融发展水平	-0.38	-0.35	-0.33	0.02	0.41	0.39	0.12	0.23	-0.12	-0.25	1.00		
Inflation:通胀水平	0.03	0.06	0.07	0.07	-0.08	-0.25	-0.17	-0.13	0.01	0.05	-0.05	1.00	
Age_dependency ratio:老年抚养比	-0.51	-0.41	-0.33	-0.20	0.61	0.40	0.31	0.09	0.27	-0.50	0.47	-0.11	1.00

第三节　实证结果及分析

本章采用差分 GMM 方法,使用稳健性标准误差进行估计。

一、全部样本的减贫效果分析

表 9-4 是全部 45 个样本国家的实证检验结果。模型②、④和⑥的计算结果是本章重点关注部分。

表 9-4　45 个受援国的援助减贫效果

解释变量	①	②	③	④	⑤	⑥
	Poverty rate：贫困率		Poverty gap：贫困差距		Squared poverty gap：贫困强度	
Lagged aid：援助滞后项	−0.00	0.00	0.00	0.00	0.00	0.00
	(−0.14)	(1.11)	(0.34)	(0.76)	(0.17)	(0.33)
Aid：援助	0.00	0.00	0.00	0.00	0.00	0.00
	(1.63)	(1.44)	(1.47)	(0.66)	(1.00)	(0.63)
lnGNIpercapita：人均国民收入		−0.25***		−0.12***		−0.07***
		(−6.39)		(−4.28)		(−3.18)
Inflation：通胀水平		−0.00**		−0.00*		−0.00
		(−1.99)		(−1.66)		(−1.30)
Exports：出口水平		−0.00		0.00		−0.00
		(−0.48)		(0.03)		(−0.35)
Imports：进口水平		0.00		0.00		0.00
		(0.91)		(0.95)		(0.88)
Finance：金融发展水平		0.00**		0.00**		0.00*
		(2.39)		(2.53)		(1.67)
Age_dependency ratio：老年抚养比		0.01		0.00		0.00
		(1.57)		(0.97)		(0.60)

续表

解释变量	①	②	③	④	⑤	⑥
	Poverty rate：贫困率		Poverty gap：贫困差距		Squared poverty gap：贫困强度	
Industry：工业发展水平		0.00		−0.00		−0.00
		(0.09)		(−0.80)		(−0.58)
Agricultural：农业发展水平		0.00		−0.00		−0.00
		(0.20)		(−1.29)		(−1.12)
Incorruption：腐败水平		−0.02**		−0.01		−0.00
		(−2.43)		(−1.38)		(−0.90)
Lagged poverty rate：贫困率滞后项	0.69***	0.33***				
	(8.5)	(3.45)				
Lagged poverty gap：贫困差距滞后项			0.55***	0.36***		
			(6.15)	(4.22)		
Lagged squared poverty gap：贫困强度滞后项					0.45**	0.33***
					(2.38)	(2.85)
Constant：常数项	0.07***	1.95***	0.04**	0.97***	0.02	0.57***
	(2.81)	(6.53)	(3.61)	(4.80)	(1.43)	(3.38)
样本个数	270	270	270	270	270	270
2 阶自相关检验(p)	0.47	0.90	0.66	0.61	0.94	0.32
Sargan 检验(p)	0.06	0.09	0.92	0.86	0.93	0.86

注：*、**、*** 分别表示在 10%、5%、1% 的水平上显著，括号内是 z 值，采用稳健标准误差。

第一，综合模型②、④和⑥看，无论是滞后期的援助还是当期的援助，没有证据显示援助能够减少贫困。导致援助减贫效果不佳的原因可能包括：一方面，经过 20 世纪的努力，世界贫困大为下降，减贫难度越来越大，援助在减少收入贫困方面同样存在较大困难。另一方面，援助的规模有限（援助占受援国国民总收入比重较低），援助在受援国的影响是有限的，而要检验其在宏观国家层面的减贫影响是困难的。

第二，贫困受前期贫困的影响较显著。模型②中的 Lagged poverty

rate 系数是 0.33,在 0.01 的置信水平上显著,说明过去贫困率会显著影响当期贫困率。模型④中的 Lagged poverty gap 系数是 0.36,在 0.01 的置信水平上也显著,说明过去贫困率差距会显著影响当期贫困差距。模型⑥中的 Lagged squared poverty gap 系数是 0.33,在 0.01 的置信水平上显著,说明过去贫困强度会显著影响当期贫困强度。综合来看,过去的贫困情况会影响现在的贫困,说明贫困确实存在较大惯性。

第三,受援国经济发展水平对减贫具有显著影响,即受援国当地的经济发展水平能有效减少当地贫困。模型②显示经济发展水平对减少贫困率有积极作用,其回归系数为 -0.25;模型④显示经济发展水平能缩小贫困差距,其回归系数为 -0.12;模型⑥显示经济发展水平能够缓解受援国的贫困强度,其回归系数为 -0.07。因此,受援国应该大力发展经济,以促进当地的减贫。

第四,部分证据显示受援国的金融发展水平对减贫有负面作用。其原因可能是金融部门挤占工业、农业部门的资源,同时贫困人群大多在农业或工业部门就业,因此金融部门的过度发展可能对贫困人口不利。不过从回归系数大小看其影响非常有限,即便如此,还是需要警惕过分发展金融产业可能对当地减贫工作的危害。

第五,从回归结果看,部分证据显示越清廉的社会对减贫有正面作用。比如,模型②显示腐败程度越低的国家会促进当地减贫,并且是显著的。模型④和⑥中腐败变量的回归系数虽然不显著但都为负数,也能说明社会越清廉对减贫有正面影响,也符合一般的预期。

第六,有意思的是,部分证据显示通货膨胀水平对减贫也有积极作用。从表 9-4 中的模型②和④可以看出。一个可能的原因是:通货膨胀的主导因素是农业产品,而绝大部分贫困人口集中在农业部门,因此农产品的价格上涨推动的物价水平上升对贫困人口利益大于损失。不过,这种解释还有待进一步研究。

此外,该样本下并未发现进、出口的提升能够有效减少贫困。同样,受援国的工业增加值、农业增加值和老年抚养比对减贫的效果是不明确的。

二、内生性及稳健性分析

(一)内生性分析

考虑到援助与受援国贫困可能存在双向因果关系导致存在内生性问题,本章采取差分 GMM 方法进行回归,在回归模型中,已将援助作为内生变量,采取工具变量法进行估计,从方法上看能够降低内生性的影响。同时,本章在模型中采取控制关键变量来控制计量非一致性,比如控制经济发展水平、社会制度质量(腐败指数)、进口、出口、工业发展情况、农业发展情况等,因此能够较好地降低遗漏变量的影响。

(二)考虑地域差异的稳健性分析

考虑到中东非洲国家间存在异质性,从而导致回归结果不稳定,本章将样本中的中东与北非国家剔除,将剩下 38 个撒哈拉以南非洲国家进行回归(剔除的 7 个中东北非国家由于样本太小,没有单独回归)。表 9-5 是全部 38 个撒哈拉以南非洲国家的回归结果。同样分别用贫困率、贫困差距和贫困强度三个不同的贫困指标来考察援助的减贫效果。

表 9-5　38 个撒哈拉以南地区受援国的援助减贫效果

解释变量	①	②	③	④	⑤	⑥
	Poverty rate:贫困率		Poverty gap:贫困差距		Squared poverty gap:贫困强度	
Lagged aid:援助滞后项	-0.00	0.00	0.00	0.00	0.00	0.00
	(-0.06)	(0.40)	(0.47)	(0.38)	(0.22)	(0.20)
Aid:援助	0.00	0.00	0.00	0.00	0.00	0.00
	(1.63)	(1.14)	(1.49)	(0.49)	(1.01)	(0.56)
lnGNIpercapita:人均国民收入		-0.25***		-0.12***		-0.08**
		(-4.50)		(-3.08)		(-2.38)
Inflation:通胀水平		-0.00**		-0.00**		-0.00**
		(-2.16)		(-2.27)		(-2.10)

续表

解释变量	①	②	③	④	⑤	⑥
	Poverty rate：贫困率		Poverty gap：贫困差距		Squared poverty gap：贫困强度	
Exports：出口水平		0.00		−0.00		−0.00
		(0.21)		(−0.09)		(−0.43)
Imports：进口水平		0.00		0.00		0.00
		(0.37)		(0.65)		(0.86)
Finance：金融发展水平		0.00***		0.00**		0.00*
		(2.79)		(2.41)		(1.70)
Age＿dependency ratio：老年抚养比		0.02***		0.01		0.00
		(2.61)		(1.55)		(1.39)
Industry：工业发展水平		−0.00		−0.00		−0.00
		(−1.30)		(−1.21)		(−1.21)
Agricultural：农业发展水平		−0.00		−0.00		−0.00
		(−0.18)		(−1.60)		(−1.39)
Incorruption：腐败水平		−0.02		−0.00		−0.00
		(−1.42)		(−0.74)		(−0.47)
Lagged poverty rate：贫困率滞后项	0.68***	0.40***				
	(8.99)	(3.23)				
Lagged poverty gap：贫困差距滞后项			0.54***	0.39***		
			(6.15)	(3.86)		
Lagged squared poverty gap：贫困强度滞后项					0.45***	0.34***
					(2.42)	(2.82)
Constant：常数项	0.10***	1.92***	0.05***	0.92***	0.03	0.60***
	(3.21)	(4.59)	(3.99)	(3.54)	(1.55)	(2.65)
样本个数	228	228	228	228	228	228
2阶自相关检验(p)	0.74	0.67	0.76	0.76	0.98	0.39
Sargan 检验(p)	0.65	0.18	0.98	0.80	0.98	0.81

注：*、**、***分别表示在10%、5%、1%的水平上显著,括号内是z值,采用稳健标准误差。

第一,从表9-5的回归结果看,依然没有证据显示援助能够减少贫困。

第二,过去的贫困水平依然对现在和将来的贫困有显著影响。三个重点模型②、④和⑥中的系数分别为0.40、0.39和0.34,且都在1%的概率水平上是显著的。

第三,表9-5同样表明经济发展水平对受援国减贫具有显著影响。即受援国当地的经济发展水平能有效减少当地贫困。所以,促进受援国当地经济发展的意义重大。

第四,该样本同样显示受援国的金融发展水平对减贫有负面作用,通货膨胀水平对减贫也有积极作用。而腐败程度对受援国减贫的影响效果并不显著,不过从系数符号看腐败程度越低,越有利于当地的扶贫。此外,受援国的进、出口对减少贫困的影响也不显著,工业增加值、农业增加值对减贫的影响同样也是不明确的。老年抚养比例的提高不利于降低贫困率指标,而对降低贫困差距和贫困强度并没有显著作用。

(三)考虑收入差异后的稳健性分析

考虑到国家间收入差异导致回归结果的不同,本章将样本按照收入不同划分为两组分别进行检验。考虑到样本数量平衡性需要,根据世界银行2018年的标准,按照人均国民收入996美元将样本分为两个不同的收入组,根据该标准,匹配出20个低收入国家的面板数据、匹配出18个较高收入国家组。对两组分别进行检验,也没有发现援助能够减少贫困。

总体来看,经过内生性和稳健性分析,表明发展援助对受援国减贫影响并没有显著作用。

第四节　结论与启示

第一,21世纪以来,国际发展援助(主要是西方国家提供的援助)在非洲和中东地区的减贫作用并不显著。从所考察的2002—2015年时间段来看,对全部45个受援国而言,没有证据表明援助能够减少受援国的贫困。可能的原因是21世纪以来,世界贫困水平下降迅速,进一步减贫的难度越来越大,简单依靠外来援助并不能带来显著减贫效果。

第二,实证结果表明贫困确实存在较强的惯性,即贫困存在较强的持久性,这也与包括笔者在内的以往诸多研究一致。可见,减少贫困绝对不是一日之功,尤其在贫困率下降到较低水平后,减贫工作更是艰难,需要国际社会付出更多努力。

第三,广大发展中国家应主要依靠自身经济增长来实现减贫目标。实证结果发现,当地经济发展对减贫有显著作用。具体从本章的实证检验看,经济发展对减少贫困率、贫困差距和贫困强度都有显著效果。可见,相对国际援助,受援国的减贫动力更多来自自身的力量。因此,一定程度上国际社会的援助资源也应立足于促进受援国的长期经济增长,进而带动当地减贫。

第四,部分证据显示越清廉的社会对减贫有正面作用,也符合一般预期。因此,受援国应该打击腐败,提升国家法制建设。援助方在提供援助时也应避免腐败现象的产生。

第十章　全球价值链视角下的
非洲国际贸易

第一节　全球价值链与非洲贸易

同大多数发展中国家一样,非洲大多数国家处于价值链底端,贸易模式仍以低附加值的传统模式为主,简单地参与全球价值链(Global Value Chain,GVC)与本国生产为辅。受限于非洲劳动力的低技术水平,其从事的生产活动多为劳动密集型的低附加值产业,结合非洲地区丰富的可用作工业原材料的矿产资源的要素禀赋,使其更难逃脱出对自然资源的出口依赖,形成恶性循环——刚果民主共和国、喀麦隆、加蓬、尼日利亚、乍得、南苏丹和安哥拉等非洲石油出口国的出口贸易附加值几乎为零。在发达国家制造业本土回流、发展中国家争相抢占全球价值链一席之地的今天,如何发挥非洲的要素禀赋优势和劳动力优势、提高非洲的贸易质量及其在全球价值链中的参与度,是本章要着重讨论的内容。本章从非洲的国际贸易特点入手,分析非洲贸易的主要问题以及在参与全球价值链中面临的主要障碍,并从构建区域价值链、大力发展制造业、完善一体化建设和加快基础设施建设等方面提出了有助于非洲贸易质量升级的具体路径。

发展中国家参与全球价值链逐渐成为研究热点。在全球价值链分工体系中,以金砖国家为代表的新兴经济体处于价值链的低端,长期被发达国家低端锁定。[1] 陈旭等(2019)从多中心结构视角分析了区域空间结构

---

[1]① 王绍媛、李国鹏:《金砖国家经贸合作探讨——基于全球价值链的视角》,《2014 新兴经济体合作与发展论坛论文集》(上)2014 年 10 月。

对中国制造业全球价值链地位的动态影响,认为存在先抑后扬的"U"型特征。① 郑玉、姜青克(2018)通过分析全球价值链双向参与下的生产率效应,认为中国提升全要素生产率、提高中国出口企业的全球价值链地位②,这一点与陈旭等(2019)所持观点相同。艾米蒂等(Amiti 等,2009)、鲍德温等(Baldwin 等,2014b)、库姆里茨(Kummritz,2016)对不同国家参与价值链效果进行实证研究,认为参与全球价值链均有效地提升了劳动生产率。③ 刘庆林等(2010)通过研究中国制造业行业也发现,中国制造业行业在融入全球价值链的进程中获取了显著的技术溢出效应。④ 吴凌芳、戴金平(2019)认为中国对非洲援助,有助于非洲出口在全球价值链中的地位上升,但与世界平均水平差距较大。⑤

由于非洲经济发展和国际贸易的特殊性,一些非洲区域组织提出构建区域价值链概念,以促进非洲国家间贸易的提升。南部非洲关税同盟在 2013 年 4 月提出建立工业发展的区域价值链;2015 年南共体首脑会议通过《南共体工业化战略》,提出南共体国家应积极参与国家、地区乃至全球层次的产业价值链。三方自由贸易区互相开放市场,有利于提升区域价值链发展,增加非洲区域内贸易,刺激经济增长和减轻贫困。⑥ 张海冰(2019)认为德国、欧盟和全球应从自由贸易转向公平贸易,调整经济结构构建当地价值链。⑦ 朴英姬(2019)认为,非洲国家正在大力推进基础设施和区域价值链的建设,非洲大陆自贸区的建立将推动区域价值链

---

① 陈旭、邱斌、刘修岩、李松林:《多中心结构与全球价值链地位攀升——来自中国企业数据的证据》,《世界经济》2019 年第 8 期。

② 郑玉、姜青克:《前向、后向参与价值链分工的生产率效应差异研究》,《产经评论》2018 年第 6 期。

③ Baldwin,John & Beiling Yan, "Global Value Chains and the Productivity of Canadian Manufacturing Firms", *Economic Analysis Research Paper*, No. 90,2019b.

④ 刘庆林、高越、韩军伟:《国际生产分割的生产率效应》,《经济研究》2010 年第 2 期。

⑤ 吴凌芳、戴金平:《中国对非援助、直接投资与非洲在全球价值链的地位提升》,《上海对外经贸大学学报》2019 年第 4 期。

⑥ EAC, "The Report of the 30th Meeting of the Council of Ministers", 2014.

⑦ 张海冰:《从"非洲契约"看德国对非洲政策的转型》,《西亚非洲》2019 年第 2 期。

的深入发展。① 区域价值链的另一种形式表现为区域一体化的发展,莫尔德和穆夸亚(Mold 和 Mukwaya,2016)利用 CGE 模型探究以三方自由贸易区为代表的区域一体化对非洲经济的影响,认为三方自贸区增加了1/3 的区域内贸易。② 哈特森伯格(Hartzenberg,2011)则认为深层次的区域一体化应该包括服务、投资、竞争政策和边界内措施等。③

现有文献未能将全球价值链、非洲贸易的主要障碍和贸易质量提升纳入同一分析框架,未系统考虑非洲在世界贸易中的现状。本章首先分析了非洲世界贸易的主要特点,然后阐述非洲在参与全球价值链中面临的主要问题,最后提出了非洲提升贸易质量的主要路径。

第二节　非洲国际贸易的特点

长期的政权更迭、战乱频发、腐败政权统治,加之其湿热的气候及肆虐的热带疾病等因素共同作用下,非洲成为不发达国家和发展中国家最集中的大陆,也是除南极洲外经济发展水平最低的一个大洲。2018 年非洲国内生产总值(GDP)总量约为 2.3 万亿美元,仅占全球 GDP 总量的约 2.7%;④商品贸易出口额 4839 亿美元,仅占全球商品贸易出口总额的 2.48%。

一、进出口贸易额绝对值持续低迷

受限于长期以来较为落后的经济基础和产业结构,非洲地区的国际贸易绝对量较小。2018 年非洲地区的货物和服务总出口额为 6063 亿美元(以 BPM6⑤ 计),仅占亚洲、欧洲同期水平的 6%,美洲同期水平的14%;商品贸易总出口额为 4839 亿美元,仅占同期世界总贸易额的

---

①　朴英姬:《深化中国对非投资合作的新动力与新思路》,《西亚非洲》2019 年第 5 期。

②　Mold,Andrew & Rodgers Mukwaya,"Modelling the Economic Impact of the Tripartite Free Trade Area:Its Implications for the Economic Geography of Southern,Eastern and Northern Africa",*Journal of African Trade*,No.3,2016,pp.57-84.

③　Hartzenberg,Trudi,"Regional Integration in Africa",WTO Working Paper,2011.

④　资料来源:IMF 官网。

⑤　国际货币基金组织:《国际收支和国际投资头寸手册》(第 6 版),2009 年。

2.48%。通过对比70年来各大洲的进出口贸易额,可以看出,相较于其他大洲的进出口贸易额,非洲进出口贸易额绝对值长期处于极低水平,在国际贸易中占比也始终处于低位。

非洲是世界上贸易发展水平最低的大洲。如图10-1和图10-2所示,各大洲自1948年以后贸易额呈现不同程度的增长,但受2008年国际金融危机影响,各大洲的进出口同时表现出断崖式下跌,但随后又继续上升。根据贸易额将五大洲分为三个梯队:第一梯队为欧洲和亚洲,第二梯队为北美洲,第三梯队为拉丁美洲,第四梯队为非洲和大洋洲。

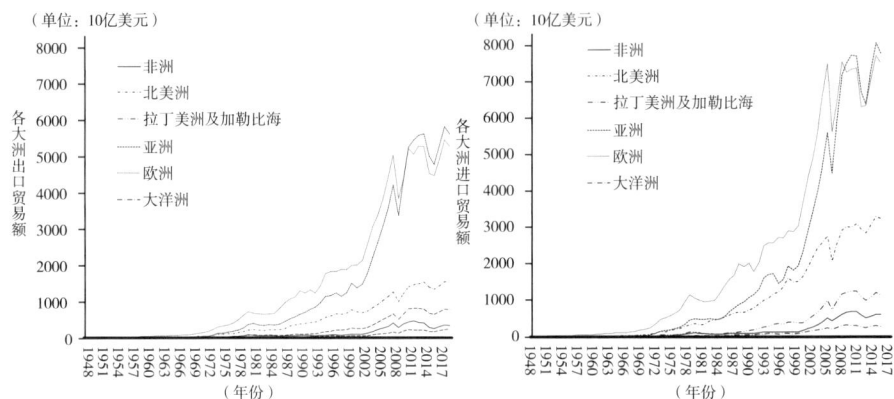

图10-1　1948—2017年各大洲进出口贸易额

资料来源:https://unctadstat.unctad.org/wds/ReportFolders/reportFolders.aspx。

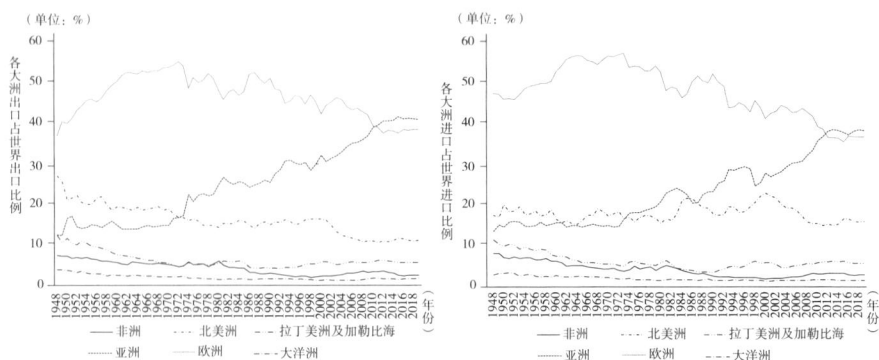

图10-2　1948—2018年各大洲进出口贸易额占世界的比例

资料来源:https://unctadstat.unctad.org/wds/ReportFolders/reportFolders.aspx。

如图 10-3 所示,近 10 年非洲进出口贸易额约占欧洲和亚洲的 8%、北美洲的 23% 左右,相当于拉丁美洲的 50% 左右,表现出绝对水平上的落后。大洋洲岛国众多,陆地面积、人口和国家数量都远低于非洲,进出口贸易额较小,非洲进出口贸易额大约是大洋洲的 2 倍左右;而非洲大陆土地广袤,人口众多,除去地理因素外,导致贸易量低迷的原因更多是历史、政治和文化等方面的阻碍。

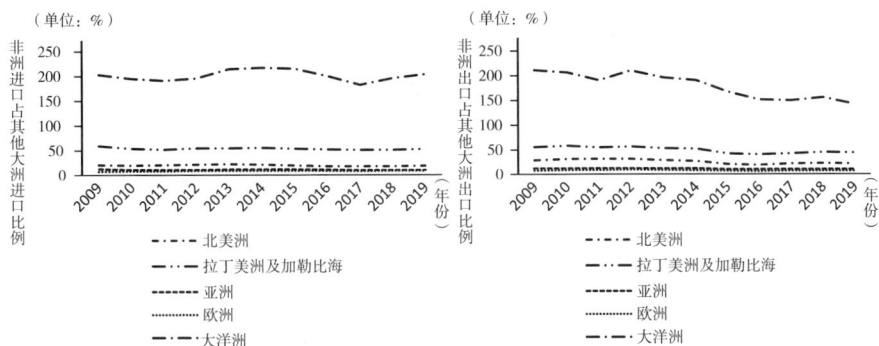

图 10-3 2009—2019 年非洲进出口贸易额占其他大洲的比例

资料来源:https://unctadstat.unctad.org/wds/ReportFolders/reportFolders.aspx。

由图 10-3 和图 10-4 可见,70 年来非洲的进出口贸易额占世界总进口额的比例始终低于 8.1%,并且这一占比呈现波动式的下降趋势,进口、出口分别从 1948 年的 8.05% 和 7.43% 下降到 2018 年的 2.91% 和 2.49%。通过对比发现,非洲的进口额和出口额占世界进、出口贸易额比例大致相同,进出口比例差异较小;近 30 年来进出口贸易额占世界贸易额比重一直在 2%—4% 平稳波动。受 2008 年国际金融危机影响,北美洲和欧洲该比例在 2008 年后有所下降,与此同时非洲的进出口贸易额占比出现短暂上升,在 2011 年后才开始下降。

综上所述,非洲地区与世界上其他大洲相比,具有贸易体量较小、进出口趋势大致相同的特点。

二、进出口贸易增长缓慢

以 2005 年为基准测算的各地区货物贸易进出口指数反映了非洲地

区停滞不前的贸易增长。

（单位：%）

图 10-4　1948—2018 年非洲进出口贸易额占世界进出口总额的比例

资料来源：https://unctadstat.unctad.org/wds/ReportFolders/reportFolders.aspx。

　　如图 10-5 所示，增长势头最高的是亚洲，14 年间贸易指数翻了 2.25 倍，是世界上贸易增长最快的地区；经过 14 年，世界范围内的总体增长水平对比 2005 年翻了约 1.6 倍。而非洲地区的贸易指数拟合曲线呈水平状，证明在过去的 14 年中贸易量增长缓慢，图中表现为该折线在贸易指数为 110 处上下波动，大幅低于世界和其他大洲的贸易增长水平。而考虑到季节因素后，各大洲的贸易量增速有所放缓，非洲进出口指数的拟合线甚至出现轻微下降。

　　为探究近两年内非洲进出口贸易的动态变化情况，将近八个季度非洲与世界的贸易额同比与环比增长率水平进行对比，发现 2017 年第三、第四季度和 2018 年第一季度三个季度非洲的贸易额增长率远高于世界水平，说明相比 2017 年同期这三个季度贸易额有大幅上涨。但对比环比数据可得，相邻季度之间贸易额的上涨趋势在 2017 年第四季度达到顶

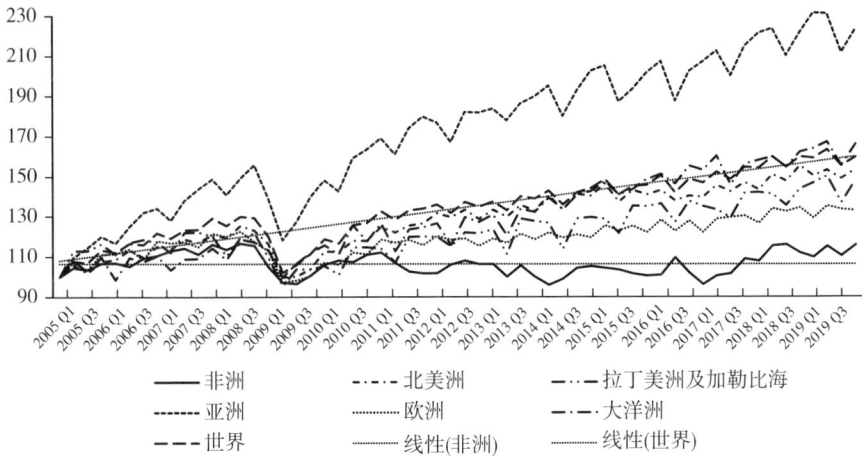

图 10-5　2005—2019 年各大洲季度贸易指数

资料来源：https://unctadstat.unctad.org/wds/ReportFolders/reportFolders.aspx。

峰,在 2018 年第二季度停止。从 2018 年第二季度到 2019 年第二季度的 5 个季度的数据来看,有四个季度非洲贸易额的同比增长率低于世界水平,甚至出现负增长,仅在 2019 年第二季度高于世界水平;从环比数据看除 2018 年第二季度外,余下四个季度贸易额的变动情况与世界保持同步,绝对值围绕世界平均水平波动。表 10-1 中前三个季度同比增长率的高歌猛进却在随后五个季度中销声匿迹,反映了非洲贸易额的大幅增长只是偶然现象,并不能将其作为近期非洲贸易呈大幅增长的证据。近期的数据印证了从 1948—2018 年分季度指数数据反映的事实——非洲的贸易增长十分缓慢,远低于世界平均水平乃至其他地区的增长水平。

表 10-1　近八个季度非洲与世界贸易额增长率数据对比

季度	同比增长率（%）	世界同比增长率（%）	环比增长率（%）	世界环比增长率（%）
2017 年第三季度	12.14	5.16	-0.98	-0.21
2017 年第四季度	14.87	4.98	6.87	3.59
2018 年第一季度	14.39	3.95	0.67	-3.26
2018 年第二季度	2.62	3.46	-3.68	3.46

续表

季度	同比增长率（%）	世界同比增长率（%）	环比增长率（%）	世界环比增长率（%）
2018 年第三季度	1.77	3.26	-1.80	-0.41
2018 年第四季度	-0.20	2.18	4.80	2.51
2019 年第一季度	-4.92	0.49	-4.08	-4.86
2019 年第二季度	3.52	-0.14	4.87	2.81

资料来源：https://unctadstat.unctad.org/wds/ReportFolders/reportFolders.aspx。

三、贸易结构单一

非洲国家在进出口贸易方面的特点较为相似，表现为进口和出口主要集中于少数国家。

2018 年仅有南非和埃及两国的进口额超过 1000 亿美元，阿尔及利亚、摩洛哥、尼日利亚、安哥拉、加纳、刚果民主共和国、肯尼亚、利比亚、科特迪瓦、莫桑比克、马拉维、马里、坦桑尼亚等国家超过 100 亿美元。在出口方面，选取 2017 年非洲国家进口的数据，南非和埃及超过 1000 亿美元，阿尔及利亚、安哥拉、摩洛哥、利比亚、加纳、刚果民主共和国、科特迪瓦、刚果共和国、苏丹等国家超过 100 万美元，其他国家均小于 100 万美元。非洲的进口和出口都集中于南非、埃及和阿尔及利亚等上述十余国，其余大多数非洲小国的进出口额占比十分微小。

非洲的进出口结构不仅表现为贸易国别集中度较高，还具有贸易商品结构单一的特点。非洲对外出口对自然资源的依赖性较强，出口产品种类单一，集中度高，是世界上出口产品集中度指数最高的地区。

如图 10-6 所示，非洲主要出口产品中排名前五位的分别是：矿物燃料、润滑剂及相关原料；按原料分类的制产成品；食物和活动物；非食用原料和机械及运输设备。其中，矿物燃料、润滑剂和相关原料的出口额占总出口额的 40%左右，远高于其他四种主要出口品；除机械及运输设备外，另外四种主要出口品均为低附加值且与第一产业密切相关的工业、轻工业原材料。例如，尼日利亚和安哥拉主要以燃料出口为主，出口结构高度集中，出口产品多元化水平较低,易受国家石油价格波动影响。而杂项制品、烟酒和大宗商品这三项高附加值产品,则在非洲对外贸易总额中所占份额较小。

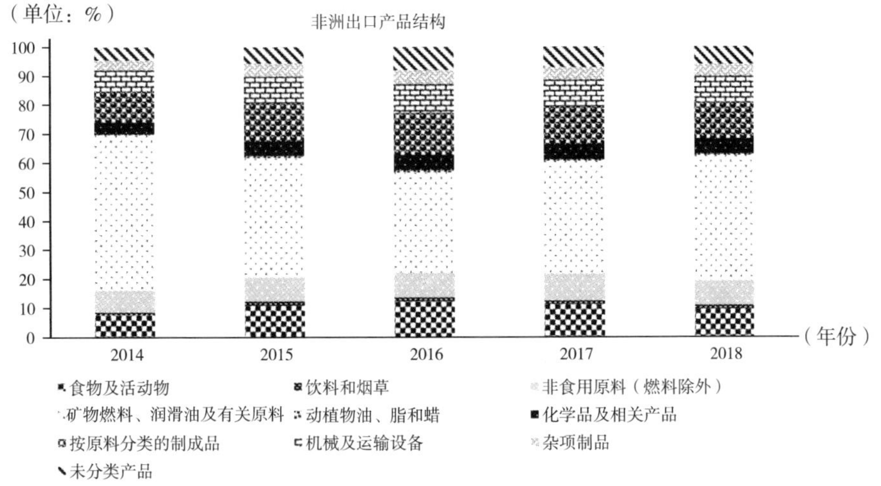

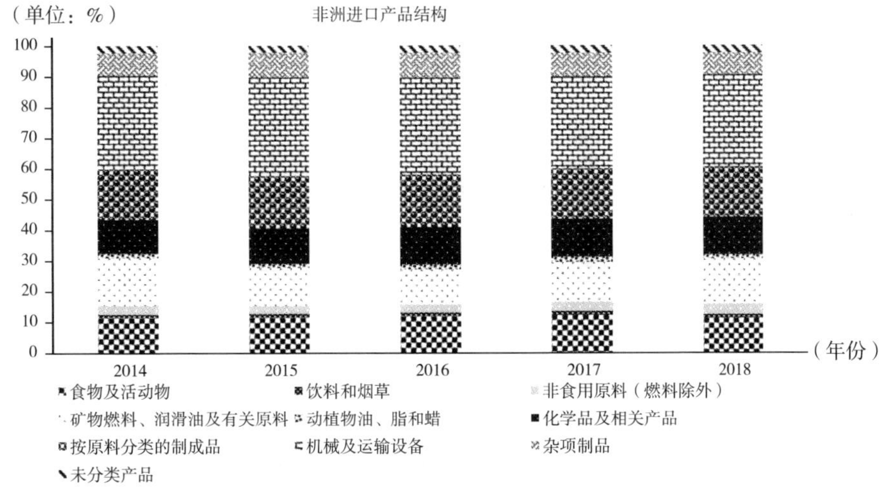

（单位：%）　非洲出口产品结构

■ 食物及活动物　　　　　　　　■ 饮料和烟草　　　　　　　　　■ 非食用原料（燃料除外）
∴矿物燃料、润滑油及有关原料　■ 动植物油、脂和蜡　　　　　　■ 化学品及相关产品
■ 按原料分类的制成品　　　　　■ 机械及运输设备　　　　　　　■ 杂项制品
↘ 未分类产品

（单位：%）　非洲进口产品结构

■ 食物及活动物　　　　　　　　■ 饮料和烟草　　　　　　　　　■ 非食用原料（燃料除外）
∴矿物燃料、润滑油及有关原料　■ 动植物油、脂和蜡　　　　　　■ 化学品及相关产品
■ 按原料分类的制成品　　　　　■ 机械及运输设备　　　　　　　■ 杂项制品
↘ 未分类产品

图 10-6　2014—2018 年非洲进出口产品结构

资料来源:https://unctadstat.unctad.org/wds/ReportFolders/reportFolders.aspx。

非洲的进口产品结构与出口产品结构具有很大差异。非洲主要进口产品中排名前五位的分别为:机械及运输设备、按原料分类的制产成品、食物及活动物、化学制品及相关产品和矿物燃料、润滑剂与相关原料。如图 10-6 所示,机械及运输设备的进口额占总进口额的约 30%,远高于其他产品的进口额占比,但略小于矿物燃料、润滑剂与相关原料在出口方面的压倒性优势。非洲从世界其他地方进口的制成品价值远远高于出口,造成了全面的区域外贸易赤字。机械与运输设备产业是一国发展工业和交通运输业的重要基石,大量的进口反映了非洲地区在工业设备制造方面的劣势。尼日利亚的进口结构也可以在一定程度上说明非洲的制造业现状,其对制造业产品的进口额占总进口额比重高达76%,对制造业的进口依赖甚至超过了对原油的出口依赖。

非洲的出口依赖于低附加值的初级矿产资源,主要进口具有高技术的制造业产品和机械设备,进出口贸易结构均表现单一,初级商品的净出口并不能完全弥补对机械设备等的净进口。由此可以推知,非洲的资源开发产业支撑了非洲的对外进出口贸易,第二、第三产业在非洲并不发达,在国际贸易中发挥的作用微乎其微。

四、区域内贸易不足

区域内贸易指同属于一个集团内的经济体之间的贸易,区域外贸易指同一集团内各经济体与集团外所有经济体之间的贸易。

根据2020年《世界发展报告》中有关2015—2017年世界主要经济区域内贸易占总贸易额比重的数据,类似于上文进出口贸易额所划分的四大梯队,这里将区域内贸易占贸易总额比重分为三个梯队,此处欧洲和亚洲仍然是第一梯队,内部贸易额占总贸易额比例超过60%;美洲为第二梯队,占比约为47%;非洲和大洋洲仍属第三梯队,主要与地区以外的其他国家和地区进行往来贸易。

以区域内出口占总出口额的比例为例,如1995—2018年非洲内部出口额占该地区出口额比重在10%—20%的水平间波动,在2015年达到17.95%的峰值。而与此同时,除大洋洲外,世界上其他大洲的区域内贸易水平是非洲的5—6倍。进口的情况与出口相类似,占比也都维持在10%—20%之间。①

---

① https://unctadstat.unctad.org/wds/ReportFolders/reportFolders.aspx.

从国家的视角来看,区域内贸易参与度较高的几个国家分别为南非、摩洛哥、赞比亚等,这些国家是非洲经济发展水平和贸易开放程度均较高的国家。2016年世界经济论坛对世界上136个国家的贸易环境进行评估,上述国家的贸易环境排名位列非洲的第4、2、12名,说明良好的贸易环境对推动区域内贸易有一定的作用。由于非洲内部各国经济结构的高度相似性,区域内贸易缺乏较强的驱动力量,非洲各国只能转而寻求与其他国家和地区的互补性贸易。

第三节　全球价值链中的非洲

随着世界贸易的不断发展,世界各国也在不同程度上逐渐参与到全球价值链之中,以谋求自身贸易发展利益的最大化。安礼伟、张二震(2014)认为,在全球价值链分工的大背景下,国际贸易对一国经济发展的作用在进一步提升,积极参与到全球价值链分工是一国融入当前世界生产体系的必然途径。[1] 何树全(2015)认为造就制造强国就是要培育处于全球价值链上游、具有强大国际竞争力和抗风险能力,管控着全球价值链,既可以在本国市场赢得丰厚利润,又能在全世界赚得盆满钵满的跨国企业。[2]

对于参与全球价值链这一经济行为,从参与价值链的分工看可分为前向关联与后向关联。一国进口中间投入品用于生产出口产品被称为后向关联,而出口中间投入品被其他国家用于生产出口产品则被称为前向关联。从生产和消费的角度看,在一件商品的整条价值链中,从事前向关联分工的国家距离最初生产阶段较近,从事后向关联分工的国家距离消费者更近。从从事不同生产活动参与到价值链中的角度来看,大致可分为生产有限初级产品、大量初级产品、初级制造业、先进制造业与服务业和创新活动五类;从附加值流向看,最终流向了国内、传统贸易模式、简单

---

[1]　安礼伟、张二震:《全球价值链分工视角下的中国对外贸易——兼析对我国外贸发展的错误认识》,《江苏行政学院学报》2014年第1期。

[2]　何树全:《造就"制造强国":管控全球价值链是关键》,《社会科学报》2015年9月17日。

全球价值链和复杂全球价值链四类,即以这四种方式也最终构成了本国或他国的国内生产总值。

根据 2020 年《世界发展报告》对不同国家通过不同生产活动参与价值链的描述[①],高附加值的先进制造业与服务业及创新活动集中于北美和欧洲大部,这些活动通常位于全球价值链的顶端,高额利润被发达国家所攫取;[②]初级制造业和先进制造业与服务业集中于东亚及东南亚地区[③],是以中国、印度为代表的新兴经济体加入到全球价值链的主要生产活动中;南美洲则是有限初级产品、大量初级产品、初级制造业三种生产活动的混合体。在非洲大陆中,除南非、纳米比亚、坦桑尼亚、肯尼亚等东非国家及北非的摩洛哥、突尼斯在从事初级制造业外,其余国家均以有限和大量初级产品的模式参与价值链,一些中非内陆国的参与率尤其较低。

关于价值链参与率的测度,近年来有库珀曼(Kooperman,2010)的价值链分解法[④]、刘琳(2014)的价值链参与率分解法,以及杨益飞(2018)综合以上方法,从关联方向角度测度了前向参与率指数与后向参与率指数,用来表示价值链参与度。本章综合了库珀曼(Kooperman,2010)的分解方法,并对已有模型加以简化,仍从前向关联与后向关联角度构建全球价值链参与度指数,即全球价值链参与度 = 本国出口中的外国附加值(FVA%)+外国出口中的本国附加值(DVX%)。

其中 $FVA\% = FV/E_d$,FV 表示本国最终出口品中所包含的外国中间品价值,E_d 表示本国总出口;$DVX\% = BV/E_f$,BV 表示外国最终出口品中所包含的从本国进口中间品的价值,E_f 表示外国总出口。

① WDR 2020 Team,Based on the GVC Taxonomy for 2015.

② Amiti,Mary & Shangjin Wei,"Service Offshoring and Productivity:Evidence from the US",*World Economy*,No. 2,2009,pp.203-220.

③ 黄繁华、姜悦、黄嘉雯:《服务业对全球价值链分工影响和异质性研究》,《世界经济与政治论坛》2019 年第 5 期。

④ Kooperman,Robert et al.,"Give Credit Where Credit is Due:Tracing Value Added in Global Production Chains",NBER Working Paper,2010,No. 16426.

一、全球价值链参与度较高

根据定义,计算得出不同经济体的本国出口中的外国附加值与外国出口中的本国附加值数值。在非洲的最终出口品中,来自外国的中间品附加值比例在 1995—2010 年变化不大,在 10%—15% 范围内波动,低于发展中国家平均水平和世界平均水平。非洲本国出口中的外国附加值指标的初始值略低于 1995 年发展中国家的平均值,与西亚和转型经济体相似,但高于南亚和南美。然而,1995—2000 年期间,非洲的本国出口中的外国附加值有所下降,此后几乎没有变化,这说明非洲以及大多数其他发展中地区在全球价值链中越来越多地参与下游生产。结合上一部分对非洲出口品种类的分析,非洲地区出口品主要为矿产资源,这些工业所需的初级原材料处于生产链的最初端,且可在非洲区域内部自行开采出口,难以从它们中获取来自外国的贸易附加值。

相比之下,外国最终出口品中非洲的附加值比例较高,高于发展中国家水平与世界平均水平,且近 15 年来增长迅速。1995—2010 年,所有地区的外国出口中的本国附加值测量值都有所增加。1995—2010 年,非洲的外国出口中的本国附加值指标增幅最大,近两年的 DVX 指标增长了34.4%。东亚和东南亚(33.9%)、西亚(32%)和转型经济体(27%)也出现了大幅增长。发展中国家的增长率(平均 32%)远大于发达国家(21%)。这一现象在转型经济体中更为突出。由于非洲本地落后的制造业,这些矿产资源只能被以最终出口品方式离开非洲,而难以在本地加工后再出口。

将本国出口中的外国附加值和外国出口中的本国附加值加总,得到全球价值链参与度。非洲的全球价值链参与率较高,与亚洲水平相当。1995 年,非洲全球价值链的参与率处于世界平均水平(约为 41%)。1995—2010 年,非洲全球价值链参与率的增长率也与世界上大部分国家相似,全球价值链参与率增长了 19.9%,其他国家平均增长了 20.5%。虽然全球价值链参与率的变化大于整个发展中国家(16.5%),但低于其他发展中区域,如南亚(27%)、西亚(21%)和南美洲(21%)以及发达地区。

与世界上大部分国家和地区相同,自1995开始随后的15年中,每隔5年非洲的全球价值链参与度都有所上升。

二、参与全球价值链的经济获益较低

由上文易得,从贸易附加值角度衡量的非洲贸易参与度较高。但从贸易额的绝对量上来看,2018年非洲的外国出口中的本国附加值绝对量仅占发展中国家的1/10、欧盟的1/12、发达国家的1/16,本国出口中的外国附加值绝对量与世界其他经济体的差异更为悬殊。这说明非洲在全球价值链中,虽然有较高的活跃度,但其贸易质量不高,获得的绝对经济利益非常少,大部分利益都被发达国家所攫取。提高对外贸易质量是非洲在全球价值链中更多获利的重要因素。从本国出口中的外国附加值与外国出口中的本国附加值绝对量的数据对比发现,大多数非洲国家的本国出口中的外国附加值绝对量占总量比例低于50%,因此可思考从提高本国出口中的外国附加值角度入手提高非洲的贸易质量。

三、出口产品的国外附加值来源地集中和中间产品供应不足

以撒哈拉沙漠为界,除北非六国以外的撒哈拉以南非洲国家,它们的经济发展水平和对外开放程度都显著低于北非六国,国际上常单独统称这一区域,并将其作为整个非洲大陆的重要代表。这一区域在服装、食品和汽车行业以及一些商业服务领域正逐渐从初始端融入全球价值链。需要注意的是,非洲在全球经济中仍然是一个小角色,只占全球中间产品贸易的3%。撒哈拉以南非洲出口产品的国外附加值主要来源于欧洲、中亚、东亚和太平洋地区,这得益于欧洲国家先进的制造业,为非洲产品出口提供了稳定的中间产品供应,使其融入欧洲和南亚供应链。

而非洲在为其他国家和地区提供中间产品上表现得极其落后。在东亚和太平洋、欧洲和中亚、中东和北非、北美、拉丁美洲和加勒比海、南亚、撒哈拉以南非洲共7大世界生产网络中,非洲为前五个生产网络提供的

附加值占比仅为 1%—2%①,为南亚和自己提供的附加值占比约为 11%,这反映了非洲制造业仍处于相当落后的地位,无法很好地为世界其他生产网络提供中间产品供应。

四、未充分发挥参与全球价值链提升劳动效率的作用

参与全球价值链,最终转化成经济增长,在发达国家尤其显著。而在发展中国家,参与全球价值链的好处更多地表现在劳动力市场上,具体体现为提高劳动生产率。间接地,带来了一国出口的最终增加和人均工资收入的增加。这也与索洛方程的结论相印证,即经济持续稳定发展的关键在于提升全要素生产率,表现在发展中国家即为提高劳动生产率。

越南就是发展中国家的一个典型例子。2001 年,越南和美国签署了双边贸易协定,成为越南促进贸易自由化和加入世界贸易组织过程中迈出的重要一步,也是越南加入全球价值链的一个开端。在贸易协定签署以后,越南对美国出口爆发式增长,大幅度带动了越南的劳动力市场;专业化生产使越南的劳动生产率得到极大提高,使低技术劳动者尤其获益,也成为越南脱贫的重要驱动力。因为其贸易重点放在了低技术行业、劳动密集型全球价值链部门,如纺织业,这些正好利用了越南丰富的劳动力资源。2020 年《世界发展报告》的研究表明,越南的进口公司、出口公司和进出口公司的劳动生产率都显著高于发展中国家公司的平均水平,并高于埃塞俄比亚公司,埃塞俄比亚是非洲经济发展较为迅速的国家,即参与进全球价值链的国家的公司具有更高的劳动生产率。

第四节 非洲提升贸易质量的路径

一、参与全球价值链

非洲在参与全球价值链中呈现出参与层次低,潜入位置处于下游阶

---

① 资料来源:2020 年《世界发展报告》,WDR 2020 Team, Using Data from Full Eora Database(latest year for which data are available is 2018)。

段,主要集中于低端产品等特点。非洲近些年处于较稳定的发展环境中,经济增长迅速,西方发达国家和新兴经济体到非洲投资呈稳定增长,加之非洲国家自身的比较优势资源,这些都为非洲推进一体化进程、深度参与全球价值链、加快经济转型提供了有力的支撑条件。

各国政府对国内产业发展因势利导,充分利用本国现有发展优势和潜在发展趋势,积极参与国际贸易,培育本国的优势产业,参与全球价值链,完善国内进出口产品结构,以大力发展优势产业带动优化多产业融合发展,破解低端锁定,高效参与全球价值链。[1] 能源国借助国际能源投资发展垂直一体化的能源企业,延长能源产业链;非能源国根据本国优势资源,优化商品贸易结构,增加贸易附加值。[2] 非洲各国应充分利用全球价值链的技术外溢效应,认真学习全球价值链中上游国家的发展模式、管理理念和高端制造技术,消化吸收再创新为符合非洲国家国情的产业政策和发展思维,提升国家科技发展水平,促进产业升级,增加本国就业水平。

二、构建区域价值链

由上分析,非洲国家内部贸易量和贸易额相对较少,国家间缺乏合理有效的资源配置,没有形成区域价值链。非洲各国自然禀赋不同,优势产业发展不同,应充分发挥非洲联盟协调作用,实现各国间的优势产业互补,协同发展,降低区域组织内部的贸易壁垒,构建非洲区域价值链,提升非洲贸易产品的加工深度,简单的原材料和初级产品经过区域价值链整合形成具有复杂度较高的出口产品,由此可形成具有较强竞争力的非洲制造产品。[3] 支持区域内企业和区域价值链的发展,增强区域内贸易和投资的发展动力,加速区域经济一体化进程。[4] 严控进口商品质量,对环保类进口商品实行快速通关和奖励机制,对高耗能和高污染进口商品进

---

[1] Kummritz, Victor, "Do Global Value Chains Cause Industrial Development", CTEI Working Papers, 2016.

[2] 肖雪、牛猛:《日本参与全球价值链的模式与地位演进研究——基于附加值贸易的考察》,《日本问题研究》2018 年第 1 期。

[3] 孙志娜:《非洲内部贸易及对中国的外贸政策启示》,《国际经贸探索》2014 年第 3 期。

[4] 朴英姬:《深化中国对非投资合作的新动力与新思路》,《西亚非洲》2019 年第 5 期。

行严格控制,利用关税和法律对这两类商品进口结构进行合理调控。

三、发展制造业,提升出口产品附加值

非洲国家充分借助新一轮产业转移的历史机遇期,发挥非洲劳动力的成本优势,发展以劳动密集型产业为主导的制造业。从非洲国家进出口结构可以看出,出口多集中于能源,制造业产品是主要的进口产品。非洲国家对制造业产品需求巨大,而非洲本土制造业发展落后,各国应大力发展制造业,供应非洲和海外两个市场。受西方大国制造业回流和新兴经济体等大力发展制造业的影响,非洲各国发展制造业受到双重压力。应引进国外先进生产设备,充分利用本土优势资源,制造业产品应优先供应满足本土市场需求,适当采取进口替代发展战略促进本土产品质量提升,形成规模优势与国际竞争优势。

据世界银行统计数据显示,2018 年非洲国家总人口超过 10 亿人,其中 50% 以上为劳动力人群。这为非洲发展劳动密集型产业,开展劳动密集型产品贸易,参与全球价值链提供了劳动力优势。但是非洲教育发展相对缓慢,国家间教育发展水平参差不齐。根据世界银行已有数据分析,近些年参加过中学教育的人口不到劳动力人口的 20%,参加高等教育的人口更是少之又少。非洲各国政府应加大教育投入,培养更多的职业技能人才,派遣更多的留学生到海外学习先进的技术和管理经验,将巨大的人口资源转化为产业工人,为更多地参与全球价值链和提升全球价值链嵌入位置提供更多的人才要素。

四、完善一体化建设和扩大市场规模

2019 年 7 月 7 日,非洲大陆自由贸易区正式成立,标志着非洲一体化建设取得里程碑式的进展。自贸区的建立为非洲经济发展注入新动能,在经济发展、生产要素流动、减少贫困等方面促进非洲取得实质性进展。非洲国家间关税贸易壁垒不断下降,90% 的商品关税将减至零,在未来四年内非洲国家间贸易将增长 50% 以上,也将解决许多非洲国家无法进口原材料、进口制成品的困境。非洲大陆自贸区的进一步完善,有助于

非洲国家吸引更多外资,增加国内基础设施建设,提升国内制造业水平,促进服务贸易取得巨大进展。

但是由于非洲各国间经济水平、政局稳定性、市场规模和制度体制等存在较大差异,利益集团、权力结构和发展政策等因素都影响非洲一体化建设。非洲大陆自贸区在未来必须以求真务实的方针进一步加以改革和完善,切实可行地推动非洲一体化建设的有效实施。[1] 进一步敲定有关关税壁垒、原产地规则和争端解决机制等重要议题,完善基础设施建设,确保贸易畅通,简化海关手续,推进关税同盟,提升国内教育水平。加强与非洲联盟、西非国家经济共同体、南部非洲发展共同体、东部和南部非洲共同市场、东非共同体、阿拉伯马格里布联盟和中部非洲国家经济共同体等非洲和次区域经济发展组织合作,推动非洲区域经济发展,协调区域一体化与非洲一体化共同发展、共同繁荣。开展与世界贸易组织、国际货币基金组织等国际经济组织合作,积极对接"一带一路"倡议等发展规划,加速工业化进程,实现可持续发展。

五、加快基础设施建设

非洲基础设施落后成为影响非洲区域内贸易和开展国际贸易的主要障碍,严重制约了非洲工业化进程。[2] 因此,应推进基础设施建设,形成新的投资热点,拓展相关产业发展,增加就业。逐步构建国家内部、次区域和整个非洲的路网、电网、互联网和能源互联网,实现生产要素在非洲内部的自由流动,便于能源国和非能源国、农业国和工业国、劳动力大国和资本大国等国实现优势互补,扩大大宗商品贸易,降低进出口风险和环境污染。政府可通过颁布法律来保护国内基础设施,保障基础设施长期收益。

---

① 智宇琛:《非洲"贸促指数"最优国家国际贸易主要特点及合作建议》,《中国投资》2017年第6期。

② 姚桂梅:《从一体化时间看非洲工业化的新动力》,《西亚非洲》2016年第4期。

第十一章　中非境外经贸合作区发展现状、问题与对策[①]

　　非洲国家独立伊始就将工业化列为经济发展的重要目标,希望借此改变被殖民化导致的依附性经济结构。进入 21 世纪,非洲各国以更加积极的姿态推进工业化进程,以期通过工业化进程优化其经济结构,维系经济社会的可持续发展。在这一进程中,工业园区建设被越来越多的非洲国家视为促进工业化进程的重要途径。然而,由于受到多重因素的制约,非洲绝大多数国家难以依靠自身力量发展工业园区,需要在资金融通、技术引进、经营管理等方面借助国际合作,这就为依托产业园开展中非产能合作提供了历史性的发展机遇。2017 年首届"一带一路"国际合作高峰论坛和 2018 年中非合作论坛北京峰会上,习近平总书记先后提出,要依托项目,办好经贸、产业合作园区,并要在非洲新建和升级一批经贸合作区。建立产业园区也是中国改革开放和经济创新发展的重要政策和经验。本章旨在探讨中国与非洲各国经贸合作区运行状况,并进行评价,揭示其问题,提出对策建议。

第一节　非洲"经济特区"的发展现状

　　通过设立"经济特区"促进产业集聚与经济发展,是世界各国和地区特别是新兴经济体普遍采用的做法。从 20 世纪 70 年代至今,许多非洲国家也在不断探索各种形式的"经济特区",以产业集聚的形式,促进本

---

① 本章为广东省自然科学基金面上项目(项目批准号:2020A1515010355)阶段性成果。

国制造业和区域经济发展。非洲"经济特区"主要分为出口加工型"经济特区"、自由港型"经济特区"、自由贸易型"经济特区",以及近年来建立的中非境外经贸合作区四种形式。各主要类型"经济特区"的主要特点见表11-1。

表11-1　非洲各类经济特区的比较

类别	出口加工型"经济特区"	自由港型"经济特区"	自由贸易型"经济特区"	中非境外经贸合作区
国家	毛里求斯、埃及、突尼斯、塞内加尔(20世纪70年代开始);肯尼亚、尼日利亚、南非、赞比亚、马达加斯加等国家(20世纪90年代以来)	突尼斯(转口型自由港)、埃及(转口型自由港)、坦桑尼亚(转口型自由港)、莫桑比克、塞内加尔等	肯尼亚(蒙巴萨自由贸易区)、卢旺达(基加利自由贸易区)、尼日利亚(自由贸易区)	赞比亚(1个)、尼日利亚(2个)、毛里求斯、埃及(1个)、埃塞俄比亚(1个)、阿尔及利亚(1个)等
发展定位	发展本土制造业	促进贸易	促进本区经济和外贸	中国企业"走出去"的载体
产业类型	服装、纺织业、食品加工业等	农副产品、初级加工的原材料、矿产品	对外贸易、出口加工、保税仓储、转口集散	制造业为主、配套物流业、商贸服务业、房地产等
特点	效仿亚洲、拉丁美洲的成功经验;出口导向,主要市场为美国、欧盟、中东等;探索实践较长,但发展不平衡,大部分出口加工区经济规模仍偏小,处于初级化阶段	转口型港口(或自由港),由于非洲大陆四面环海,拥有不少天然深水港,自由港数量多,但难以发展壮大,带动力有限	境内的关税隔离区,拥有税收政策优惠,濒临港口,形成一定辐射带动力	成为中非合作的载体,中国企业"走出去"的重要平台,起步较晚、发展迅速,被认为是"中国特区"在海外的实践
开发主体	以政府开发运营为主	以政府开发运营为主	政府、公共私人团体	企业为主体、政府支持

一、出口加工型"经济特区"

非洲出口加工区的起步较早,非洲国家在发展初期以原材料出口为主,长期处于不利地位,出口贸易并未带来本土制造业提升。自20世纪

70年代以来,非洲的埃及、塞内加尔、毛里求斯等国家纷纷借鉴亚洲和拉丁美洲的成功经验,尝试通过建立出口区来发展本国制造业(黄梅波、唐露萍,2012)。在境内划定专门用于制造、加工和组装出口商品的特殊工业区,享有地方特殊税收优惠政策和便利服务,主要目的在于通过出口贸易刺激本土制造业发展。由于出口加工区的投资企业生产和经营成本更低,投资回报相对更高,且安全保障更为有利,因此,投资非洲的外资企业多选择非洲的出口加工区(罗海平,2014)。

毛里求斯的出口加工区是一个成功的典范,该出口加工区发端于20世纪70年代,初期主要发展的是服装业,曾一度使这个不产羊毛的岛国成为世界第三大毛织品供应国(姜忠尽,1995);20世纪90年代后,逐步由劳动密集型向资本密集型转变,并成功实现了多元化发展,成为该国经济的主要支柱。但整体来看,出口加工区在非洲的分布和发展较不平衡,只有为数不多的非洲国家在这方面的探索取得成功,大多数国家出口加工区经济规模不大,产业结构依然处于初级化阶段。

二、自由港型"经济特区"

非洲大陆四面环海,自由港数量较多,其中不乏优越的深水港。根据罗海平(2014)的研究梳理,毛里求斯(88个)、突尼斯(14个)、埃及(7个)、坦桑尼亚(4个)等国家拥有的自由港数量较多,且大多为转口型自由港(埃及为贸易型自由港)。受到产业结构影响,非洲自由港贸易流通商品主要集中在农副产品、初加工原材料和矿产资源等,这些产品的产品附加值有限。此外,大部分港口产业的单一化程度较高,严重依赖单一货物和产品,多元化程度不够(罗海平,2014),导致非洲港口经济"经济特区"的辐射带动作用较为有限。

三、自由贸易型"经济特区"

与出口加工区类似,自由贸易型"经济特区"是在一个国家境内划定特定区域,对区域内进出口商品实行免征或减征关税,除贸易功能相似外,贸易区内还可以进行转口集散、工贸结合、保税仓储等活动。据不完全统计,截至 2013 年 6 月,全球建立了 1200 多个自由贸易区;其中 775 个自贸区设立在发展中国家,占比高达 65.6%。在许多非洲国家,自由贸易区成为重要的"经济特区"和产业集聚形式。

不少非洲国家的自由贸易区是在自由港基础上发展形成的,以肯尼亚蒙巴萨自由贸易区为例,蒙巴萨自由贸易区为该国第一个自由贸易区,占地面积 2000 平方千米,该自由贸易区依托蒙巴萨(位于非洲东海岸)这一贸易和物流枢纽,辐射埃塞俄比亚、南苏丹、卢旺达、卢隆迪、坦桑尼亚、乌干达等周边国家。非洲通过自贸区的建设将零落的经济体聚集成统一的大市场,不仅面向本区域还面向世界其他国家,这在一定程度上加速了非洲工业化进程,延伸其制造业产业链,促进其产业发展,优化其基础设施水平。

四、中非境外经贸合作区

长期以来,中非经贸合作主要以贸易和对非洲援助为主(张菲, 2013),但 21 世纪以来中国对非洲投资规模迅速增长,中国企业"走出去"到非洲步伐加快,产业园区经验开始在非洲复制。中非经贸合作区的构想,最早可追溯到 1995 年中国政府召开的改革援外工作会议,这次会议首次提出在受援国建立经济开发区。这被认为是把中国建立"经济特区"的成功经验复制到非洲国家。1998 年,中国应埃及方面的要求,双方共同启动建立苏伊士特区项目(后来的苏伊士经贸合作区在此基础上建立)。近年来,中国企业"走出去"步伐越来越快,中国政府鼓励将中国产业园区的经验在东道国复制,建立境外经贸合作区,推动中国企业"走出去"向深层次发展的同时也促进东道国产业的共同发展。现阶段中国在非洲的境外经贸合作区建设已取得一定成效。据不完全统计,中国企业已在非洲 14 个国家建设 18 个境外经贸合作区,累计投资 53 亿美元,园区入驻企业 357 家,累计总产值 182 亿美元,上缴东道国税费近 8 亿美元,创造就业岗位 4 万多个。

表 11-2 展示了中国在非洲先后建立的赞比亚中国经贸合作区、尼日利亚广东经贸合作区、毛里求斯晋非经贸合作区、尼日利亚莱基自由贸易区—中尼经贸合作区、埃塞俄比亚东方工业园、埃及苏伊士经贸合作

区、阿尔及利亚中国江铃经贸合作区 7 个经贸合作区的产业定位及牵头企业。中非经贸合作"经济特区"已成为中非产业转移与对接合作最重要的形式载体,产业定位于制造业为主,配套物流业、商贸服务业、房地产等,不仅促进非洲国家工业化、扩大贸易和创造就业,也为后金融危机时代中国企业"走出去"搭建了重要平台,被认为是"中国特区"在海外的实践。这些经贸合作区的建立缓解了东道国产业发展过程中遇到的资本和技术短缺问题,为东道国带去成熟的管理经验,促进东道国产业发展的同时加快了中国企业"走出去"。对中国来说,中非经贸合作区带动了中国对非洲国家的投资和贸易增长,不仅有利于中国企业走出国门,打开海外市场,谋求长远发展,还是中国实现产业结构调整与升级长期规划中的重要步骤。对非洲国家来说,非洲国家可以借助中非经贸合作区平台,吸引投资,积极承接制造业转移。园区的建成,一方面有助于东道国对外贸易的发展,增强创汇能力,同时促进东道国吸收、利用外资,从而促进东道国的经济增长;另一方面有助于东道国承接产业转移、技术转移、产业升级,同时带动就业,促进工业化进程。

表 11-2　中非境外经贸合作区的产业定位和牵头企业

合作区名称	牵头企业	产业定位
赞比亚中国经贸合作区	中国有色矿业集团有限公司	谦比希园区以铜钴开采为基础,以铜钴冶炼为核心,形成以有色金属矿冶产业群为主的主导产业;卢萨卡园区以发展现代物流业、商贸服务业、加工制造业、房地产业、配套服务业和新技术产业为主导产业
尼日利亚广东经贸合作区	广东新广国际集团中非投资有限公司	以家具、五金、建材、陶瓷为主,基础设施建设同时发展
毛里求斯晋非经贸合作区	山西晋非投资有限公司	产品加工及物流仓储、商务商贸、教育培训、房地产、旅游餐饮、绿色能源等板块
尼日利亚莱基自由贸易区—中尼经贸合作区	中非莱基投资有限公司	以装备制造、通信产品为主的高端制造业;以交通运输车辆和工程机械为主的产品装配业;以商贸物流为主的现代物流业;以旅游、宾馆酒店、商业等为主的城市服务业与房地产业

续表

合作区名称	牵头企业	产业定位
埃塞俄比亚东方工业园	中国江苏其元集团	主攻农产品加工、纺织、冶金、建材、机电等外向型制造加工业
埃及苏伊士经贸合作区	中非泰达投资股份有限公司	主导产业为轻纺服装、生产用车及配件、电器设备及低压电器和通用工程产品
阿尔及利亚中国江铃经贸合作区	中鼎国际、江铃集团（江西）	定位在汽车制造业以及建筑材料等相关产业

资料来源：根据中国商务部境外经贸合作区专题网站资料整理(http://www.mofcom.gov.cn/article/zt_jwjjmyhzq/)。

第二节　中非境外经贸合作区存在的问题和发展机遇

一、存在的问题

中国在非洲建设的经贸合作区是中国企业积极为响应"走出去"战略而建设，是中国与非洲国家开展经贸合作的一种新方式。境外经贸合作区经过 20 世纪 90 年代以来的探索和发展，取得了相当的成果和经验，同时，在发展过程中也存在一些现实问题。

（一）国家层面

1. 东道国社会局势不稳定，建设风险加大

非洲国家的国情使得经贸区的建设面临诸多挑战。首先是非洲国家社会局势并不稳定，经贸合作区建设风险较大。主要体现在以下两个方面：

第一，政局更迭给经济建设带来巨大压力，2006 年以来埃及的政局一直处于摇摇欲坠之中，受到恐怖主义和分裂主义的打击，2010 年埃及政局变动，投资环境恶化，中国的投资企业无法避免遭遇重创，政府当初给予埃及苏伊士经贸合作区的优惠承诺无法实现，园区内企业生产陷入停滞状态，带来巨大的经济损失。赞比亚中国经贸合作区同样也承担着政治局势不稳定带来的风险，确定投资初期，当地政府承诺园区内企业可

以享受在税收以及进出口方面的一些优惠政策,但可享受优惠政策的时间却未明确规定。赞比亚政府实施多党选举,新一届政府可能对之前签订的协定或制定的政策予以修正或变动,这都会使经贸区处于被动地位,面临政策不稳定带来的风险。

同时,非洲国家是公共安全问题的"多发地带",由于中国在东道国产生经济利益,使得中国企业以及中国工人的安全无法得到确切的保证,容易成为不同政治势力或经济集团要挟的目标。

第二,政策的变化加剧风险。除了政局更迭可能使原有的优惠政策不被认可之外,东道国自身的政策变动也会造成园区企业承担的风险加剧。赞比亚政府往往会依据经济状况的变化而变更其经济政策。例如,赞比亚外汇收入的70%以上都由采矿业收入构成,出于应对公共债务问题的考虑,赞比亚政府提高征税的举措势在必行。这将加大园区内从事采矿相关产业的企业的经济负担。虽然大多数东道政府向投资项目颁发了相关法令并签订了一些投资促进与保护协议,为合作区及入区企业提供了多项优惠政策,但由于境外东道国政策多变,部分优惠政策时常出现收紧或变更,工业园内入驻企业难以享受所得税、增值税等税项的税率优惠。优惠政策的收紧使得合作区吸引力有所下降,部分区内企业及拟入区投资者放慢了投资步伐。

2. 东道国基础设施建设落后,投资成本加大

园区内配套基础设施的水平大多受制于东道国自身的经济发展水平。由于非洲国家为发展中国家,经济发展水平有限,落后的基础设施建设成为发展过程中的巨大阻碍,仅靠政府的财力物力无法满足发展必要的推动力,内陆国家赞比亚的交通落后,物流不便捷;尼日利亚的交通物流在经济投入、技术水平以及运营情况方面都有较大的困难。另外,经贸合作区建设期间的投入成本相对较高,建设周期长而收效缓慢。尼日利亚莱基经贸合作区项目一期(11.76平方千米)投资总额为7.47亿美元;埃及苏伊士经贸合作区起步区累计投资高达1.09亿美元,拓展区计划开发投资2.3亿美元,累计实际投资已超过6000万美元。海外园区的建设成本比国内建设自贸区的成本要高出1倍以上,而收益的主要来源是园

区企业缴纳的各项费用,园区保值增值的目标实现困难。

3.政府和企业地位不对称,信息沟通不畅

中国和非洲国家之间的经济合作,不仅基于非洲国家自身的国情存在诸多挑战,在中国和非洲国家之间的沟通交流谈判中也存在一些问题。合作区建设之初,政府助力推动经贸区建设的谈判,建设后期,主要是企业与东道国政府之间的沟通,政府作为沟通桥梁的作用削弱。目前,中国在境外建设园区的主体大多是企业,而所在国项目参与者多为当地政府。由于企业本身与东道国地位不对称,因沟通不畅而带来较大风险。中国企业和外方政府在法律地位上的不对等致使中国企业在园区项目重大决策、谈判中处于相对弱势,难以保障自身利益,某些重大政策的落实存在障碍。尤其是民营企业园区与东道国政府在争取政策、商谈事务中地位不对等,导致商谈成果落地慢,税收返还等重大优惠政策难以突破。

(二)企业层面

1.海外园区建设经验不足,园区内产业分散

国内自贸区经过多年的发展已经积累了丰富的经验,然而中国在非洲建设经贸园区,面临的是更加复杂的国外的政治经济情况和国际形势,因此照搬国内发展经验是行不通的。另外,由于各个国家的发展情况存在差异以及选择的东道国不同,缺乏其他国家可借鉴的发展经验。同时在发展目标产业上,一方面,园区大多还是发展低端制造业,大部分是资源密集型和劳动密集型的产业,产业升级困难(曾刚,2018)。尼日利亚广东经贸合作区以家具、五金、建材、陶瓷为主,埃及苏伊士经贸合作区主导产业为轻纺服装、生产用车及配件、电器设备及低压电器和通用工程产品等,区域内产业较为分散。赞比亚中国经贸合作区的卢萨卡园区虽将新技术产业定位为主导产业,但是由于缺乏统一的规划,发展后劲不足。另一方面,园区内产业之间的协作以及上下游分工不明确。比如毛里求斯晋非合作区目标产业确定为产品加工及物流仓储、商务商贸、教育培训、房地产、旅游餐饮、绿色能源等。产业之间的关联度不高,难以发挥集聚带来的优势。

2.吸引优秀人才能力欠缺,人力资源匮乏

中非经贸合作区内人力资源不足,对优秀人才吸引力较弱,造成这一问题的原因一方面是园区所在地区是距离首都较远的不发达地区,基础设施落后,工作环境并不理想,埃塞俄比亚东方工业园距离埃及首都开罗120 千米;赞比亚的谦比希园区距首都卢萨卡约 360 千米。园区难以在国内招聘到熟练掌握东道国的语言,对于东道国的法律政策有一定的了解且具有跨国管理经验的复合型人才(刘英奎、敦志刚,2017)。另一方面,园区面临员工更换造成园区后续工作展开困难的问题。以埃及苏伊士经贸合作区为例,合作区员工来自国内人才市场上招聘,在合作区工作满 3 年后可回到国内,经贸区再进行新一轮的招聘,这一制度造成的弊端是由于员工的更替造成园区内工作的不连续性,特别是涉及管理或核心技术方面人员的流动,对园区的可持续发展不利(黄玉沛,2018)。

3.开发企业融资困难,缺乏资金支持

一般来说,入园的中国企业主要负责园区的统筹规划和总体建设,园区的基础设施则由东道国负责出资完善(刘晨,2019)。然而,由于非洲国家大多基础设施匮乏落后,海外园区建设从基础设施的完善到入园企业的基本生产活动展开,以及人才的招聘等每一个环节无不需要企业自身筹集资金予以支持,虽然政府会给予企业一定补贴,但是,由于合作区建设投资规模大、投资回收期长,合作区赢利目标的实现必须通过投融资来完成。资本市场融资方面,目前主要的融资渠道一是母公司的直接投资,二是向银行贷款。但一方面母公司的增资审批流程繁杂、周期长,且额度有限,另一方面中国的商业银行在境外的分支机构少、能力有限,银行的全球授信体系也不支持母公司为境外子公司进行担保和抵押,企业境外投资形成的资产也不能作为抵押担保在境内贷款,合作区从国内银行获得融资的需求难以被满足。东道国银行资金实力不足,加之对中国企业信用评估以及合作区发展前景消极等原因,中国企业也比较难以从当地银行获得贷款支持。融资渠道不畅致使多个合作区在建设及招商引资前期承受着相当大的资金压力,严重的甚至会延缓甚至搁置项目的推进。毛里求斯晋非经贸合作区,计划投资约 6000 万美元;埃及苏伊士经贸合作区预计开发建设总投资约 2.3 亿美元;阿尔及利亚中国江铃经贸合作区计划投资 38 亿元人民币。园区的融资过程面临信贷程序烦琐、担保门槛较高、国内银行对海外投资担保的额度有限,合作区的建设资金的主要筹集方式为企业自筹,因此资金压力成为建设和发展中的严重问题,企业"走出去"面临瓶颈(刘英奎、敦志刚,2017)。

4.信息获取能力差异大,平台建设有待完善

不同企业信息获取能力差异较大,不少中小企业对非洲投资存在从众现象,对非洲了解非常有限,未进行前期充分准备、调研和可行性分析工作,不同企业对信息的获取能力也存在较大差异,一些企业获得信息渠道较少,获取速度慢、信息真假难辨,因此错过不少市场机会,甚至引发投资决策失误。此外,一些民企对非洲国家政策和市场环境了解不够,前期调研不足,信息不畅,也影响了企业的决策。企业的需要对合作区提出了服务的要求。对于合作区牵头公司来说,建立经贸合作区只是"走出去"的第一步,如何吸引企业入驻合作区,以及如何服务入区企业是合作区面临的更艰巨的任务。尽管建立合作区的企业一般是中国有实力、有海外经营成功经验的企业,但如何吸引和服务入区企业也是他们在海外投资中面临的挑战之一,面向民企的对外投资公共信息服务平台有待提升和完善。

二、发展机遇

(一)经贸合作加深为中非合作夯实基础

中国与非洲的经济合作关系可以分为三个阶段,初期,中非合作以中国对非洲援助为主,助力非洲经济发展;中期,中非合作形式发生转变,主要开展互利互惠的经济合作活动;现阶段,随着"一带一路"倡议的提出以及中非合作论坛的顺利展开,中非经贸关系迎来新的发展机遇,援助、贸易和投资成为并驾齐驱的三种主要合作形式。"一带一路"倡议为中国企业"走出去"提供了更多的机会,中非之间合作规模扩大,合作领域向纵深发展,合作主体趋于多元,合作形式更加丰富。近年来,中非贸易不断发展,中国已经连续九年成为非洲最大的贸易伙伴,中国对非洲的进

出口总额由 2010 年的 1270.46 亿美元增加至 2017 年的 1706.45 亿美元,年均增长率为 4.3%;对非洲直接投资由 2010 年的 21.12 亿美元增加至 2017 年的 41.05 亿美元,年均增长率为 10%。国家"十三五"规划纲要提出,要以"一带一路"建设为统领,支持企业扩大对外投资,开展与有关国家和地区的密切合作。中国是最大的发展中国家,非洲国家大多是经济发展水平较低的落后地区,对于基础设施建设的需求较大,中国企业"走出去"拥有广阔的市场,产业园区中的中国企业应结合当地的实际需求抓住机遇,在政策的推动下充分开拓海外市场。

(二)境外经贸合作区模式为中非合作提供新平台

境外经贸合作区作为中非经济合作的新模式为中国企业开展海外业务提供了新的平台。一方面,境外经贸合作区对中国企业,尤其是中小企业"走出去"的过程中发挥着显著的平台作用和集聚效应。中国的境外经贸合作区通常围绕园区主导产品,引入相互关联的产业或者同一条产业链的上下游企业,形成集群式的对外投资。生产同种产品的企业集聚,相互之间将在信息、设施、市场等方面形成效益共享、成本分摊效应,有利于提高产业境外投资集中度,减少无序投资的资金浪费;同时在经营上形成良性的竞争和促进机制,提高效率,产生规模经济效益。企业进驻园区可享受园区提供的各项便利化的服务,在企业开展生产活动的过程中,提供贸易、投资和金融相关政策的咨询服务以及产品的推广和宣传服务;在企业后续的物流过程中,提供海关申报、运输配送处理等服务;发生突发情况时,提供应急处理和援助帮扶。另一方面,经贸合作区促使企业"一心共体,共谋发展"。例如,赞比亚的谦比希园区形成以有色金属冶矿产业群为主的主导产业;卢萨卡园区以发展现代物流业、商贸服务业、加工制造业、房地产业、配套服务业和新技术产业为主导产业。阿尔及利亚中国江铃经贸合作区则以发展汽车制造业、建筑材料为主导产业,辅之发展相关产业。园区的发展模式形成在龙头产业的带领下相关产业齐头并进,互利共赢的形势。截至 2019 年 3 月,赞中经贸合作区已吸引 62 家企业入驻园区;尼日利亚广东经贸合作区已有企业 56 家;截至 2018 年年底,埃及苏伊士经贸合作区共有企业 77 家,扩展区建成后预计将吸引

150—180 家企业。阿尔及利亚中国江铃经贸合作区规划引进汽车、建筑材料及其相关企业 100 家。园区内产业之间相互协作,充分发挥一体化的优势,齐心协力共谋发展,有利于降低交易成本以及海外投资的风险性。

（三）政策优惠助力园区内企业发展

非洲国家也在经贸合作区建设的过程中获取经验,改善营商环境,制定优惠政策,提高对外资的吸引力。例如,赞比亚中国经贸合作区推出税收优惠政策,即入区企业自经营之日起 5 年内免征企业所得税;第6—8年,企业所得税按应纳税额的 50%征收;第9—10 年,企业所得税按应纳税额的 75%征收,且自企业正式运营之日起五年内免缴红利部分的所得税。尼日利亚莱基经贸合作内企业用于生产的原材料、制成品、机器和设备、消费品及其他与投资项目有关的物品,均免征进口关税,且不受配额限制。埃塞俄比亚东方工业园中企业所得税减免 4—7 年,包括生产设备、建造厂房的原材料在内的投资资本货物均免除 100%海关进口关税及其他一切进口税收,而园区之外的企业享受减免税收的年限至多只有5 年。同时,中国也为积极响应"走出去"战略,开展海外投资的企业提供资金支持,比如经济技术合作专项资金、境外投资专项贷款、中非发展资金以及中国进出口银行境外投资贷款等。一系列的优惠政策涵盖税收、资金奖励、产业扶持、人才引进等方面,力求为企业打造良好的营商环境,助力园区内企业发展。

第三节　中非境外经贸合作区发展评价

中非境外经贸合作区发展到至今,具有一些阶段性特征,这里我们从运营情况、招商模式、赢利模式、区内企业和当地贡献五个角度进行归纳。

一、运营情况:投资主体经验丰富,未来发展前景可期

从经贸区股权结构方面看,中国企业占较多股权,充分发挥主体作用。整体上看,中非经贸区都由政府发起提议,以国内具有竞争力优势的

大企业为主体,在完善园区整体基建的基础上进行招商引资,中方与东道国协同管理。具体来看,埃塞俄比亚东方工业园区和毛里求斯晋非经济合作区均为中方占有全部的股权。赞比亚中国经贸合作区的绝大多数股份由中国矿业有色金属集团拥有,其余的一小部分股份由赞方持有;莱基自由贸易区和尼日利亚广东经贸合作区中方持有超过60%以上的股份;苏伊士经贸合作区是借鉴天津开发区的经验,属于开发区"走出去"的代表,中方持有25%左右的股份。

从经贸合作区投资主体的资质看,整体上,作为经贸区投资主体的企业均为国内的大型企业,不管是民营经济还是国营经济,都具有一定的资本实力和海外投资以及开展国际业务方面的经验,有能力做好园区合理开发规划和后续运营过程中的事务。具体来看,赞比亚中国经贸合作区由中国有色集团投资建设,中国矿业有色金属集团是国内一流的矿业集团,积累了丰富的海外开发的经验,通过大力开展国际业务,优化区域布局,扩大海外优势。尼日利亚广东经贸合作区建设主体企业是中非投资有限公司和广东新南方集团组成的中国财团,同时,园区所在地政府奥贡州予以一定资助,中国企业和东道国协同管理企业营运(孟广文等,2018)。

二、招商模式:由随机招商向择商转变,可持续发展保障有力

中非经贸区招商引资的对象不仅包括中方企业、非洲企业,同时也包括其他国家。招商工作稳中有序发展,大致经历以下发展阶段:在经贸合作区建设之初,宣传不够,知名度不高,尚未形成平台优势,因此采取的是随机招商的方式;合作区建设中期,合作区知名度提升,企业开展海外投资入驻合作区可享受各项优惠政策以及产业集聚优势等,经贸合作区成为更多企业的选择。在这一阶段,合作区内的产业进行"更新换代",生产率低下的企业被淘汰,留下具有生命力和发展优势的企业,而污染大、成本高、生命力不强的企业则被淘汰,企业的发展水平与经贸区的发展质量相匹配;发展至今,中非经贸合作区的建设经验不断积累,统筹规划日

益完善,合作区内的企业有了更多的自主选择权,园区根据自身的发展情况以及整体的规划选择相应企业,使相关产业在龙头企业的带领下实现产业转型升级,因此招商模式也由随机招商向择商转变,发挥市场的竞争优势,留下发展潜力大,符合科学发展规划的企业,为园区的可持续发展提供保障。

招商方式的转变同时也使园区企业认识到加强自身能力建设任重道远,合作区为企业进行海外投资搭建平台,企业自身也要提高自身的创新能力,进行产业转型升级;积极引进高技术人才,为园区的发展注入新动能。

三、赢利模式:摒弃传统赢利模式,探索全生命周期赢利

归纳中非经贸区的赢利模式主要有以下两种:第一种是通过开发当地资源获取收益,例如赞比亚中国经贸合作区通过开采冶炼铜矿等当地自然资源赢利;另一种是通过园区内土地以及基础设施的出租获得收益,比如苏伊士经贸合作区通过出租园区的厂房、公寓以及生活设施等获取收益,但是一旦土地资源被出租完,可持续发展难以为继。这两种传统的模式在短期会获得一部分经济利益,长期来看是不利于可持续发展的。

经贸区在发展过程中已经认识到这一问题,逐渐将发展重点转向具有创新性的高技术产业,为企业发展注入新活力,在产业转型升级的过程中实现可持续发展(路红艳,2013)。同时,大力发展相对高收益的项目,建设资金良性流通的渠道,在发展高附加值产业的过程中也要注重环保,避免对当地造成污染,树立良好的企业形象,重视企业社会责任,实现长远可持续发展。

四、区内产业:龙头企业带动性强,产业集聚效应明显

经贸合作区承担着产业集聚平台这一重要的角色,依据非洲国家当地经济的特点,因地制宜开展生产活动,形成具有竞争力优势的产业群。非洲国家自然资源丰富,劳动力成本低,虽然经济基础较弱,但经济发展速度快,需求市场广阔,因此经贸园区的建设主要分为两种类型。第一类

是发展资源加工型产业,如赞比亚中国经贸合作区谦比希园区位于赞比亚"铜矿山上",铜矿产资源丰富且品质较好,开发潜力大,采矿业是该地区的传统产业,拥有较好的产业基础和熟练的采矿工人。因此产业目标定位十分清晰——以有色金属工业为基础,充分利用赞比亚的有色金属的资源优势,形成以有色金属冶矿产业群为主的主导产业。同时考虑到单一的矿产品抵御市场风险的能力弱,因此大力发展相关产业,丰富经营方式,开发产品的附加值,产业链向相关产业以及配套服务延伸,发挥产业集群带来的优势(朱景和,2009)。因此赞比亚中国经贸合作区卢萨卡园区以发展现代物流业、商贸服务业、加工制造业、房地产业、配套服务业和新技术产业为主导产业。

第二类是发展劳动密集型的加工制造业,在当地原有的产业基础上结合劳动力优势发展生产,同时中国制造业通过海外投资实现产业升级。如尼日利亚莱基自由贸易区的装备制造和通信,石化、产品制造、装备制造的产业链不断延伸,形成完整的体系;尼日利亚莱基自由贸易区进行产业的细化,创新发展和循环发展并重,城市服务业和房地产业协同发展,重工业和轻工业互为补充,仓储业和现代物流业齐头并进(白鹏,2015)。阿尔及利亚中国江铃经贸合作区则以发展汽车制造业、建筑材料为主导产业,辅之发展相关产业;规划引进汽车、建筑材料以及相关企业100家,目前江铃汽车已经在开拓阿尔及利亚市场方面卓有成效,占据较大的汽车市场份额;经贸园区首先结合当地的区位优势以及园区的规划进行准确定位,形成主导产业均有龙头企业带领的渐进式发展局面,形成园区产业集聚效应,充分利用经贸园区特有的优势,发挥经济效益。中非经贸合作区对中国企业,尤其是中小企业"走出去"的过程中发挥着显著的平台作用和集聚效应。尼日利亚奥贡经贸合作区的建筑、房地产、能源产业的集聚水平最高,其次是印刷出版、工业设备等;这些产业利用奥贡地区传统产业的优势,在政府鼓励政策的推动下快速发展。

五、当地贡献:带动当地经济发展,促进了民心相通

中非经贸区给非洲带来了中国的发展经验,中国和非洲同属于发展中国家,一方面,中国国内保税区、加工区、技术开发区以及自由贸易区的建设经验对于非洲园区的建设具有借鉴意义;另一方面,非洲国家虽自然资源丰富,但大多地区发展的产业类型为资源密集型,经济结构较为单一,在国际市场上竞争力不强,中国企业为非洲带来了资本、人才以及技术,推动非洲产业升级,延伸产业链,带动非洲工业化建设,提高经济效益,从而带动当地经济的发展。

中非经贸区创造了大量的就业岗位,一定程度上缓解了当地就业难的问题,帮助当地家庭脱贫,改善当地对于经贸区的认知,提高当地建设自贸区的积极性,促进民心相通。截至 2018 年年底,埃及苏伊士经贸合作区泰达合作区共有企业 77 家,直接解决就业 3500 余人,建成后的扩展区将吸引 150—180 家企业,提供就业机会约 4 万个。截至 2019 年 3 月,赞中经贸合作区建有谦比希园区和卢萨卡园区两个园区,共注册企业 62 家,区内员工总量 10349 人,其中赞方员工 8903 人。尼日利亚广东经贸合作区已创造 8000 多个就业机会。同时埃塞俄比亚东方工业园二期规划将为当地创造近 5 万个就业岗位。合作区不仅为非洲国家当地创造了大量的就业机会,同时中国企业通过技术外溢为非洲带去先进的技术,并且为当地培养了技术人才,提高了当地劳动者素质。

第四节　中非境外经贸合作区发展的对策建议

当前,中非经贸合作区已经进入快速发展阶段,这虽然为中非经贸合作提供了前所未有的大好机遇,但同时也带来了各种问题和挑战。因此中国和非洲双方应积极谋划、妥善应对,从而推动中非经贸合作区向更深层次发展。

一、建立突发情况预警机制,积极应对风险

由于非洲国家存在政治局势不稳定、社会动荡、经济风险较大的事实,因此在经贸区建设的过程中,建立风险防范以及发生突发情况时的预警机制是不容忽视的问题。企业在进行风险防范和预警平台建设时,应把握两个方面:一方面对东道国的政治局势和经济政策的变化进行全面的追踪观察,特别注意有关税收、汇率等经济政策以及国内法案的变动,进行全面的风险评估,最大限度地规避损失。另一方面,要准备好应对突发情况时的预案,做好应急处理工作,同时企业要加强与驻非洲领事馆的联系,让使馆帮助妥善解决各类领事保护的问题。

二、强化沟通机制建设,建立畅通的沟通渠道

非洲各国的政府之间要积极沟通,建立专门处理解决有关中非经贸合作区的事项,比如相关的产业发展计划、税收政策、园区基础设施建设以及园区的运营管理。中国政府和非洲政府之间也要加强沟通,通过积极的协商谈判争取中方企业对非洲投资的更多的优惠政策,园区建设之初,往往是两国政府牵头,后续园区的工作,更多的是中国企业与非洲各国当地政府之间的沟通交流与协商,企业和东道国政府积极沟通,共同协商产业政策,把握当地对特定产业的支持,促进相关产业的发展。

三、培养综合性人才,应对文化制度差异

人才是合作区运营和发展的重要资源,合作区要顺利发展,就需要大批具有较高的政治觉悟、有大局观和战略意识,具备先进管理经验、工作经验,了解东道国国内及区域情况,熟悉国际市场的变化,通晓语言、计算机及海外法律法规等技术技能的人才。文化差异是影响跨国公司在东道国经营管理成败的关键性因素。境外经贸合作区所处的非洲、亚洲的诸多国家往往宗教信仰复杂,冲突也较为严重,合作区建设过程中以及中国企业入驻后若处理不好常常会因东道国与本国文化上的差异,导致经营活动不能良好开展,使得合作区建设发展缓慢,甚至有可能使前期的投入

付诸东流。中国·埃及苏伊士经贸合作区就曾在建设工程中饱受文化差异,包括思维方式、宗教信仰、工作生活习惯等带来的障碍,致使工程进展缓慢、效率低下。大多数境外合作区还处于起步阶段,具备跨国经营管理经验,熟悉东道国法律、政策和语言的人才较为缺乏,加之合作区大都位于不发达的国家和地区,这就更加难以吸引高端人才。因此合作区如何吸引优秀人才,并采取科学有效的措施培养复合型人才也是合作区面临的重要问题。针对存在的问题,应从政策扶持和企业自身建设两方面发力,稳中求进地提高合作区运营质量,打造和搭建中小型企业对外投资的"大平台",助力国家"一带一路"倡议,坚持共商经济和谐发展新模式、共建工业文明科技新平台、共享合作经济效益新成果。

四、企业提高自身能力建设,打造中非品牌园区

中非经贸合作区的建设目标是发展中非两国的经贸合作,争取最大的经济利益,进一步打造园区品牌,树立中国的良好形象,提升在国际社会上的软实力。发展高质量经贸园区,形成独具优势的品牌效应,企业要做到以下三个方面:首先,要认识到园区建设的根本是海外土地使用权,厘清土地获取流程,依法获得土地使用权,办理完备的手续和各种事项,最低程度降低风险。其次,在规划园区建设时,要依据东道国的经济发展水平和传统产业的发展情况以及资源、劳动力等优势对园区进行准确定位,明确主导产业。最后,入园企业要提高自身的自主创新能力,开发先进的技术,积极进行产业的转型升级,延伸产业链,利用园区平台发挥产业集群优势。

第十二章　中国对非洲投资合作的
特点、动力与趋势

在国际经济形势复杂演变的过程中,发展中国家整体性崛起势头强劲。非洲是发展中国家最集中的大陆,在过去十年里经济增长显著。国际货币基金组织指出撒哈拉以南非洲 2019 年经济增长率将达到 3.8%,成为全球范围内国内生产总值增速最快的地区之一,其中,埃塞俄比亚、卢旺达、加纳、科特迪瓦、塞内加尔、贝宁、肯尼亚、乌干达、布基纳法索和坦桑尼亚国内生产总值的增速将处于领先位置。外商直接投资作为重要的外部资金来源,是非洲国家加速释放经济增长潜力的重要推动力。随着中非投资合作不断发展,中国已经成为非洲最主要的新兴市场投资者,是非洲仅次于美国、法国和英国的第四大投资来源国。

第一节　中国对非洲投资合作的发展特点

金融危机爆发以来,世界经济复苏缓慢,投资风险上升,跨国公司投资意愿下降,全球跨国投资处于低水平波动状态,见表 12-1。受发达国家大规模跨国并购的影响,2015 年全球外国直接投资攀升至 20338.03亿美元,此后全球外国投资持续下滑,2018 年降至 12971.53 亿美元,增长率为-13%,发达经济体和转型经济体下降趋势明显,其中流入发达经济体的全球外国直接投资总额减少 27%,降至 2004 年来最低,仅为5568.92 亿美元。而发展中经济体的全球外国直接投资创下历史新高,增加为 7060.43 亿美元,占全球总额的比重升至 54%。非洲国家由于在全球产业链上整体处于较低的位置,深受全球资本流动变化的冲击与影响。2018 年,非洲吸引外国直接投资流量达到 459.02 亿美元,增长率为 10.9%,但仍低于 2008—2017 年的 512.55 亿美元的年均流入量,在发展中国家吸收的外商直接投资总额的占比为 6.5%,仍低于 2012 年的 8.57%。中国作为非洲主要的外资来源国,对非洲直接投资发展迅速。

表 12-1 1990—2018 年世界主要经济体外国直接投资发展趋势

时间	世界 (亿美元)	发达经济体 (亿美元)	发展经济体 (亿美元)	转型经济体 (亿美元)	非洲 (亿美元)	非洲占世界 比重(%)	非洲占发展 经济体比重 (%)
1990—1999	3974.97	2787.66	1147.03	40.33	66.36	1.67	5.79
2000—2009	10857.32	7062.60	3367.37	427.36	310.08	2.86	9.21
2010	13651.07	6790.10	6223.01	637.96	466.20	3.42	7.49
2011	15613.54	8168.37	6650.68	794.49	456.33	2.92	6.86
2012	14703.34	7417.65	6636.02	649.66	568.54	3.87	8.57
2013	14311.64	6948.48	6525.51	837.64	500.75	3.50	7.67
2014	13572.40	6230.78	6774.00	567.62	539.06	3.97	7.96
2015	20338.03	12685.95	7288.14	363.94	568.74	2.80	7.80
2016	19186.79	11977.35	6562.90	646.54	464.82	2.42	7.08
2017	14973.71	7592.56	6905.76	475.38	413.90	2.76	5.99
2018	12971.53	5568.92	7060.43	342.18	459.02	3.54	6.50

资料来源:联合国贸易与发展会议数据库, https://unctadstat.unctad.org/wds/ReportFolders/ reportFolders.aspx? sCS_ChosenLang=en。

一、中国对非洲投资规模增长迅速

首先,从非洲外资流入的总体情况来看,中国已经成为非洲前五大外资来源国,如表 12-2 所示,虽然 2014—2018 年中国对非洲地区直接投资总项目数为 259 个,位列第四,但创造的就业岗位(137028 个)与项目投资总额(722.35 亿美元)却远远超过了美国、英国、法国的就业创造与项目总额。其中,在 2018 年非洲外资流入绿地项目总公告金额中,中国对非洲绿地投资总额为 119.3 亿美元,占比为 15.75%;欧盟为 254.62 亿美元,占比为 33.62%;英国为 56.26 亿美元,占比为 7.43%;美国为 102.75

亿美元,占比为 13.57%。① 第二,从投资流量来看,中国对非洲地区直接投资规模从 2003 年的 0.75 亿美元增加为 2008 年的 54.91 亿美元,2009年受金融危机的影响下降为 14.39 亿美元,2010 年以来总体上处于上升的趋势,2017 年达到 41.05 亿美元,2018 年进一步增加为 53.89 亿美元,基本上恢复至 2008 年的投资水平。第三,从投资存量来看,中国对非洲地区直接投资规模从 2003 年的 4.91 亿美元增加为 2018 年的 461.04 亿美元,翻了将近 94 倍(见表 12-3)。

表 12-2 2014—2018 年非洲前 10 位的外资来源国的投资状况

国家	项目数(个)	就业创造(人次)	总额(亿美元)
美国	463	62004	341.72
法国	329	57970	341.72
英国	259	40949	177.68
中国	259	137028	722.35
南非	199	21486	101.85
阿联酋	189	39479	252.78
德国	180	31562	68.87
瑞士	143	13363	64.32
印度	134	30334	54.03
西班牙	119	13837	43.86

资料来源:https://www.ey.com/en_gl/attractiveness。

表 12-3 2003—2018 年中国对非洲投资发展趋势

时间	流量(亿美元)	存量(亿美元)	流量占比(%)	存量占比(%)
2003	0.75	4.91	2.62	1.47
2004	3.17	9.00	5.77	2.01
2005	3.92	5.95	3.19	2.79
2006	5.20	25.57	2.95	3.41
2007	15.74	44.62	5.94	3.78
2008	54.91	78.04	9.82	4.24

① UNCTAD,World Investment Report 2019.

时间	流量（亿美元）	存量（亿美元）	流量占比（%）	存量占比（%）
2009	14.39	93.32	2.55	3.80
2010	21.12	130.42	3.07	4.11
2011	31.73	162.44	4.25	3.82
2012	25.17	217.30	2.87	4.08
2013	33.71	261.86	3.13	3.96
2014	32.02	323.50	2.60	3.67
2015	29.78	346.94	2.04	3.16
2016	23.99	398.77	1.22	2.94
2017	41.05	432.97	2.59	2.39
2018	53.89	461.04	4.15	2.38

资料来源：中国商务部：《中国对外直接投资统计公报》，2018年。

二、中国对非洲投资主体多元化、投资覆盖率高，但国别分布不平衡

随着我国企业在国际竞争中的实力不断增强，民营企业也加快了"走出去"的步伐，中国企业对外直接投资主体与地区分布日益多元化。如表12-4所示，截至2018年年底，中国超2.7万家境内投资者在全球188个国家（地区）设立对外直接投资企业4.3万家，全球80%以上国家（地区）都有中国的投资。其中，在非洲设立对外直接投资企业3680家，占中国对外投资企业的比重为8.6%，国家覆盖率为86.7%，在60个非洲国家中仅有8个国家未涉及（加那利群岛、塞卜泰、留尼汪、索马里、梅利利亚、斯威士兰、马约特和西撒哈拉）。虽然中国对非洲直接投资覆盖率高，但投资的国家分布集中。一是从投资流量国家分布来看，2018年中国对非洲直接投资前10个国家分别为刚果民主共和国、南非、莫桑比克、赞比亚、埃塞俄比亚、安哥拉、肯尼亚、塞舌尔、乌干达、埃及，10国流量总额占中国对非洲直接投资总额的比重高达72%。二是从投资存量国家分布来看，截至2018年年末，中国对非洲直接投资存量最高的10个国家分别为南非、刚果民主共和国、赞比亚、埃塞俄比亚、尼日利亚、安哥拉、阿尔及利亚、加纳、津巴布

韦、肯尼亚,详见表12-5,10国存量总额占中国对非洲直接投资存量总额的比重为63%,其中,对南非投资存量规模占比为14.17%。三是从中国对外投资企业在非洲国家分布来看,其主要分布在赞比亚、埃塞俄比亚、尼日利亚、肯尼亚、南非、坦桑尼亚、加纳、乌干达。

表 12-4 2018 年年末中国境外企业在各洲的分布与覆盖率

地区	国家总数(个)	覆盖国家数(个)	覆盖率(%)	企业数量(个)	企业数占比(%)
亚洲	48	46	97.9	24437	57
欧洲	49	43	87.8	4581	10.7
非洲	60	52	86.7	3680	8.6
北美洲	4	3	75	6211	14.5
拉丁美洲	49	32	65.3	2565	6
大洋洲	24	12	50	1398	3.2
合计	234	188	80.7	42872	100

资料来源:中国商务部:《中国对外直接投资统计公报》,2018 年。

表 12-5 2018 年中国对非洲直接投资流量与存量前 10 位的国家

流量(亿美元)		存量(亿美元)	
国家	规模	国家	规模
刚果民主共和国	6.43	南非	65.32
南非	6.42	刚果民主共和国	44.44
莫桑比克	5.46	赞比亚	35.23
赞比亚	5.24	埃塞俄比亚	25.68
埃塞俄比亚	3.41	尼日利亚	24.53
安哥拉	2.70	安哥拉	22.99
肯尼亚	2.32	阿尔及利亚	20.63
塞舌尔	2.28	加纳	17.97
乌干达	2.26	津巴布韦	17.66
埃及	2.22	肯尼亚	17.56

资料来源:中国商务部:《中国对外直接投资统计公报》,2018 年。

三、中国对非洲直接投资产业分布主要集中于第二产业,多元化趋势明显

非洲作为"世界原料仓库",几乎拥有工业化所需各种原材料,资源行业也成为外国直接投资在非洲的主要投资领域。2014—2018 年进入非洲采掘业的外国直接投资项目共 157 项,在对非洲总投资项目的占比为 7%,但投资额占比则高达 36%。[①] 2018 年非洲外资流入绿地项目行业分布中,采矿、石油等资源行业的投资额为 167.78 亿美元,占绿地投资总额的 22.14%。[②] 中国对非洲地区的投资虽然集中在建筑业、采矿业,但近年来制造业、金融业、租赁和商务服务业等领域逐渐成为中国企业对非洲投资的重点行业,投资领域多元化趋势明显。截至 2018 年年底,中国对非洲直接投资存量前 5 位的行业分别为建筑业(147.6 亿美元)、采矿业(104.8 亿美元)、制造业(59.7 亿美元)、金融业(50.7 亿美元)、租赁和商务服务业(29.7 亿美元);如图 12-1 所示,这 5 大行业占对非洲投资存量总额的比重为 85.1%。

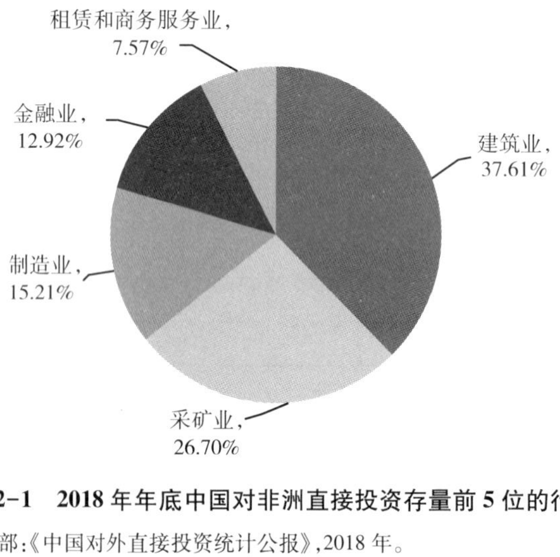

租赁和商务服务业,7.57%
金融业,12.92%
建筑业,37.61%
制造业,15.21%
采矿业,26.70%

图 12-1　2018 年年底中国对非洲直接投资存量前 5 位的行业

资料来源:中国商务部:《中国对外直接投资统计公报》,2018 年。

---

① EY Attractiveness Program Africa,September 2019.
② UNCTAD,"World Investment Report 2019".

　　值得注意的是,虽然中国对非洲投资增长迅速,已成为非洲地区的主要外资来源国,但非洲在中国对外直接投资中的地位有待提升。2018 年中国对非洲直接投资流量与存量占中国对外直接投资流量与存量总额的比重分别为 3.8%、2.3%,远远低于亚洲、拉丁美洲、欧洲和北美洲的投资水平,仅比大洋洲高一点(见图 12-2、图 12-3)。未来,随着非洲经济发展潜力的增强、投资环境的改善,以及中国企业"走出去"步伐的加快,中非投资合作发展空间广阔。

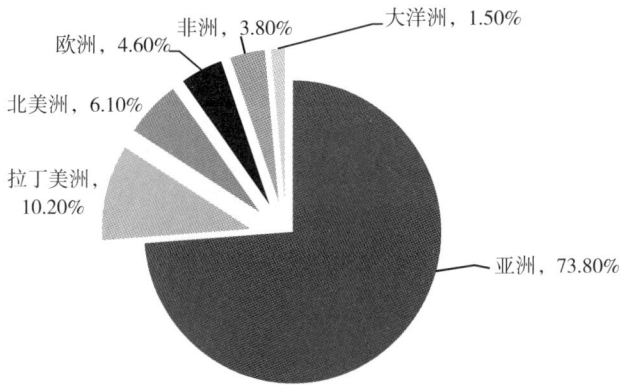

图 12-2　2018 年中国对外直接投资流量地区构成

资料来源:中国商务部:《中国对外直接投资统计公报》,2018 年。

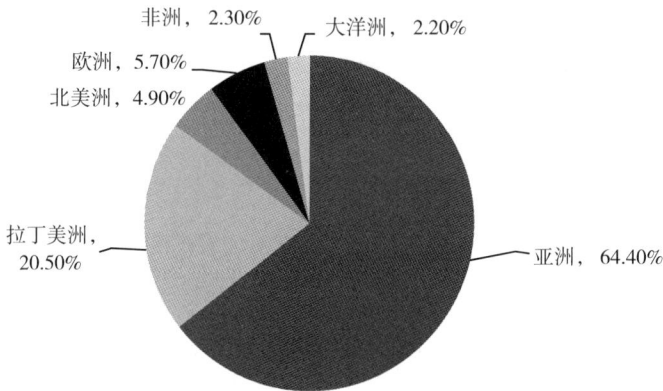

图 12-3　2018 年中国对外直接投资存量地区构成

资料来源:中国商务部:《中国对外直接投资统计公报》,2018 年。

第二节　中国对非洲投资合作的发展动力

进入 21 世纪,非洲经济复苏能力日益显现,经济发展前景良好。非洲是中国向西推进"一带一路"合作的重要方向和落脚点。中国越来越重视和支持中非经贸合作的发展,中非投资合作的发展也随之不断推进,未来深化中非投资合作发展动力也不断显现。

一、中国优化对外投资区位结构的内在驱动力

中国作为对外投资大国,优化对外投资区位结构的内在驱动力,是中非投资合作发展的重要机遇。2003 年以来,中国已连续 7 年位列全球对外直接投资流量前三,2018 年中国对外直接投资流量的规模为 1430.4 亿美元,是 2002 年的 53 倍,占全球的比重连续三年超过 10%;2018 年年末,中国对外直接投资存量规模为 19822.7 亿美元,是 2002 年年末存量的 66.3 倍,在全球对外直接投资流量的排名也由 2002 年的第 25 位上升至 2018 年的第 3 位,见表12-6。中国对外直接投资在全球的影响力不断扩大,但对外直接投资区位选择集中性高,亚洲、欧洲、拉丁美洲是中国对外直接投资流量最高的大洲,2018 年中国对亚洲直接投资流量和存量的比重分别为 73.8%、64.4%。中国对外直接投资流量与存量前 20 的国家在对外直接投资总额的占比分别高达 93.4%、91.7%。[1] 因此,优化对外直接投资的区位布局,扩大对发展中经济体的投资,是未来中国作为全球对外直接投资大国的利益诉求。而非洲强劲的发展潜力,有望成为中国对外直接投资的一个新兴市场。

表 12-6　2002—2018 年中国对外直接投资流量与存量及其在全球的位次

时间	流量		存量	
	金额(亿美元)	全球位次	金额(亿美元)	全球位次
2002	27	26	299	25

---

① 中国商务部:《中国对外直接投资统计公报》,2018 年。

时间	流量		存量	
	金额(亿美元)	全球位次	金额(亿美元)	全球位次
2003	28.5	21	332	25
2004	55	20	448	27
2005	122.6	17	572	24
2006	211.6	13	906.3	23
2007	265.1	17	1179.1	22
2008	559.1	12	1839.7	18
2009	565.3	5	2457.5	16
2010	688.1	5	3172.1	17
2011	746.5	6	4247.8	13
2012	878	3	5319.4	13
2013	1078.4	3	6604.8	11
2014	1231.2	3	8826.4	8
2015	1456.7	2	10978.6	8
2016	1961.5	2	13573.9	6
2017	1582.9	3	18090.4	2
2018	1430.4	2	19822.7	3

资料来源:中国商务部:《中国对外直接投资统计公报》,2018年。

二、非洲投资吸引力增强的外在驱动

近年来非洲经济增长迅速,2019年增长率为3.4%,其中,东非的经济增长速度最快,平均增长率高达5%,北非为4.1%、西非为3.7%、中非为3.2%、南部非洲为0.7%。非洲开发银行在《2020年非洲经济展望》指出,非洲2020年、2021年的预测增长率分别为3.9%、4.1%。未来非洲工业转型升级、城市化发展、自由贸易区的成立、营商环境的改善等,将继续激发非洲经济发展活力,也为深化中非投资合作创造了良好的机遇。

第一,非洲加快工业转型升级战略的大力推行,为中非投资合作提供了广阔的空间。近年来,非洲国家经济快速增长并非主要得益于制造业发展,丰富的自然资源和服务业是经济增长的主要来源,服务业增加值占国

内生产总值的比重高于 50%,而工业增加值占国内生产总值的比重不到
40%,如表 12-7 所示,1999—2017 年非洲制造业占国内生产总值增加值的
平均比重为 11.58%,2018 年撒哈拉以南非洲的占比也仅为 10.9%(见表
12-8)。加快工业转型升级已经成为非洲的发展共识,《2063 年议程》作为
非洲未来 50 年发展的远景规划,强调工业化尤其是制造业的发展促进非
洲经济转型,提出到 2063 年将非洲制造业产值占国内生产总值的比重达到
50% 以上,扩大非洲制造业在全球价值链的份额并有效参与到全球价值链
中,打造一批区域制造中心。工业化也是非洲推动区域经济一体化的重要
内容,其中南部非洲发展共同体和东非共同体制定了专门的区域工业发展
战略来指导区域工业化进程,其他区域经济共同体的工业发展战略涵盖在
总体发展战略之中。绝大多数非洲国家制定了工业化发展战略,以加速本
国的工业化进程,例如埃塞俄比亚的《增长和转型计划》、科特迪瓦的《2020
新兴国家战略》、肯尼亚的《2030 年远景规划》等。

表 12-7　2000—2017 年非洲三次产业占国内生产总值比重

(单位:%)

时间	农业	工业	服务业
2000	14.87	33.69	51.47
2005	14.77	35.19	50.05
2010	15.34	34.15	50.52
2011	14.76	34.65	50.59
2012	14.47	35.18	50.35
2013	14.88	33.69	51.42
2014	15.29	32.30	52.41
2015	16.36	28.99	54.66
2016	17.05	27.89	55.06
2017	16.86	29.50	53.65

资料来源:联合国贸发会议数据库, https://unctadstat. unctad. org/wds/ReportFolders/reportFolders.
　　　aspx? sCS_ChosenLang=en。

表 12-8　2000—2018 年撒哈拉以南非洲工业发展　（单位:%）

时间	制造业增加值占国内生产总值比重	制造业增加值增长率	工业增加值占国内生产总值比重	工业增加值增长率	制成品出口占比
2000	12.56	3.79	30.73	5.50	25.53
2005	11.34	6.73	28.78	5.67	—
2010	9.42	4.60	28.00	4.99	22.59
2011	9.36	6.99	29.34	4.21	20.33
2012	9.50	5.32	27.81	2.55	21.30
2013	9.96	7.51	27.16	3.25	22.19
2014	10.20	5.18	26.59	4.28	24.22
2015	10.19	1.47	24.57	1.30	—
2016	10.16	1.42	24.27	-0.65	23.00
2017	10.27	1.80	25.37	2.69	22.76
2018	10.90	2.10	24.95	2.55	22.44

资料来源:联合国贸发会议数据库,https://unctadstat.unctad.org/wds/ReportFolders/reportFolders.aspx? sCS_ChosenLang=en。

　　第二,非洲城市化的快速发展,市场潜力巨大,对中国投资者的吸引力增强。非洲人口众多,截至 2018 年 12 月,非洲 57 个国家和地区人口总数达到 12.86 亿人,预计 2050 年将达到 25 亿人。其中,2018 年人口规模前 10 位国家分别为尼日利亚(1.96 亿人)、埃塞俄比亚(1.07 亿人)、埃及(0.99 亿人)、刚果民主共和国(0.83 亿人)、坦桑尼亚(0.59 亿人)、南非(0.57 亿人)、肯尼亚(0.51 亿人)、乌干达(0.44 亿人)、阿尔及利亚(0.42 亿人)和苏丹(0.41 亿人)。[①] 近年来,非洲城市化推进速度为世界各地区之首,2018 年非洲人口城市化率达到 43%,预计 2050 年将达到 56%。[②] 快速推进的城市化使得非洲成为世界上中产阶级增长最快的地区,目前非洲中产阶层约有 1.5 亿人口,到 2040 年这一数字将上升至 2.24 亿。非洲发展银行的统计数据显示,以收入和消费作为维度,正在

————————

① 世界银行 WDI 数据库。
② 联合国经济和社会事务部:《2018 年世界城市化趋势》,2018 年。

步入中产阶级、中产阶级及上层阶级在非洲的总人口占比约为40%。中产阶级在大型零售业、通信业、银行业、教育、房地产等有较强的消费潜力,未来非洲市场的变化,将促使中非经贸合作转向投资,吸引更多的中国企业进入非洲市场。

第三,非洲自由贸易区的成立,加速了非洲区域经济一体化进程,为中非投资合作创造了新的动力。2019年5月30日非洲大陆自由贸易区协定生效,在全球范围内成员数量最多的自由贸易区也随之诞生。目前加入该协议的非洲国家已经达到54个,批准该协议的国家已经达到27个。非洲大陆自由贸易区协定超越了传统意义上的自由贸易协定,传统的自由贸易协定通常仅包含消除商品贸易的关税和配额,非洲大陆自由贸易区协定则涵盖了商品和服务贸易、投资、知识产权和竞争政策等方面。非洲大陆自由贸易区的建立标志着非洲区域一体化迈入里程碑式的新阶段,未来区域内关税和非关税壁垒将大大降低,区域内贸易和投资水平将显著提升,各国经济多样化和工业化进程有望加速,这必将推动区域价值链的深入发展,以及更有效地参与全球经济一体化进程,为非洲经济可持续发展构建更坚实的基础和更广阔的市场空间。可以预见,非洲大陆自由贸易区将会通过扩展市场容量,促进贸易和投资便利化,提升各国生产力、竞争力和创新能力等渠道,为深化中国对非洲投资合作增添新的动力来源(朴英姬,2019)。①

第四,非洲国家致力于改善营商环境,以提高外资投资吸引力。虽然非洲是全球竞争力最弱的地区,但大多数国家的全球竞争力指数都实现了不同程度的提升,《2019年全球竞争力报告》显示全球竞争力前100名的国家有毛里求斯(第52位)、南非(第60位)、摩洛哥(第75位)、塞舍尔(第76位)、突尼斯(第87位)、阿尔及利亚(第89位)、埃及(第93位)、纳米比亚(第94位)、肯尼亚(第95位)、卢旺达(第100位)。近年来,非洲国家通过修订外国投资相关法律、简化行政管理程序、降低新建和运营企业成本等改革举措,极大改善了本国的营商环境。世界银行

---

① 朴英姬:《深化中国对非投资合作的新动力与新思路》,《西亚非洲》2019年第5期。

《营商环境报告 2020》显示,非洲国家在全球营商环境排名前 100 名的国家有毛里求斯、卢旺达、摩洛哥、肯尼亚、突尼斯、南非、赞比亚、博茨瓦纳、多哥(见表 12-9),其中毛里求斯和卢旺达是非洲营商环境最好的国家,排名分别为第 13 位、第 38 位。世界银行指出,撒哈拉以南非洲各经济体在 2019 年实施了 73 项改革,其中,多哥通过降低电力成本和建筑许可费用、简化商业和财产注册流程等监管改革政策,成为撒哈拉以南非洲经济体营商环境排名上升最快的国家,在 190 个国家中的排名从第 137 位上升到第 97 位;尼日利亚采取了减少注册所需时间、升级进出口电子系统以及启用电子支付等政策改革,营商环境排名从第 146 位上升为第 131 位。

表 12-9　非洲国家在全球营商环境排名前 100 名的国家

国家	排名	国家	排名
毛里求斯	13	南非	84
卢旺达	38	赞比亚	85
摩洛哥	53	博茨瓦纳	87
肯尼亚	56	多哥	97
突尼斯	78		

资料来源:世界银行:《营商环境报告 2020》,2020 年。

三、中非合作机制的不断完善,成为中非投资合作的重要推动力

在中非合作论坛的引领下,经贸合作区、中非发展基金已成为中非经贸合作的重要机制,极大地促进了中非投资合作。一是经贸合作区,截至 2018 年 9 月,中国企业在 46 个国家在建初具规模的境外经贸合作区有 113 家,累计投资 366.3 亿美元,入区企业 4663 家,总产值 1117.1 亿美元,上缴东道国税费 30.8 亿美元。目前,经中国商务部备案的在非洲经贸合作区已有 25 个,其中有 6 个国家级境外经贸合作区,包括赞比亚中国经贸合作区、埃及苏伊士经贸合作区、尼日利亚莱基自由贸易区、尼日

利亚广东经贸合作区、埃塞俄比亚东方工业园和毛里求斯晋非经贸合作区,吸引了超过 430 家企业入园,累计投资超过 66 亿美元,雇佣外籍员工4 万人,累计上缴东道国各种税费近 10 亿美元,形成了一批装备制造、轻工纺织、家用电器、资源深加工等产业集群(钱克明,2019)。[①] 二是中非发展基金,自 2007 年 6 月开业运营以来,中非发展基金把中国企业和非洲项目连接起来,投资项目分布在非洲 36 个国家,已决策金额超过 46 亿美元,带动中国企业对非洲投资超过 230 亿美元。投资项目分布在产能合作、基础设施、农业民生、资源开发等领域。未来经贸合作区投资机制的日益成熟、中非发展基金先行先试的广泛带动,以及中非产能合作基金、非洲中小企业发展专项贷款等作用的发挥,将成为中非投资合作的重要推动力。

第三节　中国对非洲投资合作的发展趋势

2020 年 1 月世界银行发布的《全球经济展望》报告预测,2020 年全球经济增长在债务增加和生产率增长放慢情况下将加快至 2.5%,相较对2019 年的预测提升 0.1 个百分点。其中,撒哈拉以南非洲地区 2020 年经济增速将回升至 2.9%。随着非洲经济增长和商业潜力的不断释放,中非投资合作的不断积累,未来将会有更多的中国企业进入非洲市场,推动中国对非洲投资合作向高质量发展。

一、投资成为中非经贸合作的核心地位将进一步得到强化

2018 年 9 月中非合作论坛北京峰会上,中国政府推出了中非合作重点实施的"八大行动",并提出未来三年中国对非洲直接投资额不少于100 亿美元的发展目标,以全面加强中非各领域务实合作。中非合作论

---

① 钱克明:《经贸合作区是中非投资合作发展的重要依托》,《中国外资》2019 年第15 期。

坛北京峰会还开启了"一带一路"倡议与非洲发展对接,非洲联盟以及 28 个非洲国家和中国签署了共建"一带一路"政府间谅解备忘录,加上峰会前的 9 个国家,签约国共达 37 个,占出席中非合作论坛北京峰会国家数量的 70%。投资是"一带一路"建设的核心之一,2013 — 2018 年我国对"一带一路"沿线国家直接投资超过 900 亿美元,年均增长 5.2%。随着越来越多的非洲国家参与到"一带一路"共建,以及非洲自由贸易区的成立,营商环境的不断改善,将吸引更多中国企业进入非洲大陆,中国对非洲地区直接投资规模将进一步增长,投资在中非经贸合作的核心地位也将得到强化。

二、消费导向产业、制造业、基础设施是中非投资合作的重要领域

第一,消费导向产业投资合作,随着非洲城市化的不断发展,非洲巨大的消费市场潜力对外国投资者的吸引力在增强。根据安永会计师事务所的报告,2018 年消费产品和零售业,科技、媒体和电信业,商业和金融服务等服务业占非洲外资流入项目总数的比重高达 44.4%。金融业、商贸服务业在中非投资合作中占据重要地位,截至 2018 年年底,中国对非洲金融业、租赁和商务服务业投资的占比为 20.92%,未来消费产品、信息技术、旅游、零售等消费者导向产业也将成为中非投资合作的重要领域。

第二,制造业投资合作,据联合国工业发展组织 2013 年对世界各国工业发展阶段的分类方法,在非洲大陆 55 个经济体中,目前还未有一个国家完成工业化,只有 3 个国家跨入了"新兴工业经济体"的行列,非洲各国迫切期望通过加快本国工业化,尤其是制造业的发展,改变对外依附性强的经济结构,降低居高不下的失业率。截至 2018 年年底,中国对非洲制造业投资的占比为 15.21%,未来,随着中非国际产能合作的推进,制造业在中非投资合作中的地位将不断上升。

第三,基础设施投资合作,基础设施建设不仅是加快非洲经济发展的必要条件,也是实现非洲大陆互联互通的需求。一方面,非洲大陆的基础设施落后,特别是电力供应和交通运输的成本高昂,导致企业运营成本偏

高,阻碍了效率驱动型外资流入的快速增长。另一方面,非洲基础设施投资资金需求量大,非洲开发银行指出非洲每年基础设施投资需要1300亿—1700亿美元,投资缺口为680亿—1080亿美元。基础设施合作作为中非经贸合作的重点,也是2015年中非"十大合作计划"的重要内容,并且中非在基础设施建设领域已经积累了丰富的经验,蒙内铁路、亚吉铁路、坦桑尼亚天然气处理厂及管线输送项目等,充分显示了中国在基础设施领域建设的能力和帮助非洲国家改善基础设施条件的意愿,继续发挥中国基础设施建设能力的优势,促进中非在高速铁路、高速公路和区域航空"三大网络"合作的落实,仍然是中非投资合作的重要方向。

三、东非将继续成为中非投资合作的重点区域

东非作为非洲最具活力的地区之一,自然资源丰富、劳动力充足、区域一体化程度高,是非洲经济增长最快的地区。联合国非洲经济委员会预测东非区域2020年经济增长率将达6.5%,其中,肯尼亚、坦桑尼亚、埃塞俄比亚、乌干达和卢旺达的增长率都高于5%。进入东非的外国直接投资规模增长迅速,2010年东非吸引的外国直接投资存量规模为528.31亿美元,2018年则增加为1619.76亿美元,增加了3倍多,2018年东非吸收的外国直接投资流量规模为134.91亿美元,仅次于北非的141.16亿美元。中国对东非直接投资规模增长迅速,2011年东非超过南部非洲成为中国对非洲直接投资最多的地区,中国对东非投资的存量规模从2009年的22.78亿美元上升为2018年的162.36亿美元,占中国对非洲直接投资存量规模的比重高达36%。① 未来东非强劲的经济增长潜力、政治日趋稳定、丰富的自然和人力资源、高度多元化的市场,以及营商环境的优化,将继续成为中非投资合作的重点区域。

四、经贸合作区是中非投资合作发展的重要载体

境外经贸合作区借鉴中国"经济特区"建设经验,以"集群式投资、特

---

① 中国经济数据库(CEIC),https://www.ceicdata.com/zh-hans/products/china-economic-database。

区式保护和国家间外交关系护航",帮助中国企业克服东道国国家间制度异质性形成的高投资风险和壁垒的一种全新对外投资模式,采取"政府为主导,企业为主体,市场化经营"的运作模式,是涵盖贸易、投资、生产、服务和基础设施建设为一体的综合性项目,往往拥有更为完善的基础设施、良好的营商环境、优惠政策和高质量服务,对中国企业具有较大吸引力。目前,中国在非洲的经贸合作区建设还处于起步阶段,但在创造就业、技术转移、产业多元化等方面已经取得了初步成效,积累了经贸合作区的发展经验,并且中国将对非洲现有的 25 个境外经贸合作区进行升级改造,包括基础设施建设投资环境、污水处理、职业培训、环境保护等方面(钱克明,2019)。① 未来随着中非双方各展所长,携手共建,在政治承诺和支持、政策和制度框架、基础设施发展和地方经济联动等影响经贸合作区成败的关键性因素上着力改善,经贸合作区将成为中国企业进入非洲投资的重要平台,带动一大批企业,尤其是中小企业入驻经贸合作区。

---

① 钱克明:《经贸合作区是中非投资合作发展的重要依托》,《中国外资》2019 年第 15 期。

第十三章　基于知识图谱的中非贸易
研究热点及趋势展望

第一节　研究背景与研究方法

21 世纪之初,中国同非洲国家举办了第一届中非合作论坛,也标志着中国与非洲贸易伙伴关系进入了全新的历史发展阶段,双方贸易合作关系迈入了迅猛发展期。[①] 中非合作论坛的成立对中非贸易的发展有着举足轻重的推动作用,2018 年 9 月在北京召开的中非论坛北京峰会更是提出要构建更加紧密的中非命运共同体,制定中非合作朝更高水平迈进的新路径。[②] "一带一路"倡议提出以来,中非双边投资贸易进入了新的历史阶段。如今,中非贸易总额在整个非洲对外贸易额中稳居第一,而中非之间紧密的贸易伙伴关系还将继续发展下去。

因国内外发展环境、机遇的差别,国内外学术界关于中非贸易的研究现状、研究路径等均有显著差异。因此,在深入研究中非贸易之前,有必要先进行对国内外中非贸易方向的研究的整理总结。到目前为止,国内尚未有学者对中非贸易方向的文献进行系统述评,因此本章使用 Citespace 软件,基于 2000—2019 年中国知网(CNKI)以及 Web of Science(WOS)运用科学的文献计量方法对国内外学术界关于中非贸易的研究现状、研究热点与研究前沿的文献进行梳理以及可视化分析。文章通过文献数量情况、作者合作以及机构合作情况分析对目

---

① 张仕凡:《中非贸易合作机遇与挑战研究》,《法制与社会》2019 年第 19 期。
② 陈希沧:《中非合作论坛机制下中非贸易发展及特点研究》,《宁夏社会科学》2019 年第 4 期。

前国内外的中非贸易领域研究现状进行梳理,其次通过文献被引分析、阶段性热点研究、关键词聚类以及突现词检测探索国内外的研究前沿,以期了解该领域研究状况,为未来中非贸易的发展提供可供借鉴的参考。

本章采用的 CiteSpace(Citation Space)可视化工具,是由美国德雷塞尔大学陈超美(Chaomei Chen)教授开发的一款主要用于计量分析科学文献的数据信息可视化软件。CiteSpace 能够进行作者合作分析、机构合作分析、作者共被引分析、文献共被引分析、关键词共现分析等,可以用于探测和分析领域的研究热点变化趋势以及研究前沿与其知识基础之间、不同研究前沿之间的相互关系。

本章数据来源于中国知网以及科学网,下载截止日期均为 2019 年 11 月 20 日。中国知网的文献来源包括 SCI 来源期刊、EI 来源期刊、核心期刊以及 CSSCI,运用高级检索,首先以"中国"并含"非洲"并含"进口"或含"出口"并含"贸易"为主题词检索,不限年份,共得检索结果 1023 条。并对文献进一步进行筛选整理,删除会议通知、新闻报道以及无关文献等,共得到 737 篇有效文献。科学网的文献来源于科学网核心合集。进行专业检索,检索式设定为:TS = ("China" and "Africa" and "export" or "import" or "trade"),文献类型设定为 article,共查找到 772 篇文献。并对文献进一步进行筛选整理,删除会议通知、新闻报道以及无关文献等,共得到 689 篇有效文献。由于中非合作论坛始于 2000 年 10 月,故本章数据分析选择时间段为 2000—2019 年(截至 2019 年 11 月 20 日),分别基于"作者"(Author)"机构"(Institution)"关键词"(Keywords)及"期刊"(Journals)依次进行科学知识图谱的分析。

第二节　中非贸易研究的现状分析

一、文献数量情况分析

中非贸易领域论文数量分布情况如图 13-1 所示。从图 13-1 中可以看出研究发文数量不断上升。根据发文数量不难发现,关于中非贸易领域的研究经历了缓慢起步阶段(2000—2004 年)、快速增长阶段(2005—2012 年)、井喷式增长阶段(2013 年至今)。

第一阶段:缓慢起步阶段(2000—2004 年)。2000 年,首届部长级的中非合作论坛在北京举行,这被认为是中非经贸关系的一次开创性举措,由此,关于中非贸易的研究开始起步,该阶段成果稀少。

第二阶段:快速增长阶段(2005—2012 年)。此后,随着中国政府采取多项措施积极促进中非间贸易,自 2005 年 1 月 1 日起,中国给予 25 个非洲最不发达国家 190 种商品免关税待遇;2007 年 7 月 1 日,中国给予免关税待遇的非洲国家扩大至 26 个,商品增加至 454 种;2010 年 7 月 1 日,给予免关税待遇的非洲国家则进一步扩大至 33 个,商品增加至 4762 种,随着中非贸易的快速发展,有关中非贸易的论文数量呈现出快速增长的态势。

第三阶段:井喷式增长阶段(2013 年至今)。到 2013 年,随着中国"一带一路"倡议的提出,非洲作为"一带一路"倡议实施的战略高地,中非之间整体贸易关系和产能合作不断加强,有关中非贸易的论文数量也呈现出井喷式增长态势。

二、作者合作情况分析

通过对中国知网作者合作情况分析,黄梅波教授为发文最多的作者,占 9 篇,其次是商务部国际贸易经济合作研究院的梁明研究员、浙江师范大学的孙志娜与商务部国际贸易经济合作研究院的武芳副研究员三位作者,发文数紧随其后,均达到 6 篇,成为中非贸易研究的核心作者群,为中非贸易的相关研究作出贡献。其中最大的团队是以黄梅波教授为中心,刘爱兰、王智烜和朱丹丹等为成员的团队,其主要涉猎中非贸易与援助、中非贸易与投资等领域,是目前国内中非贸易研究方面最具影响力的团队。

通过科学网作者合作网络图谱可以发现,在科学网上研究中非贸易的作者以团队为中心的较少,且相互之间的合作网络较为单一。发文量

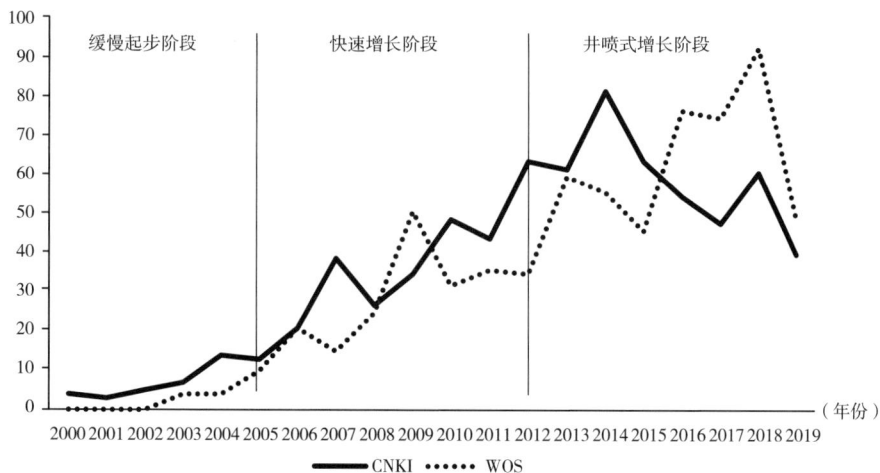

图 13-1 中非贸易领域论文数量分布情况

资料来源:中国知网(https://www.cnki.net);科学网中文翻译(http://www.webofknowledge.com)。

最多的是诺瓦克·维奥莱塔(Nowak Wioletta)有 5 篇文献,其主要关注亚洲国家包括中国与欧盟在非洲的贸易竞争;其次是马丁·埃斯蒙德(Martin Esmond)、露西·维尼(Lucy Vigne)、尼曼·文森(Nijman Vincen),各有 4 篇文献,他们主要从动物保护的视角,关注从非洲进口特殊的动物制品,其中,露西·维尼是马丁·埃斯蒙德团队的主要成员;海蒂·奥斯博·豪根(Heidi Ostbo Haugen)、尼古拉斯·皮诺(Nicolas Pinaud)各有 3 篇文献,海蒂·奥斯博·豪根探讨了中非人口流动与货物贸易之间的关系;尼古拉斯·皮诺与安德里亚·戈德斯坦(Andrea Goldstein)、多萝西·麦考密克(Dorothy Mccormick)是经合组织团队,经合组织 2005 年开展中国和印度的经济增长对撒哈拉以南非洲国家的经济、政治和社会影响的研究,提出对西方在非洲援助方式的指责,认为其在资源、贸易和工业发展方面,都忽视撒哈拉以南非洲多样性的趋势。

三、机构合作情况分析

在中国知网中发文最多的机构是浙江师范大学,共发文 26 篇,涉及面很广,包括中国对非洲出口贸易的影响因素、政策的贸易效应、援助的贸易效应以及中非贸易对中国外贸政策的启示等。浙江师范大学一直深耕该领域的研究工作,现已成为中非贸易领域研究的重要基地;其次是商务部国际贸易经济合作研究院,共发文 20 篇,其核心代表人物是梁明、武芳、姜菲菲、宋志勇。这个团队则是更加侧重方针政策的应用研究,立足于在国家战略层面,思考中非经贸合作的现状和展望,并给予政策建议;此后是中国农业科学院团队,共发文 15 篇,其更侧重中非农产品贸易;其后是中国社会科学院西亚非洲研究所,共发文 10 篇,该团队涉及面也很广,涉及中非农业合作、中国对非洲投资、中非能源合作,贸易保护主义对中非贸易发展的影响等内容;厦门大学经济学院团队,共发文 7 篇,主要集中研究中国对非洲援助贸易效应。

在科学网中,发文最多的机构为中国科学院,其研究多是以全球贸易网络的视角来探讨涉及其中的中非贸易,如讨论"一带一路"倡议的贸易网络关系,中国大陆对外贸易中体现的全球耕地转让问题,模拟"海上丝绸之路"沿线港口的竞争力,促进农业平等的区域间协调虚拟水贸易、模拟海上丝绸之路沿线港口的竞争力大数据、"一带一路"倡议的贸易网络及其拓扑与全球贸易网络的关系。牛津大学(University of Oxford)是仅次于中科院的研究机构,他们研究 1985—2015 年全球化与全球结构变化,以及有关非法贸易等问题。南非的比勒陀利亚大学(University of Pretoria)研究关注点有所不同,他们更聚焦于非洲自身的经贸发展,如世界其他地区的经济冲击对南非的影响、"金砖五国"外国直接投资与南部非洲发展共同体出口之间的联系、南非的能源效率驱动因素、金砖国家的经济增长和二氧化碳排放之间的联系,中非贸易对资源、环境、生态的影响。而最为主要的发文力量则是高校,此外,还有一些国际组织,如世界银行。不同于作者合作整体分散的格局,机构间的合作非常紧密。

表 13-1 中国知网发文机构（排名前 10 位）

排序	发文机构	发文数	排序	发文机构	发文数
1	浙江师范大学	26	10	广东外语外贸大学	3
2	商务部国际贸易经济合作研究院	20	10	华中农业大学经济管理学院	3
3	中国农业科学院	15	10	中国地质科学院矿产资源研究所自然资源部成矿作用与资源评价重点实验室	3
4	中国社会科学院西亚非洲研究所	10	10	南昌大学中国中部经济社会发展研究中心	3
5	厦门大学经济学院	7	10	中国人民大学	3
6	中国社会科学院世界经济与政治研究所	6			
7	农业部农业信息服务重点实验室	4			
7	厦门国家会计学院"一带一路"财经发展研究中心	4			
7	对外经济贸易大学	4			
10	中国农业大学	3			

表 13-2 科学网发文机构（排名前 10 位）

排序	发文机构	发文数
1	中国科学院	19
2	牛津大学	15
3	比勒陀利亚大学	11
4	开普敦大学(University of Cape Town)	10
5	约翰内斯堡大学(University of Johannesburg)	9
5	北京大学(Peking University)	9
5	威特沃特斯兰大学(University of the Witwatersrand)	9
5	耶鲁大学(Yale University)	9
9	世界银行	6
9	香港理工大学(The Hong Kong Polytech University)	6

四、文献来源分析

对中国知网检索结果的发文期刊进行统计分析,刊出中非贸易研究最多的期刊是《国际经济合作》(15 篇),在刊文量前 10 的期刊中,《国际贸易》《西亚非洲》《国际经贸探索》《国际贸易问题》等刊物复合影响因子均在 1.8 以上,从某种程度上可以看出这些期刊更关注中非贸易,是研究中非贸易的最主要阵地。

表 13-3　中国知网发文期刊(排名前 10 位)

排序	发文期刊(影响因子)	发文数
1	国际经济合作(1.406)	15
2	世界农业(1.286)	13
3	国际贸易(1.809)	9
3	中国投资(—)	9
3	对外经贸实务(0.787)	9
6	西亚非洲(2.295)	7
6	国际经贸探索(2.818)	7
6	国际贸易问题(4.462)	7
9	中国能源(1.469)	5
10	农业展望(1.142)	4
10	国际木业(—)	4

对科学网检索结果的发文期刊进行统计分析,刊在中非贸易研究最多的期刊是非洲发展评论——复兴非洲发展(African Development Review—Revue Africaine De Developpement)(17 篇)。在刊文量前 10 的期刊中,有数个期刊都是高影响因子的刊物,复合因子均在 3.8 以上。且刊文数量可观,如影响因子高达 3.176 的国际事务(International Affairs)刊文量 12 篇、影响因子 4.611 的世界经济(World Economy)刊文量 11 篇、影响因子 3.828 的资源政策(Resources Policy)刊文量 8 篇。

对比中国知网和科学网分析结果,科学网的期刊刊文量更加集中,且影响因子更高。

表 13-4　科学网发文期刊（排名前 10 位）

排序	发文期刊（影响因子）	发文数
1	非洲发展评论——复兴非洲发展（1.195）	17
2	国际事务（3.176）	12
3	世界经济（1.424）	11
3	世界发展（World Development）（4.611）	11
3	欧洲发展研究杂志（European Journal of Development Research）（1.522）	9
6	中国经济评论（China Economic Review）（2.557）	9
6	第三世界季刊（Third World Quarterly）（2.742）	9
6	资源政策（3.828）	8
9	能源政策（Energy Policy）（5.458）	7
9	生态经济学（Ecological Economics）（5.207）	6
9	环境科学与污染研究（Environmental Science and Pollution Research）（3.208）	6
9	非洲和亚洲研究（African and Asian Studies）（0.23）	6
9	非洲经济杂志（Journal of African Economies）（1.497）	6
9	清洁生产杂志（Journal of Cleaner Production）（7.051）	6

第三节　研究热点分析

一、文献被引分析

高被引论文通常具有较高的学术水平和参考价值，由于 Citespace 无法进行中国知网文献的分析，本章将基于中国知网被引一栏的数据进行统计分析。在被引文献中，次数最多的文献是对外经济贸易大学国际经济研究院张海森和谢杰于 2011 年在《国际贸易问题》上发表的文章《中国—非洲农产品贸易的决定因素与潜力——基于引力模型的实证研究》，被引用 107 次；其次是 2008 年发表在《国际经贸探索》的《中国对非洲直接投资与贸易的关系研究——基于面板数据的实证分析》，作者是湖南大学经济与贸易学院的莫莎副教授;文献被引排列第三的是中国科学院地理科学与资源研究所农业政策研究中心的杨军教授等的文章《中非农产品贸易结构变化趋势、比较优势及互补性分析》,于 2012 年发表在《中国农村经济》;位列被引第四的是中国农业科学院农业经济与发展研究所的孙东升博士等发表在《中国农村经济》上的《中非农产品贸易的结构与特征》;文献被引排列第五的是来自上文提到的中国知网发文量最多的浙江师范大学非洲研究院的张小峰副教授等发表在《财经问题研究》上的《中非经贸合作回顾与展望(1980—2009 年)》。

表 13-5　中国知网中前五大被引文献

序号	篇名	作者	作者所属机构	期刊(复合影响因子)	年份	被引
1	中国—非洲农产品贸易的决定因素与潜力——基于引力模型的实证研究	张海森;谢杰	对外经济贸易大学国际经济研究院;浙江工商大学经济学院	《国际贸易问题》(4.642)	2011	107
2	中国对非洲直接投资与贸易的关系研究——基于面板数据的实证分析	莫莎;刘芳	湖南大学经济与贸易学院	《国际经贸探索》(2.818)	2008	61
3	中非农产品贸易结构变化趋势、比较优势及互补性分析	杨军;杨文倩;李明;王晓兵;	中国科学院地理科学与资源研究所农业政策研究中心	《中国农村经济》(6.457)	2012	49
4	中非农产品贸易的结构与特征	孙东升;刘合光;周爱莲	中国农业科学院农业经济与发展研究所	《中国农村经济》(6.457)	2007	43
5	中非经贸合作回顾与展望(1980—2009年)	张小峰;刘鸿武	浙江师范大学非洲研究院	《财经问题研究》(2.088)	2010	39

在 Citespace 软件中选择节点类型为"Reference",对科学网中 689 篇文献所引用的共 30488 条参考文献进行共被引分析。在被引文献中,次数最多的文献是德国情报与安全局(German Inst Intelligence Affairs & Security)的丹尼斯·T.杜尔(Denis M.Tull)在 2006 年在《现代非洲研究杂志》(*Journal of Modern African Studies*)上发表的文章《中国在非洲的参

与：范围、意义和后果》(*China's Engagement in Africa：Scope，Significance and Consequences*)，被引用 188 次；①其次是同样在 2006 年发表在《国际事务》的《中国在非洲的石油外交》(*China's Oil Diplomacy in Africa*)，作者是圣安德鲁斯大学(University of St Andrews)的伊恩 · 泰勒(Ian Taylor)；②文献被引排列第三的是马里兰大学(University of Maryland)的于洋、凤奎双、哈巴切克 · 克劳斯(Yu Yang、Feng Kuishuang、Hubacek Klaus)的《本地消费与全球土地使用》(*Tele-connecting Local Consumption to Global Land Use*)，于 2013 年发表在《全球环境变化——人口与政策方面》(*Global Environmental Change—Human and Policy Dimensions*)③；位列被引第四的是美国大学(American University)的德博拉 · 布劳蒂加姆(Deborah Bräutigam)发表在《国际发展》杂志(*Journal of International Development*)的《"具有中国特色"的援助：中国的外国援助和发展金融符合 OECD-DAC 援助制度》(*Aid "With Chinese Characteristics"：Chinese Foreign Aid and Development Finance Meet the OECD-DAC Aid Regime*)；④文献被引排列第五的是来自世界银行的霍法 · 阿里(Zafar Ali)发表在《世界银行研究观察员》(*World Bank Research Observer*)上的《中国与撒哈拉以南非洲地区之间日益紧密的关系：宏观经济、贸易、投资和援助联系》(*The Growing Relationship between China and Sub-Saharan Africa：Macroeconomic，Trade，Investment，and Aid Links*)。⑤

---

① Tull，D.M.，"China's Engagement in Africa：Scope，Significance and Consequences"，*Journal of Modern African Studies*，Vol. 44，No. 3，2006，pp.459-479.

② Taylor，I.，"China's Oil Diplomacy in Africa"，*International Affairs*，Vol. 85，No. 5，2006，pp. 937.

③ Yu，Y.，K. Feng & Hubacek Klaus，"Tele-connecting Local Consumption to Global Land Use"，*Global Environmental Change—Human and Policy Dimensions*，Vol. 23，No. 5SI，2013，pp. 1178-1186.

④ Bräutigam，D.，"Aid 'With Chinese Characteristics'：Chinese Foreign Aid and Development Finance Meet the OECD-DAC Aid Regime"，*Journal of International Development*，Vol. 23，No. 5，2011，pp. 752-764.

⑤ Zafar，A.，"The Growing Relationship between China and Sub-Saharan Africa：Macroeconomic，Trade，Investment，and Aid Links"，*World Bank Research Observer*，Vol. 22，No. 1，2007，pp.103-130.

表 13-6　科学网中前五大被引文献

序号	篇名	作者	作者所属机构	期刊（复合影响因子）	年份	被引
1	中国在非洲的参与：范围、意义和后果	丹尼斯·M.杜尔	德国情报与安全局	《现代非洲研究杂志》（1.328）	2006	188
2	中国在非洲的石油外交	伊恩·泰勒	圣安德鲁斯大学	《国际事务》（3.176）	2006	149
3	本地消费与全球土地使用	于洋、凤奎双、哈巴切克·克劳斯	马里兰大学	《全球环境变化——人口与政策方面》（11.223）	2013	143
4	"具有中国特色"的援助：中国的外国援助和发展金融符合OECD-DAC援助制度	德博拉·布劳蒂加姆	美国大学	《国际发展》杂志（1.363）	2011	134
5	中国与撒哈拉以南非洲地区之间日益紧密的关系：宏观经济、贸易、投资和援助联系	霍法·阿里	世界银行	《世界银行研究观察员》（4.0）	2007	118

二、阶段性研究热点分析

结合前文的分析结果，对阶段性研究热点进行分析，有助于把握研究热点的路径演化。在 Citespace 软件中，选择节点类型为"Key Words"，分别对中国知网以及科学网中的文献进行分析。

研究热点方面，国内在 2013 年之后主要关注中非农产品贸易、中非贸易的竞争性与互补性、中非贸易潜力以及中非贸易对直接投资的影响等，国外在 2005—2012 年就主要关注中非贸易对投资以及非洲经济增长的影响，到 2013 年后，更加关注中非贸易与援助之间的关系，中非贸易对环境、非洲国内消费、非洲政府治理的影响等问题。

2000—2004 年,国内中非贸易研究处于起步阶段,此阶段中国知网关键词中心性较强的有:"美元""本位币""进出口""经贸合作""石油""原油出口",结合该时期主要的文献分析可以看出,国内学者多认定中非贸易是一种以资源禀赋为导向的贸易。2005—2012 年,关于中国与非洲贸易研究的关键词有显著增加,"对外直接投资""能源外交""投资""石油安全战略""农产品贸易""能源合作"等关键词开始出现在这一时期的文献中,这与该时期中国对非洲的贸易合作方式趋于多样化有密切关系。2013—2019 年,"一带一路"这一关键词的出现,盘活了中国与"一带一路"沿线国家的贸易往来,中国肩负大国责任,通过"自由贸易区""对非援助""贸易互补性"等促进非洲发展。

表 13-7　中国知网中研究关键词分布时间

发展阶段	时间段(年)	关键词
缓慢发展阶段	2000—2004	美元、本位币、进出口、美国、南非、投资、企业、贸易值、石油、机电产品出口、企业管理、财政管理、经济合作、中非贸易、纺织服装业、贸易顺差、经贸合作、进口值、原油出口、西非
快速增长阶段	2005—2012	企业、中非关系、对外直接投资、石油安全、石油进口、引力模型、能源外交、投资、石油安全战略、农产品贸易、北美美洲、能源合作、SSA、贸易保护、反倾销
井喷增长阶段	2013—2019	"一带一路"、比较优势、中非合作论坛、新殖民主义、贸易效应、贸易互补性、对非援助、地缘政治、GTAP、能源安全、贸易格局、影响因素、自由贸易区、贸易摩擦、"海上丝绸之路"

2000—2004 年,科学网中的中非贸易研究处于萌芽阶段,此阶段关键词中心性较强的有:"trade liberalization""globalization""distribution""world food supplies""food security",可以看出,国外学者对于中非贸易多认为是一种以资源为导向的国际分工贸易。2005—2012 年,关于中非贸易研究的关键词开始显著增加,"climate change""economic development""foreign direct investment""poverty""policy"等关键词开始出现在这一时期的文献中,通过分析对应重要阶段文献发现,这与该时期非洲在世界的经济、政治地位有密切关系。2013—2019 年,尤其是"一带一路"倡议提

出之后,"Belt and Road Initiative""foreign aid""politics""foreign policy"
"outward direct investment"等关键词也成为研究热门。

表 13-8　科学网中研究关键词分布时间

发展阶段	时间段(年)	关键词
缓慢发展阶段	2000—2004	China、goat milk、wildlife trade、commodity、trade liberalization、globalization、marketing、distribution、world food supplies、food security、international trade development
快速增长阶段	2005—2012	South Africa、climate change、India、oil、international trade、economic development、location、China-Africa、Ghana、value chain、Foreign Direct Investment
井喷增长阶段	2013—2019	BRICS、energy consumption、aid、South-South cooperation、foreign policy、Belt and Road Initiative、pattern、integration、investment、outward direct investment、foreign aid

第四节　研究前沿分析

一般而言,研究前沿是科学研究中最先进、最新、最有发展潜力的研究主题或研究领域。

中国知网文献关键词时间聚类分析,其中接近 2018—2019 年的聚类,中非合作论坛、商品市场、新殖民主义等是多个节点,基础设施建设,包括基础设施建设、非洲大陆产业园、粮食安全、肯尼亚等是多个节点,贸易效应,包括"一带一路"、中非合作论坛、对外直接投资、经济增长等是多个节点,是目前国内的研究前沿。

此外,对聚类进行突现词检测,共检测到 15 个突现词,表示突现词的生命强度和周期。本章重点关注第三阶段(2011 年至今)的突现词,对研究前沿进行解读。2011 年至今出现的突现词有农产品贸易、金砖国家、对外直接投资,其中最为热门的话题是与对外直接投资相关的中非贸易问题,强度为 4.8233。

利用 Citespace 软件生成科学网文献关键词时间聚类分析,聚类结果是高效率令人信服的,并显著的。其中大部分接近 2018—2019 年的聚类,包括 brics countries、fdi flow、botanical pesticide production 等多个聚类,是目前国际上的研究前沿。

此外,对聚类进行突现词检测,共检测到 16 个突现词。本章重点关注第三阶段(2016 年至今)的突现词,对研究前沿进行解读。2016 年至今出现的突现词有 product、market、outward direct investment、foreign aid,其中最近的研究热点为 foreign aid 的话题,强度为 1.6238。

结　语

本章运用 Citespace 软件对中国知网以及科学网文献进行知识图谱可视化分析,得出以下结论:

第一,研究大体经历了缓慢起步阶段(2000—2004 年)、快速增长阶段(2005—2012 年)、井喷式增长阶段(2013 年至今)这三阶段。

第二,在作者合作方面,在中国知网上研究中非贸易的作者,发文最多的是黄梅波教授,其团队亦是最大的团队,主要涉猎中非贸易与援助、中非贸易与投资等领域。在科学网上研究中非贸易的作者以团队为中心的较少,且相互之间的合作网络较为单一。

第三,在机构合作方面,国内已经形成了浙江师范大学、商务部国际贸易经济合作研究院、中国农业科学院、中国社会科学院西亚非洲研究所、厦门大学经济学院(上海对外经贸大学国际发展合作研究院)、中国社会科学院世界经济与政治研究所六大团队,成果覆盖了中非贸易特征、贸易潜力及其影响因素(尤其是政策和援助方面),与中国知网相比,科学网上关于中非贸易的研究关注点有所不同,更加关注中非贸易对资源、环境、生态、国家安全等方面的影响。

第四,在文献来源方面,对比中国知网和科学网分析结果,科学网的期刊刊文量更加集中,且影响因子更高。

第五,研究热点方面,由于研究阶段的不同,中国知网上,在 2012 年之后主要关注中非农产品贸易、能源外交、对非洲援助以及中国对非洲的直接投资的影响等,科学网上,在 2005—2012 年主要关注中非贸易之间的往来投资以及非洲经济增长的影响,到 2013 年后,更加关注中非贸易与援助之间的关系,"一带一路"倡议在非洲的影响、非洲国内消费、非洲政府治理和外交政策等问题。

第六,研究前沿方面,国内外目前较为热门的研究前沿是结合"一带一路"倡议,包括"一带一路"基础设施建设、对非援助、产能合作、新殖民主义、贸易效应和对外直接投资等的研究。

参 考 文 献

1. 安春英:《非洲工业发展面临挑战》,《亚非纵横》1996 年第 4 期。

2. 安春英:《中国对非减贫合作:理念演变与实践特点》,《国际问题研究》2019 年第 3 期。

3. 安礼伟、张二震:《全球价值链分工视角下的中国对外贸易——兼析对我国外贸发展的错误认识》,《江苏行政学院学报》2014 年第 1 期。

4. 白鹏:《中国境外经贸合作区——莱基自贸区开发战略研究》,石家庄铁道大学 2015 年硕士学位论文。

5. 北京大学非洲研究中心:《非洲变革与发展》,世界知识出版社 2002 年版。

6. 才大颖:《关于非洲工业化的战略思考》,《轻工标准与质量》2015 年第 6 期。

7. 曾刚、赵海、胡浩:《"一带一路"倡议下中国海外园区建设与发展报告》,中国社会科学出版社 2018 年版。

8. 陈旭、邱斌、刘修岩、李松林:《多中心结构与全球价值链地位攀升——来自中国企业数据的证据》,《世界经济》2019 年第 8 期。

9. 陈宗德:《全球化中的非洲工业发展战略》,《西亚非洲》2003 年第 4 期。

10. 程诚:《新能源能满足非洲电力发展需求吗?》,《中国投资》2019 年第 16 期。

11. 程诚:《中国特色的官方开发金融:中非发展合作的新模式》,《复旦国际关系评论》2016 年第 2 期。

12. 崔戈:《中美在非洲的战略利益与合作探析》,《南开学报(哲学社会科学版）》2019 年第 6 版。

13. 德勤：《2018 年非洲基础设施建设市场动态》，2019 年 2 月。

14. 邓向辉：《非洲能源国际竞争与中非能源合作》，中共中央党校 2010 年博士学位论文。

15. 丁顺珍、刘月明、杨京鸣：《非洲工业发展的现状和前景》，《现代国际关系》1986 年第 2 期。

16. 董立志：《测度服务业经济水平的一个构想》，《中国统计》2015 年第 3 期。

17. 宫景文、刘文超：《2030 年非洲粮食问题预测及对中国的影响》，《国土资源情报》2017 年第 8 期。

18. 关增森、李剑：《非洲油气资源与勘探》，石油工业出版社 2007 年版。

19. 郭萍：《中非油气合作问题探析》，《中国集体经济》2009 年第 1 期。

20. 郭元飞、张聪杰：《论中国与埃塞俄比亚清洁能源合作的内容与机制》，《沧州师范学院学报》2019 年第 35 期。

21. 国际能源机构：《促进撒哈拉以南非洲电力发展——中国的参与》。

22. 国庆、马莉：《电网联接非洲》，《中国投资》2018 年第 4 期。

23. 郝情情：《非洲油气资源分布和主要含油气盆地石油地质特征》，《地质论评》2017 年第 63 期。

24. 何树全：《造就"制造强国"：管控全球价值链是关键》，《社会科学报》2015 年 9 月 17 日。

25. 洪永红：《非洲投资法概览》，湘潭大学出版社 2012 年版。

26. 黄繁华、姜悦、黄嘉雯：《服务业对全球价值链分工影响和异质性研究》，《世界经济与政治论坛》2019 年第 5 期。

27. 黄梅波、胡建梅：《八国集团对非援助效果及对策——基于遵约率角度的分析》，《世界经济与政治论坛》2010 年第 4 期。

28. 黄梅波、唐露萍：《中非经贸合作区的建立及其面临的挑战》，《国际经济合作》2012 年第 6 期。

29. 黄梅波、唐正明:《非洲金融业与中非金融合作发展现状》,《海外投资与出口信贷》2017 年第 3 期。

30. 黄玉沛:《"一带一路"建设助推非洲工业化进程》,《国际商报》2017 年第 7 期。

31. 黄玉沛:《中非经贸合作区建设:挑战与深化路径》,《国际问题研究》2018 年第 4 期。

32. 黄振乾:《中国援助项目对当地经济发展的影响——以坦桑尼亚为个案的考察》,《世界经济与政治》2019 年第 8 期。

33. 姜璐:《当前时期撒哈拉以南非洲的经济结构转型——战略路径与产业政策》,《非洲经济评论》2018 年第 7 辑。

34. 姜璐:《农业"走出去"战略中的非洲:中国对非农业投资的模式、问题与对策》,《非洲经济评论》2019 年第 8 辑。

35. 姜忠尽、尹春龄:《非洲工业化战略的选择与发展趋向》,《西亚非洲》1991 年第 6 期。

36. 姜忠尽:《非洲农业图志》,南京大学出版社 2012 年版。

37. 姜忠尽:《中非合作能源安全战略研究》,南京大学出版社 2014 年版。

38. 蒋和平、尧珏、蒋黎:《新时期我国粮食安全保障的发展思路与政策建议》,《经济学家》2020 年第 1 期。

39. 金博、于海涛:《"一带一路"倡议框架下扩大深化中非油气合作的思考与建议》,《国际石油经济》2018 年第 11 期。

40. 寇佳丽:《非洲工业化:要乐观更要谨慎》,《经济》2018 年第 16 期。

41. 砺之:《全球能源格局正在改变》,《群众》2019 年第 6 期。

42. 李力清:《西方大国抢占黑非洲石油市场》,《当代世界》2003 年第 4 期。

43. 李淑芹、石金贵:《全球粮食危机与非洲农业发展》,《世界农业》2008 年第 10 期。

44. 李文珍:《产品内分工与国际间服务业水平差异研究》,《学术研究》2013 年第 3 期。

45. 李小云、肖瑾:《新南南合作的兴起:中国作为路径》,《华中农业大学学报(社会科学版)》2017 年第 5 期。

46. 李小云:《小农为基础的农业发展:中国与非洲的比较分析》,社会科学文献出版社 2010 年版。

47. 李辛一、朱满德:《新时代中国粮食安全形势:现状、挑战与应对》,《农业经济》2020 年第 1 期。

48. 李智彪:《非洲经济增长动力探析》,《西亚非洲》2013 年第 3 期。

49. 李智彪:《非洲工业化战略与中非工业化合作战略思考》,《西亚非洲》2016 年第 5 期。

50. 梁益坚:《非洲新型工业化发展趋势下的重点领域探析》,《海外投资与出口信贷》2018 年第 4 期。

51. 梁益坚:《非洲新型工业化与市场一体化建设的路径》,《非洲研究》2017 年第 2 期。

52. 刘晨、葛顺奇:《中国境外合作区建设与东道国经济发展:非洲的实践》,《国际经济评论》2019 年第 3 期。

53. 刘青海:《新形势下中非投资合作的重点国家选择分析》,《海外投资与出口信贷》2018 年第 4 期。

54. 刘庆林、高越、韩军伟:《国际生产分割的生产率效应》,《经济研究》2010 年第 2 期。

55. 刘顺:《美军建立非洲司令部反恐旗下图谋非洲能源》,《海事大观》2007 年 3 月 22 日。

56. 刘洋:《中国对非洲农业投资的现状、问题及出路》,《世界农业》2017 年第 3 期。

57. 刘英奎、敦志刚:《中国境外经贸合作区的发展特点、问题与对策》,《区域经济评论》2017 年第 3 期。

58. 卢福财、马绍雄、徐斌:《新中国工业化 70 年:从起飞到走向成熟》,《当代财经》2019 年第 10 期。

59. 陆培法、任麟稚、秦思：《教非洲农民种粮食》，《人民日报》（海外版）2019年5月2日。

60. 路红艳：《中国境外经贸合作区发展的经验启示》，《对外经贸》2013年第10期。

61. 孟广文、王春智、杜明明、王继光、赵钏、鲁笑男、王红梅：《尼日利亚奥贡广东自贸区发展历程与产业聚集研究》，《地理科学》2018年第5期。

62. 彭念：《中印在海外能源市场的竞合博弈——以非洲和缅甸为例》，《南亚研究季刊》2018年第2期。

63. 朴英姬：《深化中国对非投资合作的新动力与新思路》，《西亚非洲》2019年第5期。

64. 齐顾波、罗江月：《中国与非洲国家农业合作的历史与启示》，《中国农业大学学报》2011年第4期。

65. 钱克明：《经贸合作区是中非投资合作发展的重要依托》，《中国外资》2019年第15期。

66. 史斌：《黑色非洲的工业》，《世界经济文汇》1957年第12期。

67. 舒朝普：《共商共建打造中非产能合作新平台》，《中国外资》2019年第15期。

68. 舒运国：《非洲永远失去工业化的机会吗?》，《西亚非洲》2016年第4期。

69. 舒运国、刘伟才：《当代非洲经济史》，浙江人民出版社2013年版。

70. 宋微：《中国对非援助70年——理念与实践创新》，《国际展望》2019年第11期。

71. 孙雪敏：《冷战后日本对非援助政策的演变及动因分析》，山东大学2019年硕士学位论文。

72. 孙志娜：《非洲内部贸易及对中国的外贸政策启示》，《国际经贸探索》2014年第3期。

73. 唐宇华：《非洲制造业的发展与工业化战略》，《西亚非洲》1985

年第 1 期。

74. 田煜、孟令轲、李华:《破解电亮非洲最大矛盾》,《中国投资》2019
年第 5、6 期。

75. 田祖海、杨文俊:《服务业发展水平、劳动力成本和制造业出口之
关系研究》,《武汉理工大学学报(社会科学版)》2017 年第 6 期。

76. 汪巍:《中非油气合作多元化发展》,《中国石化》2018 年第 9 期。

77. 王海运.:《世界能源格局的新变化及其对中国能源安全的影响》,
《上海大学学报(社会科学版)》2013 年第 30 期。

78. 王娇、李政军:《"一带一路"背景下中非经贸合作的战略选择》,
《对外经贸实务》2019 年第 1 期。

79. 王珊珊、梁乔玲、王晓娅、温利峰:《服务业分类与编码研究》,《中
国认证许可》2008 年第 11 期。

80. 王绍媛、李国鹏:《金砖国家经贸合作探讨——基于全球价值链
的视角》,《2014 新兴经济体合作与发展论坛论文集》(上)2014 年 10 月。

81. 王涛、鲍家政:《美国对非洲投资的历史透视与现状解析》,《美国
问题研究》2018 年第 1 期。

82. 王涛、赵跃晨:《非洲太阳能开发利用与中非合作》,《中非合作研
究》2016 年第 6 期。

83. 王婷:《"一带一路"视域下中非合作的进程、挑战与前景展望》,
《现代管理科学》2019 年第 9 期。

84. 王晓红:《中非产能合作重点、难点及政策建议》,《中国国情国
力》2019 年第 4 期。

85. 王晓红:《中国对非洲投资:重点、难点及对策——对尼日利亚、
加纳、冈比亚、埃及的调研》,《全球化》2019 年第 2 期。

86. 王有勇:《中国与阿尔及利亚的能源合作》,《阿拉伯世界研究》
2007 年第 2 期。

87. 王玉萍:《DAC 对外援助评估体系及对我国的启示》,《山西大学
学报(哲学社会科学版)》2016 年第 6 期。

88. 魏一鸣等:《中国能源报告(2012):能源安全研究》,科学出版社

2012 年版。

89. 魏英:《多元博弈中的非洲石油》,《石油化工技术经济》2006 年第 3 期。

90. 温志新、童晓光、张光亚、王兆明:《东非裂谷系盆地群石油地质特征及勘探潜力》,《中国石油勘探》2012 年第 4 期。

91. 吴磊、吴西京:《非洲能源形势发展变化与未来前景》,《当代世界》2013 年第 3 期。

92. 吴凌芳、戴金平:《中国对非援助、直接投资与非洲在全球价值链的地位提升》,《上海对外经贸大学学报》2019 年第 4 期。

93. 肖雪、牛猛:《日本参与全球价值链的模式与地位演进研究——基于附加值贸易的考察》,《日本问题研究》2018 年第 1 期。

94. 熊发礼、李世婧、董相男:《我国对非洲农业投资的对策研究》,《农业经济》2011 年第 1 期。

95. 熊青龙、郑欣、李凤娇:《发展援助对撒哈拉以南非洲减贫影响的实证分析》,《国际商务研究》2018 年第 6 期。

96. 徐继峰、秦路:《中非农业合作的现状、问题和建议》,《世界农业》2011 年第 8 期。

97. 杨海霞:《电力互联或给非洲发展增强动力》,《中国投资》2019 年第 22 期。

98. 杨雯雯:《跨国公司在非洲农业投资的动机、现状及问题》,《世界农业》2018 年第 5 期。

99. 杨亚平、李琳琳:《对非援助会减轻腐败对投资的"摩擦效应"吗——兼论"一带一路"倡议下中非经贸合作策略》,《财贸经济》2018 年第 3 期。

100. 杨枝煌、杨南龙:《中国特色对外援助 70 年的基本图景及其优化建议》,《国际贸易》2019 年第 12 期。

101. 姚桂梅、郝睿:《美国"重返非洲"战略意图与影响分析》,《人民论坛》2019 年第 27 期。

102. 姚桂梅:《从一体化时间看非洲工业化的新动力》,《西亚非洲》

2016 年第 4 期。

103. 姚桂梅:《非洲工业化之路前景广阔》,《人民日报》2014 年 5 月 28 日。

104. 张春:《涉非三方合作:中国何以作为?》,《西亚非洲》2017 年第 3 期。

105. 张春宇、唐军:《非洲服务业发展与中非服务业合作》,《亚非纵横》2014 年第 5 期。

106. 张春宇:《非洲地区油气政策　能源产业国际合作》,《世界能源发展报告》2015 年。

107. 张菲:《中非经贸合作区建设模式与可持续发展问题研究》,《国际贸易》2013 年第 3 期。

108. 张海冰:《从"非洲契约"看德国对非洲政策的转型》,《西亚非洲》2019 年第 2 期。

109. 张锐:《中国对非电力投资:"一带一路"倡议下的机遇与挑战》,《国际经济合作》2019 年第 2 期。

110. 张希颖、刘梦楠:《中国对非洲水电投资的特点和前景评析》,《对外经贸实务》2017 年第 11 期。

111. 张晓燕、廉赵豪:《中非境外合作区建设及投资合作分析》,《现代管理科学》2019 年第 7 期。

112. 张永蓬:《日本对非洲外交:从实用主义平衡到战略重视》,《西亚非洲》2018 年第 5 期。

113. 张宇炎:《21 世纪中非能源外交:进展、路径及挑战》,《中国市场》2019 年第 6 期。

114. 张原:《中国对"一带一路"援助及投资的减贫效应——"授人以鱼"还是"授人以渔"》,《财贸经济》2018 年第 12 期。

115. 张志龙、李兴:《美俄对非洲的能源外交与中国的对策思考》,《当代世界》2008 年第 9 期。

116. 赵桂芝、张哲:《独立以来非洲工业化的发展历程——基于影响因素及路径演变的分析》,《非洲研究》2016 年第 1 期。

117. 赵宏图：《世界能源格局的变化与调整》，《国际石油经济》2006年第 14 期。

118. 赵建：《中国的"工业化革命"：历史回顾、演进动力与微观案例》，《经济研究参考》2019 年第 5 期。

119. 赵可昊：《冷战后欧盟对非洲发展援助政策研究》，外交学院2017 年硕士学位论文。

120. 赵忆宁：《非洲国家应该走什么样的工业化道路?》，《21 世纪经济报道》2017 年第 7 期。

121. 郑文：《对外投资与母国服务业水平——理论分析与政策启示》，《财贸经济》2011 年第 6 期。

122. 郑玉、姜青克：《前向、后向参与价值链分工的生产率效应差异研究》，《产经评论》2018 年第 6 期。

123. 智宇琛：《非洲"贸促指数"最优国家国际贸易主要特点及合作建议》，《中国投资》2017 年第 6 期。

124. 周吉平：《中国石油天然气集团公司"走出去"的实践与经验》，《世界经济研究》2004 年第 3 期。

125. 周立志、王晓波：《南部非洲电力联盟及其跨国电力交易现状和前景研究》，《全球视野》2018 年第 39 卷第 9 期。

126. 周术情：《中国于非洲的能源合作——机遇与挑战》，《商业文化（学术版）》2010 年第 6 期。

127. 朱锋：《强国之路上的资源外交》，《新财经》2005 年第 5 期。

128. 朱华友、赵雅琼：《非洲国家工业化水平的综合评价和提升》，《非洲研究》2016 年第 1 期。

129. 朱华友、赵雅琼：《非洲国家新型工业化道路选择及实现路径》，《浙江师范大学学报（社会科学版）》2016 年第 6 期。

130. 朱景和：《赞比亚中国经贸合作区有色产业集群研究》，《中国有色金属》2009 年第 20 期。

131. 朱利伟：《非洲电力投资前景可期》，《中国投资》2017 年第 2 期。

132. 朱雄关：《"一带一路"背景下中国与沿线国家能源合作问题研

究》,云南大学 2016 年博士学位论文。

133. 紫竹:《几内亚湾的石油资源》,《西亚非洲》1981 年第 5 期。

134.[美] L.S.斯塔夫里阿诺斯著:《全球分裂:第三世界的历史进程》(上册),王红生等译,北京大学出版社 2017 年版。

135.[美] 戴维·奥塔韦、玛丽娜·奥塔韦:《非洲共产主义》,魏培忠等译,东方出版社 1986 年版。

136.[美] 拉尔夫·A.奥斯丁:《非洲经济史:内部发展与外部依赖》,赵亮宇等译,上海社会科学出版社 2019 年版。

137.[美] 约翰·伽思维尼恩:《能源战争:非洲石油资源与生存状态大揭秘》,伍铁译,国际文化出版社 2008 年版。

138.[加纳] 乔治·B.N.阿耶提:《解放后的非洲:非洲未来发展的蓝图》,周蕾蕾译,民主与建设出版社 2015 年版。

139. Alao, Abiodun, *Natural Resources and Conflict in Africa*: *The Tragedy of Endowment*, University of Rochester Press, 2007.

140. Aliyu, Abubakar Kabir, Babangida Modu & Chee Wei Tan, "A Review of Renewable Energy Development in Africa: A Focus in South Africa, Egypt and Nigeria", *Renewable and Sustainable Energy Reviews*, Vol.81, Part 2, 2018.

141. AfDB (African Development Bank), "Africa Tourism Monitor 2018", July 2018.

142. AU(African Union), "Agenda 2063: the Africa We Want", African Union, 2014(2nd edition, popular version).

143. Alvi, E. & A. Senbeta, "Does Foreign Aid Reduce Poverty", *Journal of International Development*, Vol.24, No.8, 2012.

144. Amakom, Uzochukwu, "Post Independence Nigeria and Industrialization Strategies: Four and Half Erratic Decades", Working Paper, 2008.

145. Amin, Samir, "Underdevelopment and Dependence in Black Africa-Origins and Contemporary Forms", *The Journal of Modern African Studies*,

Vol.10,No.4,1972.

146. Amiti,Mary & Shangjin Wei,"Service Offshoring and Productivity: Evidence From the US",*World Economy*,No.2,2009.

147. Amsden, Alice H., *Asia's Next Giant: South Korea and Late Industrialization*,Oxford University Press,1989.

148. Bahmani-Oskooee,M.& M.Oyolola,"Poverty Reduction and Aid: Cross-country Evidence",*The International Journal of Sociology and Social Policy*,Vol.29,No. 5/6,2009.

149. Baldwin, John&Beiling Yan, "Global Value Chains and the Productivity of Canadian Manufacturing Firms",*Economic Analysis Research Paper*,No. 090,2019b.

150. Bazilian,Morgan,"Oil,Energy Poverty and Resource Dependence in West Africa",*Journal of Energy and Natural Resources Law*,2013.

151. Berger,Axel,Deborah Brautigam & Philipp Baumgartner,"Why are We So Critical about China's Engagement in Africa?",German Development Institute,2011.

152. Bigsten,Arne & Sven Tengstam,"International Coordination and the Effectiveness of Aid",*World Development*,Vol.69,2015.

153. Boone, P., "Politics and the Effectiveness of Foreign Aid", *European Economic Review*,Vol.40,No.8,1996.

154. Boulware,Derek,"Taking on Tomorrow:Africa Oil & Gas Review", PwC Group,2019.

155. Bourguignon, Franois & Jean-Philippe Platteau, "The Hard Challenge of Aid Coordination",*World Development*, Vol.69,2015.

156. Burnside, C.& D.Dollar, "Aid, Policies, and Growth", *The American Economic Review*,Vol.90,No.2,2000.

157. Buscaglia, Daniela & Anjula Garg, *A Composite Index of Aid Fragmentation*,London,UK:Palgrave Macmillan,2016.

158. Chong,A. et al.,"Can Foreign Aid Reduce Income Inequality and

Poverty?", *Public Choice*, Vol.140, 2009.

159. Collier, P.& D.Dollar, "Can the World Cut Poverty in Half? How Policy Reform and Effective Aid Can Meet International Development Goals", *World Development*, Vol.29, No.11, 2001.

160. Dinh, Hinh T. et al., "Light Manufacturing in Africa: Targeted Policies to Enhance Private Investment and Create Jobs", *Africa Development Forum Series* 2012.

161. Dong, Le & Akihisa Mori, "China and Aid Coordination: Feasibilities of Trilateral Cooperation on Geothermal Financing in Kenya", *Journal of International Development Studies*, Vol.26, 2017.

162. Dreher, Axel & Andreas Fuchs, "Rogue Aid? An Empirical Analysis of China's Aid Allocation", *Canadian Journal of Economics/Revue Canadienne D'économique*, Vol.48, 2015.

163. EAC, "The Report of the 30th Meeting of the Council of Ministers", 2014.

164. Edwards, Sebastian, "Is Tanzania a Successful Story? A Long-Term Analysis", Working Paper of NBER(National Bureau of Economic Research of the United States) Africa Project, 2012.

165. Eichenauer, Vera Z. & Bernhard Reinsberg, "What Determines Earmarked Funding to International Development Organizations? Evidence from the New Multi-Bi Aid Data", *The Review of International Organizations*, Vol.12, 2017.

166. Ernst & Young, "*Waves of Change: Revisited Opportunity Insurance in SSA*", February 2015.

167. Forest, James J.F. & Matthew V.Sousa, *Oil and Terrorism in the New Gulf: Framing US Energy and Security Policy for Gulf of Guinea*, Lexington Books, 2006.

168. Fordelone, Talita Yamashiro, "Triangular Cooperation and Aid Effectiveness: Can Triangular Cooperation Make Aid More Effective?", OECD

Papers, 2009.

169. Leech, Garry, *Crude Intervention: The US, Oil and the New World Order*, Zed Books, 2006.

170. Grimm, Sven et al., "Transparency of Chinese Aid: An Analysis of the Published Information on Chinese External Financial Flows", London: Centre for Chinese Studies at Stellenbosch University and Publish What You Fund, 2011.

171. Hartzenberg, Trudi, "Regional Integration in Africa", WTO Working Paper, 2011.

172. Heidhues, Franz & Gideon Obare, "Lessons from Structural Adjustment Programmes and Their Effects in Africa", *Quarterly Journal of International Agriculture*, Vol. 50, No. 1, 2011.

173. Hoynes H. W., M. E. Page & A. H. Stevens, "Poverty in America: Trends and Explanations", *Journal of Economic Perspectives*, Vol. 20, No. 1, 2006.

174. IEA(International Energy Agency), "Africa Energy Outlook 2019".

175. Iheanacho, E. N., "National Development Planning in Nigeria: An Endless Search for Appropriate Development Strategy", *International Journal of Economic Development Research and Investment*, Vol. 5, No.2, 2014.

176. Inada, Juichi, *Evaluating China's "Quaternity" Aid: The Case of Angola*, London: Palgrave Macmillan, 2013.

177. Jiang, Lu, *Beyond Official Development Assistance: Chinese Development Cooperation and African Agriculture*, Palgrave Macmillan, 2020.

178. Kadirova, Diloro, "Implementation of Post-Conflict Reconstruction and Development Aid Initiatives: Evidence from Afghanistan", *Journal of International Development*, Vol.26, No. 6, 2014.

179. Karekezi, Stephen, "Poverty and Energy in Africa", *Energy Policy*, 2002.

180. Kitano, Naohiro & Yukinori Harada, "Estimating China's Foreign

Aid 2001-2013", *Journal of International Development*, Vol.28, 2016.

181. Klare, Michale, "America, China & the Scramble for Africa's Oil", *Review of African Political Economy*, 2006.

182. Klingebiel, Stephan, Mario Negre & Pedro Morazán, "Costs, Benefits and the Political Economy of Aid Coordination: The Case of the European Union", *The European Journal of Development Research*, Vol.29, 2017.

183. Knack, Stephen & Aminur Rahman, "Donor Fragmentation and Bureaucratic Quality in Aid Recipients", *Journal of Development Economics*, Vol.83, 2007.

184. Kooperman, Robert et al., "Give Credit Where Credit is Due: Tracing Value Added in Global Production Chains", NBER Working Paper, 2010, No. 16426.

185. Kummritz Victor, "Do Global Value Chains Cause Industrial Development", CTEI Working Papers, 2016.

186. Kurlantzick, Josh, "Beijing's Safari: China's Move into Africa and its Implications for Aid, Development and Governance", Carnegie Endowment for International Peace Policy Outlook, 2006.

187. Lall, Sanjaya, "Structural Adjustment and African Industry", *World Development*, Vol.23, No.12.

188. Lawrence, Peter, "Explaining Sub-Saharan Africa's Manufacturing Performance", *Development and Change*, Vol.36, No.6, 2005.

189. Li, Yong, "The Return of Industrial Policy in Africa", *GREAT Insights*, Vol. 3, Issue 5, May 2014.

190. Linders, Dennis, "Towards Open Development: Leveraging Open Data to Improve the Planning and Coordination of International Aid", *Government Information Quarterly*, Vol.30, 2013.

191. Matteis, A. D., "Relevance of Poverty and Governance for Aid Allocation", *Review of Development Finance*, Vol.3, No.2, 2013.

192. McEwan, Cheryl & Emma Mawdsley, "Trilateral Development

Cooperation: Power and Politics in Emerging Aid Relationships", *Development and Change*, Vol.43, No. 6, 2012.

193. Mendes, Ana Paula F. et al., "Industrialization in Sub-Saharan Africa and Import Substitution Policy", *Brazilian Journal of Political Science*, Vol. 34, No. 1(134), 2014.

194. Mkandawire, Thandika & Charles C. Soludo eds., *Our Continent, Our Future*, Asmara: Africa World Press, 1998.

195. Mold, Andrew & Rodgers Mukwaya, "Modelling the Economic Impact of the Tripartite Free Trade Area: Its Implications for the Economic Geography of Southern, Eastern and Northern Africa", *Journal of African Trade*, No.3, 2016.

196. Mytelka, Lynn Krieger, "The Unfulfilled Promise of African Industrialization", *African Studies Review*, Vol. 32, No. 3, 1989.

197. Naím, Moisés, "Rogue Aid", *Foreign Policy*, Vol.159, March 2007.

198. Newman, Carol et al., *Manufacturing Transformation: Comparative Studies of Industrial Development in Africa and Emerging Asia*, Oxford University Press, 2016.

199. Noorbakhsh, Farhad & Alberto Paloni, "Structural Adjustment Programs and Industry in Sub-Saharan Africa: Restructuring or Deindustrialization", *The Journal of Developing Areas*, Vol. 33, 1999.

200. Nunnenkamp, Peter, Hannes Öhler & Rainer Thiele, "Donor Coordination and Specialization: Did the Paris Declaration Make a Difference?", *Review of World Economics*, Vol.149, No. 3, 2013.

201. Nunnenkamp, Peter, Michaela Rank & Rainer Thiele, *Aid Fragmentation and Donor Coordination in Uganda: A District Level Analysis*, London: Palgrave Macmillan, 2016.

202. OAU(Organization of African Unity), "Lagos Plan of Action for the Economic Development of Africa 1980—2000", Organization of African Unity, 1980.

203. Parfitt, Trevor W. , "Africa in the Debt Trap: Which Way Out?", *The Journal of Modern African Studies*, Vol. 24, Issue 3, 1986.

204. Piefer, Nadine, "Triangular Cooperation: Bridging South-South and North-South Cooperation?", Workshop on South-South Development Cooperation, University of Heidelberg, 2014.

205. Rajan, R. G. & A. Subramanian, "Aid, Dutch Disease, and Manufacturing Growth", *Journal of Development Economics*, Vol. 94, No. 1, 2009.

206. Reisen, Helmut, "The Multilateral Donor Non-System: Towards Accountability and Efficient Role Assignment", *Economics (The Open-Access, Open-Assessment E-Journal)*, Vol.4, 2010.

207. Ross, David J. , "Aid Coordination", *Public Administration and Development*, Vol.10, 1990.

208. Schiere, Richard, "Building Complementarities in Africa between Different Development Cooperation Modalities of Traditional Development Partners and China", *African Development Review*, Vol.22, No. 1, 2010.

209. Severino, Jean M. & Olivier Ray, "The End of ODA: Death and Rebirth of a Global Public Policy", CGD Working Paper, Washington, D.C.: Center for Global Development, 2009.

210. Singh, Ajit, "Tanzania and the IMF: The Analytics of Alternative Adjustment Programmes", *Development and Change*, Vol. 17, 1986.

211. Stein, Howard, "Deindustrialization in Africa", *World Development*, Vol.20, No.1.

212. Stiglitz, Joseph E. , Justin Lin Yifu & Ebrahim Patel eds. , *The Industrial Policy Revolution II : Africa in the Twenty-first Century*, Palgrave Macmillan, 2013.

213. Thalwitz, Margret, *Fragmenting Aid or a Platform for Pluralism? The Case of "Vertical Funds"*, London: Palgrave Macmillan, 2016.

214. UNECA (United Nations Economic Commission for Africa),

"Transformative Industrial Policy for Africa", 2016.

215. Vallabhjee, Bhavtik, "The Future of Renewable Energy in Africa is Bright", *Mining Review Africa*, 2018.

216. Wad, Atul, "Science, Technology and Industrialization in Africa", *Third World Quarterly*, Vol. 6, No. 2, 1984.

217. Wade, Robert Hunter, "Capital and Revenge: The IMF and Ethiopia", *Challenge*, Vol. 44, No. 5, 2001.

218. Wade, Robert, *Governing the Market: Economic Theory and the Role of Government in East Asian Industrialization*, Princeton University Press, 1990.

219. Wissenbach, Uwe, "The EU, China and Africa: Global Governance through Functional Multilateralism", *Studia Diplomatica*, 2008.

220. World Bank, "Accelerated Development in Sub-Saharan Africa: An Agenda for Action", 1981.

221. "Tourism in Africa: Harnessing Tourism for Growth and Improved Livelihoods", 2014.

222. "Petroleum Markets in Sub-Saharan Africa", World Bank, 2019.

后　记

　　本书是以上海对外经贸大学国际发展合作研究院为主体,整合国内相关研究力量在非洲发展领域推出的系列研究成果之一。全书采用集体编写的方式,由我负责拟订基本框架、逻辑体系和篇章的安排,并承担全部稿件的修改、统稿工作,各部分写作的具体分工如下:

　　第一章:姜　璐(上海对外经贸大学国际发展合作研究院)

　　第二章:邱　楠(上海对外经贸大学国际发展合作研究院)

　　第三章:秦希元(上海对外经贸大学国际发展合作研究院)

　　第四章:胡佳生(上海对外经贸大学国际发展合作研究院)

　　第五章:段秋韵(上海对外经贸大学国际发展合作研究院)

　　第六章:邓　昆(上海对外经贸大学国际发展合作研究院)

　　第七章:吴凌芳(厦门理工学院经济与管理学院)

　　第八章:胡建梅、郝杰(河北工业大学经济管理学院)

　　第九章:熊青龙(江西科技师范大学商学院)

　　第十章:何树全 (上海大学经济学院)

　　第十一章:韦晓慧(广东外语外贸大学国际经济贸易研究中心)

　　第十二章:郑燕霞(华侨大学海上丝绸之路研究院)

　　第十三章:林畅(福建农林大学经济学院)

　　本书在写作和修改过程中,参考了大量国内外有关非洲经济的著作和论文,直接引用原文的我们在脚注中逐一列示,在此,对这些著述的作者表示感谢。

　　非洲大陆目前正处在迅速发展变化之中,我们对它的研究还不够深入,对非洲发展各方面的现象和问题理解还很不充分。因此,尽管我们付出了大量的努力,但是书中从框架体系的设置到具体内容的写作肯定还存在许多缺点和问题,我衷心希望各位学界同仁和读者对书中的不足和错误之处提出宝贵意见,以便在进一步修订时加以补充和完善。

黄梅波于上海

2020 年 11 月 8 日